prometeo
libros

La política partidaria en Argentina: ¿hacia la desnacionalización del sistema de partidos?

Juan Abal Medina
(Comp.)

La política partidaria en Argentina: ¿hacia la desnacionalización del sistema de partidos?

Índice

INTRODUCCIÓN
Descentralización, coparticipación y crisis de representación en la Argentina ¿hacia la desnacionalización del sistema de partidos?
Juan Abal Medina 9

COPARTICIPACIÓN FEDERAL 19
Un acercamiento a la comprensión de las relaciones fiscales inter-gubernamentales. Aporte para el estudio del proceso de nacionalización/desnacionalización partidaria.
Santiago Bonifacio y Natalia Del Cogliano 21
Descentralización y federalismo fiscal en la Argentina. Reflexiones sobre el sistema de partidos.
Gabriela N. Cheli 57

SISTEMAS ELECTORALES 83
La configuración de la competencia partidaria provincial: ¿cómo interactúan los distintos niveles de competencia partidaria en sistemas de partidos federales?
Juan Abal Medina y María Celeste Ratto 85

CRISIS DE REPRESENTACIÓN 119
Crisis de representación: ¿Democracia semidirecta vs. representantes? Partidos, políticos y mecanismos participativos en la ciudad de Buenos Aires.
María Laura Eberhardt 121

ESTUDIO DE CASOS 163
Desnacionalización y competencia partidaria en la Ciudad de Buenos Aires.
Martín Astarita 165

El fenómeno de nacionalización - desnacionalización partidaria:
los casos de Tucumán y Formosa.
Alejandro Gandulfo 185

Cambios y continuidades en un escenario de partido predominante. Una mirada sobre la competencia partidaria en la provincia de Neuquén.
Lisandro Gallucci 227

Descentralización, coparticipación federal y crisis de representación política: variables para comprender el fenómeno de la (des)nacionalización partidaria en la provincia de Buenos Aires (1989-2009)
Mariano Montes 251

Bibliografía 285

Introducción

Descentralización, coparticipación y crisis de representación en la Argentina ¿hacia la desnacionalización del sistema de partidos?

Juan Abal Medina[1]

Introducción

Más allá de las divergencias teóricas aún subsistentes sobre el grado de consolidación logrado por la democracia argentina, el presente libro se abocó a indagar en el tipo de sistema de partidos que se constituyó en paralelo con dicho proceso de afianzamiento del régimen.

La mayoría de las corrientes de análisis comparten la lectura del sistema de partidos desde lo acontecido estrictamente en la arena nacional de la política, sin evaluar específicamente las esferas provinciales y locales ni las implicancias mutuas que conlleva toda estructura federal de gobierno.

Asimismo, si bien existe cierto consenso sobre el hecho de que el sistema de partidos argentino ha experimentado una serie de transformaciones en la última década, surgen profundas diferencias cuando se trata de interpretar el sentido de las mismas.

De esta manera, la pregunta fundamental que dirigió la investigación correspondiente es: ¿qué pautas de reformulación del sistema de partidos pueden identificarse desde 1983 hasta la actualidad?

En tal sentido, se indagó sobre cuestiones de relevancia vinculadas con la llamada tendencia a la desnacionalización/nacionalización del sistema de partidos, así como sobre los procesos ocurridos a nivel

---

[1] jmanumedina@gmail.com

provincial y local que cobran gran importancia en la configuración de los procesos políticos nacionales.

Notas teóricas

Inmersos en una cuestión que habilita una amplia variedad de enfoques posibles, la presente investigación se orientó a examinar la reformulación del sistema partidario en la Argentina desde 1983 hasta la actualidad, desde una línea teórica que abordara las oscilaciones en relación con la desnacionalización/nacionalización de la política partidaria en el marco de las instituciones federales de gobierno.

Efectivamente, en la actualidad, el área de estudios sobre los partidos políticos constituye uno de los campos más vastos de la ciencia política (Abal Medina, 2001; Montero y Gunther, 2002), dentro del cual los análisis sobre los sistemas partidarios alcanzaron un desarrollo notable (Abal Medina, 2006) existiendo consenso sobre sus definiciones conceptuales básicas (Ware, 1996), su carácter interrelacional (Janda, 1993) y sus propiedades (Lijphart, 1984). También encontramos un relativo acuerdo, en la mayor parte de la producción académica, respecto de las dimensiones centrales sobre las que pueden construirse los criterios clasificatorios de los sistemas partidarios: el número de partidos (Blondel 1968; Duverger 1950; Sartori 1976), la estructura de conflictos sociales (Lipset y Rokkan 1967), o sus bases de competencia (Mainwaring y Scully 1995; Mair, 1997; Abal Medina y Cavarozzi 2001).

Por el contrario, hasta años recientes la literatura específica realizó un insuficiente análisis sobre la presencia de sistemas partidarios subnacionales y su influencia en el sistema nacional de partidos. Este vacío, que obedeció a una multiplicidad de causas, generó que todos los estudios actuasen bajo el supuesto de una arena nacional única de la competencia partidaria, lo que en muchos casos no se ajustaba a la realidad, especialmente en aquellos con instituciones federales de gobierno.

Los últimos tiempos, en principio tímidamente, vivenciaron un cambio de abordaje del tema, dado que los estudios de los procesos de descentralización redescubrieron los roles políticos y económicos de las unidades subnacionales. Como ejemplo de esta tendencia, Snyder (2001) plantea el método comparado subnacional. Su validez radica en la discusión sobre la naturaleza de los procesos políticos en contextos institucionales federales. Del mismo modo, hay quienes subrayan la importancia de este elemento en la estructuración del sistema partidario en esos regímenes (Riker, 1975; Elazar 1987; Stepan 1999, 2004, 2004b; Ordeshook *et al.*, 2004).

Las líneas teóricas que aplicaron dicha perspectiva incluyen estudios sobre: la estructura de sistemas partidarios nacionales (Cox y Amorim Neto 1997), el impacto de la sobrerrepresentación electoral en las instituciones federales (Calvo y Abal Medina, 2001; Samuels y Snyder 2001; Gibson, Calvo y Falleti 1999; Mainwaring y Shugart 1998), y los niveles de nacionalización de los partidos y los sistemas partidarios (Jones y Mainwaring, 2003; Caramani, 2004). Por su parte, Chhibber y Kollman (1998, 2004) propusieron un estudio comparado de las formas de agregación partidaria en contextos federales.

Para el caso argentino, si bien distintos estudios avanzaron en aspectos cruciales (Castiglioni y Abal Medina, 1998, 1999; Cabrera, 1998, De Riz 1995; Malamud y De Luca, 2005; Mustapic, 2002; De Luca *et al.*, 2002) la temática arriba presentada no fue abordada hasta años recientes, cuando ya la realidad de la dinámica política tornaba poco realista el supuesto de una dimensión nacional única del sistema partidario. Los procesos de descentralización de la pasada década, el creciente número de competencias estatales que pasaron a los niveles provinciales, la crisis fiscal del Estado central y el derrumbe de las organizaciones partidarias nacionales en la elección de 2003 mostraron que las pautas de articulación y coordinación de la dinámica política argentina escapaban a una única dimensión nacional.

Entre los trabajos que incorporaron en forma reciente la dimensión de la desnacionalización/nacionalización del sistema partidario argentino encontramos a Abal Medina y Suarez Cao, 2001; Abal Medina y Calvo 2001; Benton, 2003; Calvo y Escolar, 2004; Calvo y Micozzi 2004; Escolar y Calvo 2003; Gibson, 2004 y Jones 2001.

De este modo, frente a la escasez comprobada de investigaciones que indagasen en la multiplicidad de patrones de agregación partidaria subnacionales en nuestro país, los capítulos de este libro se apuntaron en parte, y desde diversos enfoques y maneras, a subsanar dicho vacío teórico-analítico.

La investigación

Dentro del marco teórico y estado de la cuestión antes referidos, los objetivos generales que se propuso la investigación fueron, en primer lugar, conocer las transformaciones recientes del sistema de partidos en la Argentina, estableciendo el grado de desnacionalización/nacionalización del mismo. Segundo, vincular tales procesos de desnacionalización/nacionalización del sistema partidario con las políticas de descentralización estatal implementadas en los años '90, con la crisis política de 2001-2002, y con la subsiguiente reconstrucción de las capacidades del Estado nacional. Y, tercero, entender las dinámicas actuales del sistema partidario argentino, en términos de las formas de agregación y coordinación partidarias que ha adoptado, así como predecir las posibles pautas que podría asumir en un futuro cercano.

Por su parte, más específicamente, el transcurso de la indagación se orientó, para comenzar, a analizar las modificaciones sucesivas en el número de partidos (competencia política) y en la base electoral de cada partido (comportamiento electoral), a través de la aplicación de diversos indicadores, y los incentivos institucionales electorales en los distintos niveles de gobierno. Segundo, a evaluar el grado de similitud de los indicadores de competencia política y comportamiento electoral en los niveles provincial y local con respecto a la media nacional. Tercero, a caracterizar el grado de heterogeneidad intra e interprovincial de la competencia política y del comportamiento electoral, así como el nivel de volatilidad electoral. Cuarto, a indagar en la existencia de un vínculo posible entre el nivel de (des)nacionalización del sistema de partidos y la implementación de las políticas descentralizadoras del Estado durante la década del noventa, así como con la crisis política de 2001-2002. Quinto, a estudiar si se dio un proceso contrario de nacionalización del sistema de partidos, o al menos de atenuación de las tendencias desnacionalizadoras, con la reconstrucción de las capacidades estatales iniciada tras la mencionada crisis de la mano de las presidencias kirchneristas a partir de 2003. Y, finalmente, a proyectar las probables configuraciones que podría asumir el sistema partidario en los próximos años.

El trasfondo del proyecto sostenía que, en la Argentina, desde 1983 existía una marcada tendencia hacia la desnacionalización del sistema de partidos, la que había alcanzado su punto máximo a comienzos de este siglo. Dicha territorialización partidaria habría ocurrido en paralelo con la crisis fiscal del Estado nacional en los últimos años de la década pasada, junto con la crisis general de representación de diciembre de 2001 y comienzos de 2002. No obstante, tal tendencia parecería haber ido perdiendo parte de su fuerza, en paralelo con la subsiguiente reconstrucción de las capacidades estatales iniciada con la presidencia del Frente para la Victoria en el año 2003.

Bajo esos lineamientos se esbozaron ciertas presunciones de partida, algunas de las cuales, en diverso grado, con distinta intensidad, y desde diferentes enfoques y perspectivas, inspiraron el diseño y la realización de los subsiguientes estudios individuales que conforman los capítulos de este libro. Tales presunciones pueden presentarse de la siguiente manera:

"Desde el retorno democrático, el sistema de partidos nacional experimentó un cambio, pasando de una coordinación nacional de tendencia bipartidista, a diversas formas de coordinación partidaria subnacional, que no responden necesariamente a formatos bipartidistas".

"La tendencia a la desnacionalización del sistema de partidos alcanzó su grado máximo a fines de los años noventa debido a las transformaciones ocasionadas en las unidades políticas subnacionales por las medidas descentralizadoras implementadas, y reforzada tanto por la crisis fiscal como por la crisis política general desatada en los años 2001 y 2002"

"La tendencia hacia la desnacionalización comenzó a perder fuerza desde el año 2003 al recuperar el Estado nacional sus capacidades estatales (económicas, institucionales y políticas)".

Frente a la actual deficiencia del estado del arte referido al estudio del sistema de partidos argentino de los últimos veinte años, resultaba evidentemente necesario realizar aportes de contenido analítico conceptual pero que se encontrasen, a su vez, seriamente testeados por el análisis de datos concretos, a fin de aportar una nueva y consolidada mirada sobre la reformulación del sistema de partidos y sobre su forma de rearticulación política.

El libro

Dentro del marco general de estudio propuesto, el libro se compone de ocho capítulos independientes pero interrelacionados, todos los cuales, en distinta medida, desde diferentes perspectivas específicas y aplicados a diversos recortes particulares del universo de análisis planteado, se articulan, en forma coherente, en torno de los objetivos generales de la investigación postulada.

Brevemente, el capítulo inicial de Bonifacio y Del Cogliano parte de la tesis de Chhibber y Kollman (2004) según la cual los procesos de centralización política y administrativa confieren un nuevo ímpetu a la formación de partidos políticos nacionales, y sostiene que la desnacionalización del sistema partidario responde no sólo a la descentralización política y administrativa, sino, fundamentalmente a procesos de descentralización de carácter fiscal. A partir de lo anterior, los autores proponen que la coexistencia de políticas de descentralización administrativa y fiscal es condición necesaria para la desnacionalización del sistema de partidos. A ese respecto, presentan un rápido repaso sobre el modo en que se articularon los dos niveles de gobierno (nacional y provincial) en torno de las disposiciones que configuraron y reconfiguraron el régimen federal de coparticipación de impuestos a lo largo de los años. Asimismo, repasan los rasgos esenciales de las políticas centralizadoras y descentralizadoras impulsadas por el gobierno nacional en los diferentes períodos. De ese modo, pretenden rastrear la dinámica propia de ambos elementos: la descentralización fiscal y la descentralización administrativa, que, de manera conjunta según sentencian, explican la desnacionalización del sistema partidario argentino.

En línea con lo anterior, el segundo capítulo, a cargo de Cheli, se sitúa en la premisa, ampliamente difundida en el entorno académico, de que el máximo grado de desnacionalización del sistema de partidos argentino se produjo tras la implementación de políticas descentralizadoras del Estado en los años '90. Tal supuesto implicaría que la descentralización administrativa marcó su fuerte impronta sobre los gobiernos provinciales, reforzando la visión de dichos estados subnacionales como actores con peso propio y recursos suficientes como para forjar la independencia de su sistema de partido y la consolidación de fuerzas partidarias propias. Con este espíritu el capítulo se avino a estudiar, por un lado, las características que asumieron los procesos de descentralización dentro del Estado argentino, así como los efectos de esas reformas en términos económicos y fiscales para las provincias; y, por el otro, los rasgos adoptados por el sistema partidario argentino a nivel nacional desde 1983 hasta la actualidad, haciendo especial hincapié en las tendencias ocurridas tanto en la arena nacional como en la subnacional de gobierno.

Por su parte, el capítulo de este autor co-escrito con Ratto se interesa por evaluar la forma en que la dinámica partidista nacional influye en los sistemas partidarios subnacionales en función de los sistemas electorales existentes en las provincias, a sabiendas de la gran heterogeneidad institucional que el contexto subnacional presenta en la Argentina. Con este fin, estudia el número efectivo de partidos políticos provinciales junto con una serie de datos provenientes de resultados electorales agregados a nivel provincial para el período 1983-2005. La metodología escogida fue un modelo de regresión multivariado, orientado a medir el impacto que numerosos y diversos factores ejercían sobre la cantidad de partidos provinciales. La hipótesis fundamental, sobre la que se desarrolla lo principal del trabajo investigativo, postula que "la influencia ejercida por la competencia de cargos públicos nacionales aumenta el número efectivo de partidos provinciales solamente si el sistema electoral provincial es lo suficientemente permisivo", esto es, si favorece la representación proporcional antes que el principio mayoritario.

Seguidamente, y ya perfilando el análisis de casos empíricos e investigación aplicada, el capítulo de Eberhardt toma la variable "crisis de representación" y estudia su influencia sobre los partidos políticos en la ciudad de Buenos Aires, en función de la postura que sus dirigentes y funcionarios de gobierno adoptaron frente a la creación, reglamentación e implementación de mecanismos participativos "semidirectos", como herramientas alternativas y/o complementarias de las agrupaciones e instituciones indirectas tradicionales para la presentación de las demandas ciudadanas ante el gobierno. Dichas herramientas fueron impulsadas por los convencionales constituyentes en 1996 y luego reglamentadas por las subsiguientes legislaturas como una de las salidas posibles al descreimiento y la apatía ciudadanas respecto de los representantes e instituciones asociadas, fenómenos que alcanzaron su mayor crudeza a partir de 2001. Lo paradójico de tales mecanismos recae en el hecho de que pueden aparecer ante los gobernantes tanto en la forma de instrumentos que ayuden a descomprimir la tensión dirigida contra los órganos y las vías representativas ahora en situación crítica, como también en el modo de una latente competencia y amenaza para sus partidos y funcionarios respecto de la tarea de nuclear, canalizar y ejecutar los reclamos e intereses de los habitantes.

El capítulo quinto, de Astarita, también se sitúa en el caso de la ciudad de Buenos Aires pero, en esta oportunidad, a los fines de abordar los fenómenos de la desnacionalización y de la competencia partidarias en el período 2001-2009. El autor parte de la afirmación consensuada de que el sistema partidario argentino ha atravesado un marcado proceso de desnacionalización en los últimos años. Es en ese contexto de profundas e importantes transformaciones ocurridas en el sistema de partidos nacional, que a su vez impactan y son acompañadas de modificaciones en las pautas de competencia subnacionales, que el trabajo se centra en indagar sobre las características y la dinámica que asume la competencia partidaria en la Capital Federal, más aún siendo que posee "un sistema partidario peculiar, diferente no sólo del vigente a nivel nacional sino también al del resto de las provincias".

En sexto lugar, Gandulfo trae un estudio comparado de dos casos provinciales, Tucumán y Formosa, en su afán por investigar los cambios producidos en los sistemas partidarios provinciales, poniendo particular atención sobre los procesos de desnacionalización y nacionalización partidaria. El autor analiza el fenómeno de territorialización a partir no sólo de los procesos de descentralización administrativa, fiscal y política acontecidos en el país, sino también de la posibilidad con que cuentan las elites provinciales para separar la competencia nacional de la provincial, y para construir, así, organizaciones partidarias autónomas. Tal capacidad está asimismo directamente vinculada con la disponibilidad de recursos económicos provinciales propios así como de recursos políticos de los gobernadores. En ese sentido, el autor se aboca a dilucidar el grado de relevancia de los recursos propios de ambas provincias a fin de explicar los desiguales recorridos históricos de sus sistemas partidarios en términos del grado de nacionalización/desnacionalización de los mismos.

Un nuevo estudio de caso provincial vendrá de la mano del capítulo de Gallucci, quien se detiene a dar cuenta de las particularidades del sistema partidario neuquino, único distrito en el que un partido de carácter estrictamente provincial ha logrado mantenerse al frente del ejecutivo provincial, consolidando así su carácter de actor predominante. No obstante, el autor aborda la trayectoria partidaria provincial sin descuidar las transformaciones operadas en la provincia, entre otros aspectos, las fluctuaciones acaecidas en los rendimientos electorales de aquel partido, así como las situaciones de gobierno dividido que dicha fuerza ha enfrentado de forma recurrente en los últimos períodos.

Finalmente, el trabajo de Montes realiza una buena síntesis de las tres variables independientes principales aquí adoptadas a la hora de explicar los fenómenos de desnacionalización/nacionalización del sistema partidario argentino: las políticas de descentralización, la coparticipación federal y la crisis de representación; esta vez, aplicadas al estudio de caso de la provincia de Buenos Aires. La hipótesis que nuclea el trabajo afirma que, en la provincia de Buenos Aires, no se ha evidenciado una clara tendencia hacia la desnacionalización partidaria durante todo el período, habiéndose incluso mantenido cierta estabilidad relativa en la competencia partidaria provincial. Sin embargo, esto no significaría que el proceso de desnacionalización no hubiera existido, sino que habría ocurrido en determinados momentos específicos como un fenómeno producto de circunstancias ajenas al proceso de descentralización que se dio en el marco de la reforma del Estado. En este sentido, el autor suma otras variables como ser el estado de situación actual de la coparticipación federal de la provincia (observando el grado de dependencia económica respecto del gobierno nacional y el presupuesto por habitante en los municipios), junto con el efecto sobre el territorio de la crisis de representación política.

Coparticipación federal

Un acercamiento a la comprensión de las relaciones fiscales intergubernamentales. Aporte para el estudio del proceso de nacionalización/ desnacionalización partidaria

Santiago Bonifacio[2] y Natalia Del Cogliano[3]

Introducción

Chhibber y Kollman (2004) proponen que los procesos de centralización política y administrativa dan nuevo ímpetu a la formación de partidos políticos nacionales, esto es, a la nacionalización del sistema de partidos. Invirtiendo la dirección de la relación causal sostenida por Riker (1964), según los autores una mayor centralización política reduce el valor electoral de los actores políticos orientados localmente. En la medida en que el proceso de centralización avanza, por tanto, los incentivos para el desarrollo de estrategias localistas decrece y las diferencias entre los sistemas de partidos nacionales y provinciales se minimizan, conllevando a una mayor nacionalización de la competencia electoral.

En efecto, ¿los procesos de descentralización inducen la desnacionalización de los sistemas de partidos? A partir de la tesis de Chhibber y Kollman, sostendremos que la desnacionalización del sistema de partidos responde no sólo a la descentralización política y administrativa, sino fundamentalmente a procesos de descentralización de carácter fiscal. En efecto, diremos que una condición necesaria para la desnacionalización del sistema de partidos es la coexistencia de políticas de descentralización administrativa y fiscal.

[2] sbonfi@gmail.com
[3] natydelco@hotmail.com

En el presente capítulo presentamos un breve repaso sobre el modo en que los dos niveles de gobierno (nacional y provincial) se han articulado en torno de las disposiciones que configuraron y reconfiguraron el régimen federal de coparticipación de impuestos a lo largo de los años. Complementariamente, repasamos los rasgos esenciales de las políticas centralizadoras o descentralizadoras que el gobierno central ha impulsado en diferentes períodos. De modo que buscamos rastrear la dinámica de los dos elementos: descentralización fiscal y descentralización administrativa, que de manera conjunta explicarían la desnacionalización del sistema partidario argentino.

Nación, provincias y municipios

La Argentina es una república federal compuesta por el Estado nacional, veintitrés provincias y una ciudad autónoma, todos ellos con rango constitucional[4]. Adicionalmente se garantiza como tercera instancia de gobierno un régimen municipal dotado de autonomía política, correspondiente a la esfera normativa provincial[5], esto es, que debe ser instituido y diseñado por cada constitución subnacional.[6] De esta manera, hallamos la coexistencia de administraciones públicas organizativa y funcionalmente independientes, con potestades y funciones exclusivas, concurrentes y complementarias (Cao, 2008) en cada una de las unidades políticas (*polities*) correspondientes a los tres órdenes estatales previstos en la Constitución: el nacional (o federal), el provincial y el municipal, donde los poderes ejecutivos de cada nivel –presidente, gobernadores e intendentes– son elegidos por medio del voto popular, al igual que las autoridades legislativas nacionales y provinciales. Tal coexistencia de potestades implica la presencia de atribuciones compartidas entre niveles de gobierno, lo cual define la necesidad de cooperar y coordinar acciones para la implementación de políticas y la prestación de servicios.

---

[4] Constitución de la Nación Argentina, artículos 121, 122, 123, 124 y 129
[5] Constitución de la Nación Argentina, artículos 5 y 123.
[6] Cada provincia tiene la potestad de redactar su propia Constitución, respetando los principios establecidos por la Constitución nacional.

Tal compleja estructura remite a la existencia de un 'Estado Multi-nivel' (*'Multilayered Polity'*) es decir, un Estado soberano con varios órdenes y unidades estatales. El término 'Estado Multinivel' alude a una entidad estatal cuya forma organizativa presume la existencia, dentro de la misma unidad política, de más de una autoridad de gobierno (Escolar, 2008); de varios estratos o capas territorialmente superpuestas de órdenes estatales. En este sentido, tiene la particularidad de presentar en cada porción del territorio incluido en el Estado nacional (primer orden) unidades políticas estatales de órdenes inferiores, provincial o subnacional (segundo orden) y municipal o local (tercer orden). Entre estos tres órdenes se encuentran distribuidos las competencias y recursos estatales –fruto cambiante de una constante negociación en la arena política–, distribución que puede caracterizarse por mayores o menores niveles de centralización y/o descentralización.

Uno de los factores más relevantes en la estructuración de las relaciones entre niveles de gobierno es el grado de nacionalización del sistema de partidos. Un grado mayor de nacionalización del sistema partidario en un Estado federal multinivel democrático se traduce en elevados niveles de homogeneidad del apoyo electoral que perciben los partidos a través de las unidades territoriales. Así, en un sistema partidario muy nacionalizado, los partidos obtienen porcentajes de votos relativamente similares en las diferentes subunidades que componen al país. En los sistemas poco nacionalizados, en cambio, el apoyo a los partidos es muy dispar entre los distintos distritos. De esta manera, como observa Escolar (2008), *"si el sistema político –en particular el sistema de partidos–, en democracias de partidos constituidas, se encuentra nacionalizado, el proceso decisorio se va a producir a través de los vínculos verticales internos de dicho sistema y sus partes integrantes"*, aun si las instituciones formales del Estado establecen procesos descentralizados de toma de decisiones (Alessandro, 2009).

¿Pero cómo se explica la existencia de un sistema de partidos más o menos nacionalizado? En este trabajo entendemos que la centralización o descentralización de las funciones y poderes estatales de carácter fiscal y administrativo constituyen un factor explicativo del grado de nacionalización partidaria. Como sostienen Chhibber y Kollman (2004), *"to understand party formation, one needs to understand the need for voters and candidates to coordinate and organize to accomplish policy goals"*. En este sentido creemos que un nivel elevado de centralización fiscal resultará un incentivo –una condición necesaria, pero no suficiente– para la nacionalización del sistema partidario y un desincentivo en sentido contrario, en tanto la necesidad de coordinar con los niveles de gobierno provinciales para la consecución de políticas públicas se verá reducida. Como remarcan los mismos autores: *"federalism means that state or provincial politics matters, that is why voters and candidates will have incentives to link across districts within their own states or provinces"*. Y por supuesto que las provincias importan, y mucho, pero la locación de los recursos fiscales afectará la relevancia política de uno y otro nivel de gobierno, incentivando o desincentivando la territorialización de la política, y con ello el grado de desnacionalización del sistema de partidos. Fundamentalmente, el perfil del sistema partidario estará definido por la interacción entre políticas de descentralización administrativa y de descentralización fiscal.

En un estudio ampliamente citado, Riker y Schaps (1957) argumentaron que si los funcionarios ejecutivos del gobierno central y los gobiernos subnacionales son controlados por el mismo partido, entonces se podría esperar una atenuación del nivel de conflicto dentro de la federación mediante la profundización de la centralización. En este sentido, si los gobernadores pertenecen a un partido político que es similar o diferente al de quien ejerce la presidencia, ello afectará el carácter centralizador o descentralizador de las políticas implementadas. Para los autores, la relación entre la estructura del Estado y el sistema de partidos es que la primera estará definida por la nacionalización o desnacionalización del sistema. En el contexto argentino, los gobernadores son las figuras más importantes a nivel provincial y la forma en que las negociaciones entre los ejecutivos nacional y provincial se desarrolla es visto como determinante de las políticas de descentralización (Falleti 2000; Jones *et al.*, 2000).

En efecto, tomando en consideración la gran cantidad de estudios que han abordado el sistema de partidos como variable explicativa de la estructura estatal, este trabajo parte de la constatación de que si bien los partidos y los sistemas partidarios influyen sobre la estructura del Estado y las políticas públicas –en distintos casos latinoamericanos la nacionalización del sistema partidario se correlaciona positivamente con la centralización fiscal del Estado (González, 2008)–, como sostiene Alessandro (2009) posiblemente la relación contraria también exista.

Digresiones sobre la descentralización

Todo diseño institucional descentralizado o federal implica la existencia de una estructura de interdependencias; existe interdependencia cuando los recursos relevantes de coordinación están repartidos entre distintos niveles de gobierno. Cuanto más compleja sea aquella estructura descentralizada, más intensas pueden llegar a ser las relaciones intergubernamentales (RIGs) o al menos los requerimientos de coordinación. Así, compartir responsabilidades sobre una misma área de política pública puede, en tanto uno de sus posibles efectos institucionales, estimular la coordinación. No obstante la clave de la descentralización pasa por la coordinación intergubernamental, es presumible que existan problemas de coordinación e incluso su ausencia entre los distintos niveles de gobierno.

Si bien el concepto de *centralización* puede definirse simplemente como la concentración de poder en el nivel nacional de gobierno, al referirnos a la *descentralización*, no hallamos una definición unívoca. Entre las principales discusiones teóricas acerca de la connotación y denotación del concepto, Rondinelli (1989) y O'Neill (2005) consideran que una efectiva descentralización requeriría de la transferencia tanto de poder político como de poder fiscal hacia niveles subnacionales de gobierno. De esta manera, sólo cuando los gobernadores son directamente electos y pueden contar con transferencias fiscales no condicionadas desde el gobierno central, con impuestos locales, o ambos, se puede decir que el poder está realmente descentralizado. Autonomía política junto con el acceso a recursos fiscales son, entonces, el sello distintivo de una efectiva descentralización.

Por su parte, Falleti (2005) clasifica las políticas descentralizadoras según pertenezcan a tres categorías, dependiendo del tipo de autoridad que es descentralizada en cada momento. De esta manera, construye la siguiente tipología: descentralización administrativa, que comprende el conjunto de políticas cuyo objetivo radica en la transferencia de funciones administrativas y de provisión de servicios sociales como educación, salud o vivienda, a niveles subnacionales de gobierno; descentralización fiscal, que refiere al conjunto de políticas diseñadas para elevar los ingresos o el nivel de autonomía fiscal de los gobiernos subnacionales; y descentralización política, que remite al conjunto de enmiendas constitucionales y reformas electorales para abrir nuevos –o activar los previamente existentes pero ineficientes– espacios para la representación de las unidades políticas subnacionales.

La autora prevé la posibilidad de analizar las múltiples secuencias en que tales políticas pueden sucederse. Al respecto, el grado en que el balance de poder intergubernamental es modificado depende notablemente de las diferentes secuencias de descentralización implementadas. Falleti sostiene que si una descentralización de tipo política ocurre en primer lugar (antes que una de tipo fiscal o administrativo), ésta aumenta el poder de influencia de los actores subnacionales en las subsiguientes rondas de negociación sobre los tipos de descentralización a implementarse. En este caso, lo más probable es que a la política la suceda una etapa de descentralización de tipo fiscal, con una descentralización administrativa en último lugar. Tal secuencia de reformas resulta en un nivel más alto de autonomía por parte de las provincias. Pero en el otro extremo, si una descentralización de tipo administrativa ocurre en primer lugar seguida por una política de descentralización fiscal, y sólo en último lugar por una de tipo política; esta secuencia de reformas deriva, contrariamente, en un aumento del poder relativo del gobierno nacional, fijando serias restricciones fiscales sobre las provincias (Falleti, 2005). Por lo tanto, una política de descentralización de tipo administrativa puede tener un impacto positivo o negativo en el nivel de autonomía subnacional, según ocurra juntamente con la correspondiente transferencia de fondos, es decir, con una descentralización de tipo fiscal.

En definitiva, la primera política de descentralización introducida, sea ésta del tipo que sea, es particularmente importante dado que establecerá restricciones, límites, y determinará las características de las reformas futuras que completarán la secuencia y definirán el marco en el que se desarrollarán las RIGs. De allí la importancia de analizar los orígenes, reformas y la situación actual de la ley de coparticipación, producto de la disputa por mayores cuotas de poder y/o autonomía entre los gobiernos provinciales y el Estado nacional, cuyos intereses respecto de los tipos de descentralización a implementar resultan, las más de las veces, opuestos.

Ahora bien, ¿cuál es la relación entre la descentralización y el sistema de partidos? Como dijéramos anteriormente, un gran porcentaje de la literatura dedicada a estos temas postula que el mecanismo de influencia corre en el sentido opuesto. Esta concepción inspira los análisis sobre el alcance, la estructura, la estabilidad y la relativa eficiencia de los procesos de descentralización fiscal y administrativa. Como subraya Leiras (2009), más allá de esta diversidad, en todos los casos el carácter más o menos nacional de la estructura partidaria se presenta como variable independiente, como *explanandum*, como un fenómeno que no es determinado sino que determina a los procesos de descentralización. De allí que, concluye Leiras en el mismo trabajo, en el contexto general de los estudios sobre descentralización, preguntarse por su impacto en las arenas electorales y en las organizaciones partidarias pueda parecer exótico.

Los albores de un régimen de coparticipación federal de impuestos

Si los procesos que ocurren en la esfera estatal influyen sobre el carácter del sistema de partidos, debemos poner atención en uno de los principales aspectos que ha configurado la relación entre la nación y las provincias: el sistema de reparto de recursos fiscales.

Como señalan Cetrángolo y Jiménez (2004), a partir de 1935 las relaciones entre la nación y las provincias han girado en torno de la puja por la distribución de los recursos tributarios.

El sistema de coparticipación de impuestos define la distribución de los recursos recaudados por el Estado nacional hacia los niveles inferiores de gobierno. Esta definición comprende tres áreas: en primer lugar, qué impuestos conforman la masa de recursos a distribuir; segundo, qué proporción se repartirá entre la nación y el conjunto de las provincias (distribución primaria); y por último, el mecanismo y los criterios de distribución para cada una de las provincias (distribución secundaria).

Como resultado, aproximadamente un 65% del gasto de las provincias proviene de las transferencias coparticipadas, mientras que el 35% restante se origina en lo recaudado por sí mismas (Saiegh y Tommasi; 1999). Incluso, en algunas provincias, las transferencias en concepto de coparticipación representan más del 65% del gasto total.

La evolución del sistema de coparticipación de impuestos se caracterizó por la existencia de tres tendencias particulares (Cetrángolo y Jiménez, 2004): el aumento de las jurisdicciones subnacionales incluidas; la creciente incorporación de tributos nacionales en la masa de recursos a coparticipar, y el aumento del coeficiente de distribución primaria (con la excepción de lo establecido en la reforma de 1967). Es así que nos focalizaremos en el estudio del modo en que los regímenes de coparticipación federal (entre el gobierno nacional y las provincias) han evolucionado.

Como tendencia general, las sucesivas modificaciones aplicadas al régimen de coparticipación de impuestos pueden pensarse dentro de un *continuum* descentralizador (Eaton, 2001) que presenta un freno a partir del año 2003. Así, según nuestra hipótesis, desde dicho año deberíamos encontrarnos con un sistema de partidos propenso a la nacionalización.

En nuestro país, el régimen de coparticipación federal de impuestos –un mecanismo de federalismo fiscal, de reparto no condicionado y automático de recursos– tuvo su origen en el año 1935 (Ley N° 12.139, que durante casi cuarenta años sería el sistema de coparticipación), como corolario del golpe de Estado de septiembre de 1930. Con la ruptura del orden constitucional que dio inicio al período conocido como la "década infame", los sectores dominantes del país buscaron fortalecer la intervención estatal en la economía modificando, política y económicamente, el modelo vigente, con el objeto de adecuarse a la nueva estructura económica mundial producto de la crisis de los años '30.

Como explica Alberto Porto (2003), desde el punto de vista del funcionamiento del federalismo fiscal, en el esquema vigente hasta comienzos de la década del treinta –con excepción de la existencia de los Aportes del Tesoro Nacional, de escasa significación cuantitativa– cada provincia debía ajustar sus gastos a su restricción presupuestaria. Por lo tanto, una de sus consecuencias fue la gran disparidad territorial de oportunidades en cuanto a la provisión de bienes públicos provinciales: las provincias "ricas" podían financiar niveles de gasto público por habitante mucho más altos que las provincias "pobres". En este sentido, dada la sola presencia condicionada de ATN y la ausencia de mecanismos de transferencia de fondos fijados legalmente que establecieran coeficientes automáticos de reparto, cada nivel de gobierno debía financiar sus gastos con recursos propios. Así las cosas, existía un grado extremo de descentralización fiscal que no contemplaba mecanismos robustos de equiparación fiscal de las provincias desde el Estado nacional.

A partir de esta situación inicial, en el período que va de 1935 a 1988 la coparticipación federal de impuestos fue objeto de numerosas reformas, que resultaron en la existencia de lo que puede considerarse una serie de siete períodos (Peñalba *et al.*, 1989; Porto, 2003) con características distintivas, entre las cuales se destaca la reforma de 1973, antes de ser sancionada la ley 23.548 vigente hasta la actualidad. Más allá de ciertos avances y retrocesos, como tendencia general puede señalarse un aumento progresivo en la participación del conjunto de las provincias en la distribución de recursos, alcanzando el 57,6% de la masa coparticipable en 1988.

Sin embargo, desde los albores del régimen los presidentes han contado con fuertes incentivos políticos para recortar la cantidad de impuestos coparticipados hacia las provincias y elevar el porcentaje correspondiente al gobierno nacional. Como sostiene Eaton (2001), los presidentes prefieren tener un mayor control sobre las rentas públicas, de manera tal de contar con una mayor disponibilidad de recursos para perseguir sus objetivos políticos, y así dificultar la obtención de los mismos por parte de los gobernadores opositores.

Unificación del régimen. La Ley N° 20.221

Luego de la creación del régimen de coparticipación en 1935, numerosas modificaciones y sistemas florecieron en el marco de las relaciones intergubernamentales. En este contexto, tres leyes[7] regulaban el sistema, estableciendo distintos modos de distribución de los impuestos a

---

[7] Las leyes 12.139 –unificación de los Impuestos Internos–, 12.143 –transformación del Impuesto a las transacciones en el Impuesto a las Ventas– y 12.147 –prórroga del Impuesto a los Réditos–.

las provincias. Hacia 1972 el marcado deterioro de las cuentas públicas provinciales, la inestabilidad de sus sistemas financieros y su excesiva dependencia del Tesoro Nacional, sumado a la complejidad del régimen de distribución en el marco de un agravamiento de las condiciones económicas, dieron lugar a una nueva reforma del sistema de coparticipación por medio de la sanción de la Ley 20.221 del mes de marzo de 1973, todavía bajo el gobierno militar. De esta manera, se producía un giro sustancial en las relaciones financieras entre la nación y las provincias, al sancionarse el primer régimen unificado de coparticipación federal de impuestos.

El proyecto de ley-convenio definía como su objetivo fundamental *"el fortalecimiento en el plano financiero del efectivo ejercicio del sistema federal de gobierno, teniendo en cuenta preferentemente la situación de las provincias con menores recursos"*.

En este marco, la Ley 20.221 definió un esquema novedoso en dos aspectos: por un lado, institucionalizó un sistema único de distribución de los impuestos coparticipables –distribución primaria– para regular completamente la relación fiscal intergubernamental, y en segundo lugar fijó coeficientes de reparto secundario –distribución entre las provincias de lo correspondiente para el conjunto de éstas– en los cuales adquirieron relativa importancia los criterios redistributivos (Cetrángolo y Jiménez, 1995).

Pero el cambio fundamental radicó en el fuerte crecimiento de la participación de las provincias, al establecer una distribución primaria que dividía en partes iguales el total de los fondos (48,5% tanto para el conjunto de provincias como para la nación)[8], los cuales estarían conformados por la totalidad de los impuestos nacionales (exceptuando únicamente aquellos relativos al comercio exterior y los de asignación específica) y garantizando al mismo tiempo la automaticidad en los mecanismos de reparto.

Se fijaba que este régimen se extendería desde el 1º de enero de 1973 hasta el 31 de diciembre de 1980.

---

[8] Cabe mencionar que la nación debía destinar, de los fondos que le correspondían, un 1,8% a la Municipalidad de la Ciudad de Buenos Aires y un 0,2% al Territorio Nacional de la Tierra del Fuego, Antártida e Islas del Atlántico Sur.

Descentralización administrativa o la descentralización del gasto

El carácter más o menos nacionalizado del sistema de partidos es también afectado por el nivel de centralización administrativa del Estado. Según sostiene Leiras (2009), es fácil admitir como conjetura general que el traslado de facultades constitucionales, responsabilidades administrativas o control sobre recursos fiscales hacia niveles subnacionales puede hacer más relevantes el gobierno y la competencia electoral territoriales tanto para los candidatos como para los votantes. Así, es más probable que en distintas secciones de los territorios nacionales la competencia electoral siga diferentes patrones y, como consecuencia de ello, que los sistemas de partidos se desnacionalicen.

Al respecto, un cambio trascendental en las relaciones intergubernamentales (RIGs) ocurrió en 1978, cuando el gobierno militar transfirió a las provincias la administración de todos los servicios educativos iniciales y primarios nacionales. Esta política tuvo un fuerte impacto en la estructura de las relaciones fiscales, ya que si bien se apeló al artículo 5°[9] de la Constitución Nacional para justificar la medida, se trató de una *descentralización administrativa* (Falleti, 2005), en donde la falta de transferencia de los recursos correspondientes implicó una pesada carga sobre las cuentas provinciales, las cuales debieron asumir con recursos propios la gestión de alrededor de un tercio del sistema educativo primario[10]. De esta manera, el objetivo de la medida fue el de equilibrar el elevado déficit del Estado nacional, disminuyendo así el gasto del gobierno en educación elemental en cerca de un 75%[11].

---

[9] Artículo 5°- Cada provincia dictará para sí una Constitución bajo el sistema representativo republicano, de acuerdo con los principios, declaraciones y garantías de la Constitución Nacional; y que asegure su administración de justicia, su régimen municipal, *y la educación primaria*. Bajo de estas condiciones, el Gobierno federal, garante a cada provincia el goce y ejercicio de sus instituciones. (*Constitución Nacional Argentina - Primera Parte - Capítulo Primero - Declaraciones, Derechos y Garantías.*)

[10] Ello representaba 6.564 establecimientos primarios, 64.619 cargos docentes y auxiliares, y 897.400 alumnos. Datos del Presupuesto General de la Administración Nacional de 1978 (Ministerio de Educación y Cultura, 1980), citados por Falleti, Tulia en *El federalismo electoral argentino.* (pág. 237)

[11] El gasto del Estado nacional en este rubro pasó de 1.550 millones de pesos en 1977 a sólo 400 millones en 1979. Cifras extraídas del informe *Presupuesto APN 1965-2006*, del Ministerio de Economía de la Nación. Cifras expresadas en pesos de 2005.

De forma complementaria, el régimen de coparticipación federal sufrió una nueva modificación en perjuicio de las provincias como consecuencia de la reforma tributaria implementada dos años más tarde en 1980, todavía durante el gobierno militar. Dada la reducción de la carga sobre la nómina salarial correspondiente a las contribuciones patronales con destino al financiamiento del sistema jubilatorio y el Fondo Nacional de la Vivienda (FONAVI), en adelante ambos serían financiados por una deducción sobre la recaudación total de impuestos coparticipables (Cetrángolo y Jiménez, 1995). Realizada esta pre-coparticipación, la distribución se efectuaría de acuerdo con los coeficientes establecidos por la Ley 20.221. Así, para 1981, las provincias diminuyeron su participación a 26,8%, mientras que para 1984, último año de vigencia de esta Ley, recibieron solamente un 21,4% del total de impuestos coparticipados (Cetrángolo y Jiménez, 1995; Pírez, 1986), es decir 27 puntos menos de lo establecido en la Ley 20.221, generando así una emergencia fiscal en las finanzas provinciales (Peñalba, Pírez, Rofman, 1989; Falleti, 2005). Como contrapartida, asumiendo una suerte de papel compensatorio ante esta disminución, los Aportes del Tesoro Nacional[12] (ATN) registraron un fuerte incremento, representando en 1984 cerca de un 60% del total de transferencias a las provincias.

De este modo, el inicio de la década de 1980 marcó la inauguración de un nuevo ciclo en la relación financiera y de funciones en la gestión de servicios de educación entre el gobierno nacional y los gobiernos provinciales, cuya característica distintiva fue un mayor nivel de conflictividad, a partir de un claro retroceso de las posiciones alcanzadas por el conjunto de las provincias hacia 1973. Al retornar la democracia en 1983, la autonomía provincial se hallaba debilitada, en tanto sus gobernadores debían asumir funciones previamente realizadas por la nación (como la educación primaria y la descentralización de una serie de hospitales) con una mayor dependencia de recursos.

---

[12] Ejecutados sin criterios explícitos y predeterminados, los ATN se convierten en una transferencia que tiende a evolucionar en función del vínculo político entre el gobierno central y las diferentes jurisdicciones, acentuando la discrecionalidad.

La recuperación democrática y el régimen de coparticipación: fin de la Ley 20.221 e inicios de una conflictiva etapa de transición (y negociación)

Con la recuperación democrática de 1983, nuevamente el marco de las relaciones fiscales intergubernamentales sería transformado. En primer lugar, los gobiernos subnacionales recuperaron significativamente su participación en la distribución de recursos coparticipables para 1985, recibiendo más del 50% del total. Por otro lado, a fines de 1984 perdió vigencia la Ley de Coparticipación de 1973 (luego de haber sido prorrogada en dos oportunidades) y, ante la falta de acuerdo para sancionar su actualización o modificación, entre 1985 y 1987 la Argentina careció de un sistema explícito que otorgara previsibilidad en el reparto del producto de la recaudación de impuestos nacionales por primera vez en casi medio siglo.

Ante la ausencia de un maco legal que regulara el sistema de distribución, la discrecionalidad del Ejecutivo nacional se convirtió en el rasgo primordial del período. La falta de automaticidad en la proporción, monto y tiempo de recepción por parte de las provincias se convirtió en un instrumento de presión de la Presidencia en las negociaciones con las provincias, condición reforzada por un contexto económico inestable. En efecto, si bien las transferencias del gobierno nacional aumentaron fuertemente, un alto porcentaje de las mismas fue de tipo discrecional. En el año 1985, este tipo de transferencias llegó a representar el 59% del total, y el 54% en 1986[13], realizándose gran parte de las mismas, tal como venía sucediendo, por medio de Aportes del Tesoro Nacional.

Esta situación sería modificada por la alteración de las relaciones de fuerza entre los actores políticos resultante de las elecciones legislativas de 1987. La derrota electoral del partido gobernante (UCR) significó la pérdida de la mayoría con la que contaba en la Cámara de Diputados y cinco gobernaciones (conservando solamente 2, mientras que el PJ gobernaría en 17 provincias).

---

[13] Ministerio de Economía. 1989. *Politics for Structural Change in the Public Sector. Speeches on National Budget Proposals 1986-1989* [in Spanish]. Buenos Aires: Poder Ejecutivo Nacional, Ministerio de Economía, Secretaría de Hacienda. Citado por Falleti, 2005, pág. 341.

Frente a una cada vez más compleja situación económica, con expectativas adversas para el futuro del gobierno, la existencia de un Congreso dominado por la oposición y el fortalecimiento de los gobiernos provinciales de distinto signo partidario, la UCR a cargo del Poder Ejecutivo vio disminuir considerablemente sus posibilidades de retener el control del gobierno en las siguientes elecciones. En este contexto, podría suponerse que la posibilidad de iniciar un proceso de descentralización fiscal adquirió protagonismo al presentarse como una garantía de que, en caso de un triunfo del PJ en las presidenciales, en los años posteriores no vería afectados de manera discrecional los recursos a transferirse a las provincias (incluyendo las radicales), reduciendo así el costo de oportunidad de esta política[14] (O'Neill, 2005; Falleti, 2005). Así, el 7 de enero de 1988 el Congreso de la nación sancionó la Ley N° 23.548 de Coparticipación Federal de Recursos Fiscales.

La Ley de Coparticipación de 1988

La sanción de la Ley de Coparticipación creó un nuevo marco institucional para el desarrollo de las relaciones entre los diferentes niveles de gobierno, dando inicio a una nueva etapa en la relación nación-provincias luego del vacío legal que se había extendido durante los tres años previos. Este marco presenta significativas modificaciones, reglamentando claros avances en favor del conjunto de las provincias:

- **Aumento de la masa coparticipable:** Se amplía la masa de fondos a distribuir, al incluirse todos los impuestos nacionales existentes o a crearse, detallando las excepciones (que en la práctica resultarían numerosas).

---

[14] O'Neill postula que en todo proceso de descentralización existe un intercambio. Este proceso implica un cálculo del costo de oportunidad realizado por el partido en el gobierno, donde éste decidirá la conveniencia o no de iniciar el proceso en base a las expectativas que tenga tanto para retener el Ejecutivo nacional como para obtener triunfos electorales a nivel subnacional. Si la expectativa de continuar en el gobierno es negativa, habrá fuertes incentivos para descentralizar el poder, asegurándose así la posibilidad de contar con los recursos correspondientes para gobernar a nivel provincial.

• **Mayor participación en la distribución de recursos**: El artículo 3 fija una distribución primaria del 42,34% para la nación y un **57,66% para las provincias**, es decir un 8% más respecto de la ecuación establecida por la Ley 20.221 de 1973. Este importante incremento institucionaliza los avances que venían registrándose en los años anteriores, reconociendo la necesidad de compensar a las Provincias por el aumento en el nivel de gastos generado a partir de la transferencia educativa de 1978 y el creciente número de funciones y responsabilidades a su cargo.

• **Mecanismo de distribución automático**: Se retoma el carácter automático como mecanismo para el reenvío de los fondos correspondientes a cada parte. Así, se elimina la posibilidad de demorar las transferencias y la discrecionalidad y desequilibrio de poder que ello trae aparejado. Además, se evita la necesidad de establecer sistemas para actualizar los valores reales de las transferencias, fuente de conflicto permanente entre los niveles de gobierno en la etapa anterior (Pírez, 1989).

• **Cláusula de garantía**: Incluida en su artículo 7, esta cláusula de garantía indica que el monto a distribuir al conjunto de las provincias no podrá ser inferior al 34% de la recaudación de los recursos tributarios nacionales de la Administración Central, sean o no coparticipables. Este piso significa que, a priori, ante cualquier tipo de variación (incremento o reducción) en la recaudación nacional (independientemente del carácter de los impuestos que se modifiquen), no será afectada o ajustada por debajo de este límite.

• **Reglamentación del uso de los ATN**: Por primera vez se definen los alcances en el uso de los ATN, limitando la discrecionalidad con la cual se venían manejando previamente. El objetivo de este fondo será el de atender situaciones de emergencia y desequilibrios financieros provinciales, siendo el Ministerio del Interior el encargado de su distribución, con la obligación de informar trimestralmente los criterios utilizados para su asignación. Su financiación se realizará con el 1% de la masa de recursos coparticipables, a la vez que prohibe expresamente que el Poder Ejecutivo gire sumas superiores a ese monto.

• **Carácter transitorio – Renovación automática**: El régimen creado es definido como transitorio, con una duración de 2 años. Sin embargo, a fin de evitar la repetición de un escenario de vacío legal, se establece que su vigencia será prorrogada automáticamente ante la inexistencia de un régimen que lo reemplace.

En síntesis, a diferencia de la *descentralización administrativa* ocurrida en 1978 con la transferencia de las escuelas hacia las provincias, esta Ley de Coparticipación produjo, en igual sentido que la ley de 1972, un efecto de *descentralización fiscal*. En efecto, existió una importante transferencia de recursos desde el nivel federal hacia las provincias que, junto con otras garantías y mecanismos, diseñaron un régimen que contemplaba las necesidades provinciales ante el incremento de sus responsabilidades en la prestación de servicios.

Sin embargo, este régimen no se mantendría intacto por mucho tiempo. Diferentes leyes y decretos, acuerdos y pactos fiscales, junto a la creación de nuevos impuestos y cambios en la distribución de otros ya existentes, fueron generando sucesivas modificaciones sobre las disposiciones establecidas en la Ley de Coparticipación, configurando nuevos escenarios que disminuirían los beneficios obtenidos por las provincias anteriormente. Además, nuevas transferencias de servicios educativos, sociales y de salud resultaron en una transformación radical de las condiciones que dieron lugar, hace ya veinte años, a la sanción de la mencionada Ley. No obstante, a pesar del carácter transitorio de dos años indicado en su artículo 1° y del hecho de que en numerosas oportunidades se establecieron plazos para la sanción de una nueva ley, la ausencia de un régimen de coparticipación que lo reemplazara activó la cláusula de prórroga automática, razón por la cual la Ley de Coparticipación de 1988 continúa vigente en la actualidad.

Reforma del Estado y coparticipación en la década del noventa

Dada la drástica reducción de la recaudación causada por la crisis hiperinflacionaria de finales de los años ochenta, al iniciarse la década de 1990 los recursos de origen nacional percibidos por las Provincias se encontraban en un 23% por debajo de los valores de 1987. Este marcado descenso de los ingresos generó fuertes desequilibrios financieros (elevados niveles de déficit en ambos niveles de gobierno), registrándose una recuperación recién en 1991, bajo los efectos de la estabilización macroeconómica.

En el marco del proceso de reforma de la estructura estatal de los años 90, un conjunto de acuerdos fiscales se negociarían bilateralmente con los gobernadores provinciales para reducir las cuotas provinciales de ingresos y acordar la transferencia de responsabilidades de gasto clave (educación, salud y vivienda) sin la contraparte de los recursos fiscales correspondientes.

Desde fines de 1991 el Ejecutivo nacional promovió una serie de medidas que debilitaron significativamente las finanzas públicas provinciales, alterando el equilibrio relativo alcanzado en los años previos, tanto por un aumento de sus gastos como por una reducción de sus ingresos. Tres hechos principales fueron los que impactaron sobre las relaciones intergubernamentales a lo largo de 1992:

1. Ley 24.049 – Transferencia de Servicios Educativos y de Salud (diciembre de 1991). A partir de 1992, el gobierno nacional inició nuevamente la transferencia de la administración de servicios educativos y de salud[15], mediante la firma de convenios bilaterales con las Provincias. Sin embargo, estas debieron asumir las nuevas responsabilidades sin la transferencia correspondiente de recursos, ya que los fondos destinados por la nación para hacer frente a los nuevos gastos serían extraídos de la masa de recursos coparticipables antes de la distribución secundaria (entre las provincias). Así, al igual que en 1978, se trató de una política de *descentralización administrativa*, tendiente a fortalecer la situación del fisco nacional (Falleti, 2005). Esta medida tuvo un doble impacto en la arena de las relaciones intergubernamentales (RIGs): en primer lugar por la modificación de las responsabilidades de gasto, pero también transformando la ecuación de la distribución de recursos coparticipables en perjuicio del nivel provincial[16].

---

[15] Incluyó la administración de escuelas nacionales de nivel medio y de adultos, la supervisión de escuelas privadas, y también la gestión de una serie de hospitales nacionales y dos programas alimentarios pasaron a la órbita provincial.

[16] En este caso estamos en presencia de un proceso de descentralización administrativa que puede ser entendida tomando en consideración la hipótesis de crisis fiscal presentada por O'Neill, *op. cit.*, pp. 41-42.

2. Modificaciones en la distribución de impuestos. Estos cambios, fundamentalmente traducidos en precoparticipaciones, significaron una marcada reducción en los recursos recibidos por el conjunto de las provincias, en favor del Sistema de Seguridad Social. Se destacan los cambios realizados en IVA y Ganancias[17], los dos principales gravámenes de la estructura tributaria. Así, un 11% de lo producido por la recaudación del IVA sería destinado al financiamiento del Régimen Nacional de Previsión Social (del cual un 90% iría al sistema nacional y un 10% a las jurisdicciones provinciales), mientras que se aplicaron un conjunto de precoparticipaciones (descuentos previos a la distribución primaria) que disminuyeron lo recibido por las provincias a sólo un 36,26% de lo recaudado por el Impuesto a las Ganancias (excluyendo el Fondo del Conurbano Bonaerense).

3. Pacto Fiscal. Significó la introducción de enmiendas sobre el sistema de coparticipación, destacándose los siguientes puntos:

a. se autorizó a la nación a retener un 15% de la masa de impuestos coparticipables, generando una severa reducción de la participación provincial en la distribución de fondos;

b. la nación descentralizó la administración y los recursos correspondientes al Fondo Nacional de la Vivienda (FONAVI), Consejo Federal de Agua Potable y Saneamiento (COFAPyS), Fondo de Desarrollo Eléctrico del Interior (FEDEI), y el Fondo Vial Federal, remitiéndolos en forma automática. Puede interpretarse ello como una concesión otorgada por el Gobierno dentro del marco de una negociación para garantizarse el apoyo de los gobernadores a las reformas y, consecuentemente, asegurar la sustentabilidad del equilibrio macroeconómico recientemente logrado.

Se visualizan tres aspectos centrales en las medidas citadas: la consonancia de la transferencia educativa con un proceso en marcha de reforma del Estado signado (entre otras cosas) por la reducción de sus tareas y la contracción del gasto público, en el contexto de emergencia económica que caracterizó el período 1989-91; la captación de fondos correspondientes a las provincias por parte del gobierno nacional

---

[17] Leyes 23.966 y 24.073 (Decreto 879/92), respectivamente.

(Pacto Fiscal); y que ello obedeció a la necesidad de financiamiento para un sistema previsional en crisis (modificaciones en la distribución de impuestos) (Cetrángolo y Jiménez, 1996). Así, aun en un contexto de intensa descentralización "administrativa", la nación lograba recentralizar recursos a expensas de las provincias (Eaton y Dickovick, 2004). Dicha situación, reflejada en una mayor dependencia de recursos de las provincias ante la nación debió tener un impacto importante sobre el sistema partidario.

Por otro lado, un hito trascendental durante estos años fue el nuevo rango adquirido por el régimen de coparticipación al ser incluido en la Constitución Nacional por la reforma realizada en 1994. El inciso 2 del artículo 75 establecía que una ley convenio garantizaría principios de automaticidad en la distribución de fondos, realizada *en relación directa a las competencias, servicios y funciones de cada una de ellas contemplando criterios objetivos de reparto; será equitativa, solidaria y dará prioridad al logro de un grado equivalente de desarrollo, calidad de vida e igualdad de oportunidades en todo el territorio nacional*"[18]. Además, estableció que no se producirían en adelante nuevas transferencias de competencias sin los correspondientes recursos, así como también la Sexta Disposición Transitoria fijaba como plazo para la aprobación de un nuevo régimen de coparticipación al año 1996.

En la reforma constitucional de 1994 se fijaría, entre otras cosas, la prohibición de transferir competencias, servicios o funciones sin la respectiva reasignación de recursos, lo cual, como vimos, había sido una práctica habitual para aumentar la dependencia financiera de las provincias frente a la nación. Como sostiene Alessandro (2009), la reforma tuvo globalmente un efecto descentralizador, fundamentalmente al constitucionalizar la coparticipación automática de recursos a las provincias (limitando así la discrecionalidad de los presidentes) y establecer el dominio provincial sobre los recursos naturales.

Hacia fines de la década, debido a las sucesivas modificaciones, *"el sistema de distribución de los recursos coparticipables cobraría una complejidad y fragilidad difíciles de encontrar en otro período de la historia argentina"* (Cetrángolo y Jiménez, 1996).

---

[18] Constitución de la Nación Argentina. Artículo 75, inciso 2, párrafo 3.

A la luz del proceso de descentralización administrativa que tuvo lugar en la década del '90, la nueva división de funciones resultante de dicho proceso se tradujo en una notoria reducción de la participación de la nación en el Gasto Público Consolidado, mientras que las provincias y los municipios presentaron un importante incremento en el nivel relativo de sus erogaciones. Así, en el cuadro 1 se puede observar:

• Marcado descenso de la participación del Gasto Nacional respecto del Consolidado (de 71% en 1983, a 51% en 1991).

• Se duplicó la participación de las erogaciones municipales (4,1% en 1983; 8,9% en 1993), reflejando la creciente importancia política adquirida por este nivel de gobierno. Sin embargo, es interesante ver cómo para los dos años representativos de la nueva década, el Gasto Municipal muestra una leve reducción y una consiguiente estabilización. La estructura de Gasto se vio afectada particularmente en lo correspondiente a políticas sociales y asistencia social. Mientras que en 1990 los municipios gastaban, en promedio, el 17,5% de sus recursos en políticas sociales, para 1999 dicho porcentaje ascendía al 25,1%. Las municipalidades fueron las principales entidades responsables en la implementación de programas sociales descentralizados y focalizados (Iturburu, 2000).

• Fuerte crecimiento del Gasto Provincial (del 24% en 1983, a casi el 40% en 1993), y continúa su tendencia ascendente luego de un aparente estancamiento hacia 2003. Esta modificación es producto de la transferencia de funciones educativas y sanitarias a partir de 1992, esto es, las políticas de descentralización administrativa implementadas, y el consiguiente incremento de las responsabilidades provinciales. Políticas descentralizadoras de semejante peso no se volverían a dar luego de 1993.

• En ninguno de los tres niveles se registran cambios sustantivos entre 1993 y 2003, mientras que 2006 muestra una relación inversa entre el leve aumento del Gasto Provincial y la caída en tres puntos porcentuales del Nacional.

Cuadro 1: Gasto Nacional, Provincial y Municipal como % del Gasto Público Consolidado (1983-2006)

Gasto	1983		1993[a]		2003[b]		2006[b]	
	Total	%	Total	%	Total	%	Total	%
Nacional	22.888	71,5	38.676	51,6	57.694	52,7	104.898	49,5
Provincial	7.806	24,4	29.622	39,5	43.197	39,4	90.254	42,6
Municipal	1.308	4,1	6.0696	8,9	8.642	7,9	16.450	7,7
Consolidado	32.001	100	74.994	100	109.533	100	211.602	100

Fuente: Elaboración propia en base a datos del Ministerio de Economía de la Nación.

Referencias: [a] En miles de pesos corrientes; [b] En millones de pesos.

La fuerte descentralización del Gasto Público no fue acompañada por una transferencia de las facultades recaudatorias. Mientras que la participación del Estado nacional en el Gasto Consolidado se redujo de forma importante, la nación continuó concentrando funciones de recaudación de los recursos. Esto significa que si bien las provincias y los municipios vieron incrementarse sus niveles de gasto debido a la mayor cantidad de responsabilidades bajo su órbita, continuaron dependiendo de la distribución de ingresos nacionales para su funcionamiento, reforzando a su vez el poder de presión política-fiscal de la nación sobre los gobiernos subnacionales.

Por último, resulta interesante poner atención sobre la composición del gasto provincial en relación con los elevados montos adeudados por los gobiernos provinciales al Estado nacional. Como vimos, el mismo se compone de fondos de origen nacional y provincial. Analizando la relación entre los recursos propios –provinciales– y los de origen nacional en un período de cuarenta años, se observa una disminución de tal relación a lo largo del tiempo. En este sentido, de un valor cercano a la unidad en los primeros años de la década del '60 –indicando un tamaño absoluto igual de las dos fuentes de ingresos–, desde mediados de la década del '80 casi dos tercios de los recursos corrientes de las provincias son transferencias nacionales. Como observa Porto (2004), esto es indicativo de una baja y decreciente correspondencia fiscal media.

La coparticipación en un contexto de crisis

En los días previos a su asunción en diciembre de 1999, representantes del gobierno nacional electo suscribieron junto con gobernadores en ejercicio el denominado Compromiso Federal. En él se determinó que la transferencia a las provincias por todo concepto durante el año 2000 sería de una suma única y global de $1.350 millones mensuales, independientemente de los niveles de recaudación de impuestos existentes o a crearse. Un tope similar ($1.364 millones mensuales) se refrendó en diciembre de 2000, a través del Compromiso Federal para el Crecimiento y la Disciplina Fiscal (Ley 25.400), dentro del contexto del "blindaje" y del "megacanje", pero en este caso estableciéndolo para los años 2001 y 2002. También se acordaba una mayor responsabilidad en el manejo presupuestario, con el compromiso de no aumentar sus niveles de gasto primario y de mejorar el nivel de transparencia de las cuentas públicas. Como contrapartida a ciertos requerimientos presupuestarios y a la rigidez en relación con las transferencias de recursos coparticipables, la nación ofrecería una serie de beneficios (fondos sociales y financieros).

Sin embargo, el año 2001 marcó la crisis del modelo económico-cambiario sostenido por el país a lo largo de la década del '90, lo cual derivó en el incumplimiento del conjunto de las disposiciones acordadas en años previos. La severa caída del PBI (por encima del 4%) provocó una marcada contracción en la recaudación nacional, arrastrando así a los recursos transferidos a las provincias, los cuales sufrieron una disminución mayor al 11%.

Ante la crítica situación económica y financiera que ya se advertía al promediar el año, el Ejecutivo nacional intentó revertir la situación mediante la implementación de nuevos acuerdos con las provincias (*Compromiso por la Independencia,* y el *Acuerdo de Apoyo Institucional para la Gobernabilidad* en el mes de julio, y la *Segunda Addenda al Compromiso Federal por el Crecimiento y la Disciplina Fiscal,* en noviembre; ratificados en conjunto por el Decreto 1584)[19].

---

[19] Los primeros dos acuerdos perseguían la adopción del principio presupuestario de déficit cero en todos los niveles de la administración, la generalización del impuesto a los créditos y débitos bancarios, y la incorporación de hasta $1.000 millones al Fondo Fiduciario de Desarrollo Provincial en concepto de anticipo del Impuesto a la Ganancias, por

Al representar en general sus disposiciones un claro retroceso para los gobiernos provinciales (una mayor debilidad financiera) en momentos extremadamente críticos, las mismas tuvieron implicancias políticas en las relaciones intergubernamentales, generando cambios de incentivos, posicionamiento y apoyo para enfrentar el juego político de aquellos días.

En medio de esta caótica situación, se creó el impuesto a los créditos y débitos de cuenta corriente (conocido como "impuesto al cheque"), que ese año recaudó casi $3.000 millones, con la particularidad de que no formaría parte de la masa de fondos coparticipables. El resultado financiero en ambos niveles de gobierno registró grados de déficit muy superiores a los obtenidos el año anterior.

En líneas generales, a lo largo de toda la década, se pueden observar acciones dirigidas a captar nuevos fondos (principalmente para el financiamiento del sistema previsional), que resultaron en una fuerte reducción de la participación del conjunto de las provincias en la distribución de ingresos nacionales. Ello, junto con una política descentralizadora carente de los recursos correspondientes para una efectiva prestación de los servicios transferidos, coadyuvó a generar un desequilibrio en las finanzas provinciales.

Crisis, cambio, nuevo acuerdo transitorio

La crisis económica, política y social de 2001 y 2002 no encuentra precedentes en la historia del país. En dicho contexto, la relación fiscal Nación-Provincias había entrado nuevamente en un estado de desconcierto, desarticulándose de hecho cualquier tipo de disposición normativa.

El gobierno de Eduardo Duhalde, electo por la Asamblea Legislativa para completar el mandato presidencial de De la Rúa, alcanzó un nuevo

---

sólo mencionar las medidas que tenían un impacto directo en las relaciones fiscales intergubernamentales. Por su parte, la *Segunda Addenda* reconocía una situación de desajuste y retrasos en el envío de fondos coparticipables a las provincias a causa de los problemas financieros que afrontaba el gobierno nacional, diagramando diferentes mecanismos, instrumentos (Lecop) y plazos de pago e incluso recortando el monto de los envíos, con el objetivo de contrarrestar esta situación.

acuerdo con los gobernadores (ratificado por la Ley 25.570). El *Acuerdo Nación-Provincias sobre Relación Financiera y Bases de un Régimen de Coparticipación Federal de Impuestos* tenía como propósitos:

1. Definir un régimen de coparticipación que permitiera una distribución de ingresos fiscales adecuada a la excepcionalidad de las circunstancias y que iniciara, sobre una base estable, el régimen de coparticipación definitivo, cumpliendo con la Constitución.
2. Clarificar la relación fiscal nación-provincias, simplificando los mecanismos de distribución, y otorgando mayor previsibilidad y sustento al financiamiento de las administraciones de ambos niveles de gobierno.
3. Refinanciar la pesada carga que constituían las deudas financieras para el funcionamiento normal de los estados provinciales.

Contemplando estas premisas, el *Acuerdo* detalla una serie de medidas:

• Incorporación a la masa coparticipable del 30% de lo producido por el Impuesto a los Créditos y Débitos en Cuenta Corriente, beneficiando así a las provincias.
• Libre disponibilidad a los recursos tributarios asignados a regímenes especiales de coparticipación, incluso liberándolos de las obligaciones establecidas en el inciso g) del Art. 9, Ley 23.548 (distribución provincial hacia los municipios).
• Eliminación de las garantías sobre las transferencias del gobierno nacional hacia las provincias (en particular la suma fija de $1.364 millones a transferir en 2002).
• Suspensión de la propuesta de prórroga por cinco de años del conjunto de leyes que componían el régimen de distribución.
• Derogación de la posibilidad de recortes del 13% en las transferencias a las provincias, según habilitaba el artículo 3° de la Segunda Addenda del Compromiso Federal.
• Eliminación de la asignación de $2.154 millones anuales para el financiamiento del SIJP a partir de la masa de fondos coparticipables (Arts. 2° y 3°, Ley 25.082, sancionada en 1999).

• Definición del canje de deuda pública provincial con el gobierno nacional, garantizando el pago con fondos provenientes del régimen de coparticipación y condicionando el canje al compromiso de las provincias de reducir en un 60% el déficit fiscal de 2002 y alcanzar el equilibrio en 2003. Cualquier nuevo endeudamiento debería ser ahora autorizado por el Ministerio de Economía y/o el Banco Central.

• Compromiso del Estado a fin de garantizar que los servicios de la deuda reprogramada de cada provincia no superasen el 15% de afectación de los recursos de coparticipación.

Finalmente, el *Acuerdo* contenía el compromiso de sancionar un régimen integral de coparticipación federal antes del 31 de diciembre de 2002, fecha en la cual finalizaba la vigencia del régimen acordado (aunque previendo la renovación automática en caso de ausencia de una nueva ley). Entre las definiciones enumeradas para ser incorporadas en un régimen definitivo se incluía la necesidad de evaluar una descentralización de funciones y servicios desde la nación a las provincias, anticipando una posible nueva instancia de la secuencia iniciada en 1978. Este *Acuerdo* permitió alcanzar una mayor estabilidad en las relaciones intergubernamentales, al lograr aplacar los reclamos de los gobernadores, garantizando mejores condiciones para la gestión de políticas de recuperación por parte del gobierno nacional al disminuir el nivel de conflictividad.

Influencia de la estructura tributaria sobre las relaciones intergubernamentales en el período 2001-2008

Como puede observarse en el cuadro 2, la composición tributaria del Estado nacional registró significativas variaciones en el período 2001-2008. Para un mejor análisis de las implicancias que ello tuvo sobre las relaciones entre niveles de gobierno, hemos seleccionado los principales impuestos de la estructura (que en conjunto representan alrededor de un 80% sobre el total), separándolos según su distribución entre aquellos que tienen una Asignación Específica (fijada por Ley o Decreto),

Coparticipables y No Coparticipables. Cabe aclarar que, si bien un porcentaje de su producto es coparticipable, incluimos en esta última categoría el Impuesto sobre Créditos y Débitos en Cuenta Corriente debido a que, en términos netos, existe una escasa participación de las provincias en la distribución de estos recursos (alrededor del 15%).

Cuadro 2: Estructura tributaria nacional (2001-2009)

Concepto	2001	2002	2003	2004	2005	2006	2007	2008	2009 (*)
Impuestos copartici-pables	58,6%	50,3%	51,5%	56,4%	56,8%	55,8%	54,7%	51,4%	49,7%
A las ganancias	21,7%	17,3%	20,0%	22,3%	23,2%	22,1%	21,2%	19,7%	18,5%
Al valor agregado	33,0%	29,5%	28,4%	31,0%	30,5%	30,9%	31,0%	29,5%	28,4%
Internos	3,8%	3,4%	3,0%	3,0%	3,0%	2,7%	2,3%	2,1%	2,6%
Transferencias de inmuebles	01,%	0,1%	0,1%	0,1%	0,1%	0,1%	0,2%	0,2%	0,1%
Impuestos con Asignación Específica	10,8%	11,2%	11,1%	8,8%	8,0%	7,0%	6,1%	5,7%	6,0%
Ganancia mínima presunta	1,2%	1,0%	1,8%	1,2%	0,9%	0,7%	0,6%	0,4%	0,4%
A los Combustibles líquidos y gas	7,4%	8,7%	6,7%	5,4%	5,0%	4,3%	3,7%	3,6%	3,8%
Bienes personales	1,7%	1,0%	2,2%	1,7%	1,5%	1,4%	1,2%	1,2%	1,3%
Monotributo (impositivo)	0,7%	0,4%	0,4%	0,5%	0,6%	0,6%	0,5%	0,5%	0,5%
Impuestos No Copar-ticipables	8,7%	19,3%	21,7%	19,7%	19,6%	19,4%	20,1%	22,7%	19,6%

Concepto	2001	2002	2003	2004	2005	2006	2007	2008	2009 (*)
Derechos de importación y exportación Neto	2,3%	9,8%	13,7%	11,9%	11,8%	11,7%	12,6%	15,4%	|1,9%
Tasa Estadística de importación	0,1%	0,1%	0,1%	0,1%	0,1%	0,1%	0,1%	0,1%	0,1%
Créditos y Débitos en Cuenta Corriente	6,3%	9,4%	8,0%	7,7%	7,8%	7,7%	7,4%	7,2%	6,7%
% del Subtotal sobre la Recaudación Nacional	78,1%	80,8%	84,4%	84,9%	84,4%	82,2%	80,9%	79,7%	75,3%

(*) Calculado sobre datos provisorios publicados a la fecha 12 de julio de 2010.
Fuente: Elaboración propia sobre la base de datos de la Dirección Nacional de Investigaciones y Análisis Fiscal - Ministerio de Economía de la Nación.

Si bien este conjunto de impuestos registraron un significativo crecimiento en el período, son los impuestos no coparticipables los que mayor incremento tuvieron en relación con la participación sobre el total de la recaudación nacional. Mientras que los coparticipables descendieron 7 puntos relativos entre 2001 y 2008, los no coparticipables aumentaron 14 puntos. A partir de 2003, el crecimiento sostenido del PBI en torno al 8% hasta 2008 reflejó la recuperación de las principales variables económicas. Ello se tradujo, naturalmente, en un fuerte incremento de los niveles de recaudación del Estado nacional, y se vio acompañado por una recuperación del papel del Estado en la economía nacional. Significó una concentración de recursos en el Estado nacional, conformando naturalmente un refuerzo de su poder político a la hora de tomar decisiones de gobierno, impulsar políticas a nivel nacional, y negociar con el conjunto de las provincias, necesitadas de nuevas fuentes de financiamiento para superar la crisis del inicio de la década. En este sentido, en un marco de crecimiento de las variables macroeconómicas, se profundizó el proceso de recentralización financiera de los recursos iniciado tan solo un tiempo después de la creación del nuevo régimen de coparticipación de 1988.

Recapitulando, en líneas generales se observa que el sistema de distribución de recursos nacionales inaugurado en 1934 registró dos tendencias bien marcadas a lo largo de los años. En primer lugar, desde su creación, la participación del conjunto de las provincias creció de manera continuada, alcanzando un pico por encima del 56% de la masa coparticipable establecido en la Ley 23.548, que instituyó asimismo otros beneficios y garantías para el nivel subnacional de gobierno. A partir de dicho momento, por el contrario, la posición de las provincias registró una clara involución, ya que sucesivas modificaciones significaron una disminución de los recursos destinados en su favor, sin alcanzar a distribuir al conjunto de las provincias el mínimo estipulado en el 34% de la recaudación de los recursos tributarios nacionales de la Administración Central, sean o no coparticipables.

Las variantes de la descentralización y sus efectos sobre el grado de nacionalización partidaria

La información contenida en el cuadro 3 y en el gráfico 1 pretende mostrar la evolución del nivel de nacionalización del sistema de partidos –Índice de Nacionalización del Sistema de Partidos (INSP)[20]– argentino entre 1983 y 2007, considerando para su cálculo únicamente los comicios legislativos de diputados nacionales.

Los sistemas de partidos exhiben amplias variaciones en sus grados de nacionalización; esto es, la medida en que un conjunto de partidos reciben niveles similares de apoyo electoral a lo largo de un determinado país. El grado de nacionalización partidaria puede incidir sobre factores tan importantes como la gobernabilidad, las reglas que dominan la competencia política, la composición y el comportamiento legislativo, la producción e implementación de políticas públicas, y las relaciones entre distintos niveles de gobierno dentro de un Estado federal como el argen-

---

[20] El término original en inglés es Party System Nationalization Score (PSNS).

tino. De este modo, en tanto la desnacionalización de los sistemas de partidos está asociada con la fragmentación electoral en la escala nacional, la misma puede traducirse en fragmentación legislativa en mayor o menor grado dependiendo del sesgo mayoritario del régimen electoral. La fragmentación legislativa, a su vez, puede reducir el tamaño o la cohesión de los bloques oficialistas. Consecuentemente, la desnacionalización de los sistemas partidarios incrementa la probabilidad de gobiernos divididos, de gobiernos unificados con altos costos de transacción, o de oposiciones dispersas e irrelevantes[21], lo cual puede resultar en la complejización del proceso de toma de decisiones de gobierno. Es por ello que atender a las causales de su grado de nacionalización resulta importante.

En efecto, para la producción de los datos sobre niveles de nacionalización del sistema de partidos desde 1983 hasta 2007, hemos considerado la propuesta metodológica de Mark Jones y Scott Mainwaring[22] sobre la aplicación del Coeficiente de Gini invertido a la hora de calcular cuán nacionalizado o desnacionalizado se halla un sistema partidario. Se trata de un cálculo matemático que, como tal, requiere, para su aplicación, de una cuidadosa simplificación de la compleja realidad partidaria. En efecto, mientras que el cálculo para los primeros años es relativamente sencillo, a partir de 2001 esta situación se complejizó notoriamente por la multiplicación de los sellos partidarios y listas colectoras; evidencia del proceso de desnacionalización existente. Esto puede explicar que en algunos años existan leves diferencias con cálculos previos de Jones y Mainwaring (2003) y de Leiras (2006), por la posible utilización de diferentes criterios para agrupar a los partidos[23].

---

[21] Leiras, M. *Efectos de la descentralización sobre la nacionalización de los sistemas de partidos: un examen de la teoría con base en el análisis de casos latinoamericanos.* Trabajo presentado en el las Jornadas "Federalismo y política sub-nacional: Argentina en perspectiva comparada". Viernes 27 y sábado 28 de Junio, 2008. Universidad Torcuato Di Tella, Buenos Aires.

[22] Mark P. Jones and Scott Mainwaring. *The Nationalization of Parties and Party Systems: An empirical measure and an application to the Americas.* Working Paper #304 - February 2003.

[23] Para calcular los índices de nacionalización del sistema de partidos en la Argentina desde 1983 hasta 2007, hemos considerado los porcentajes de votos obtenidos por los partidos más importantes a nivel nacional en las elecciones para diputados nacionales de cada año. De esta manera, los cálculos correspondientes no fueron hechos sobre la base de todos los partidos presentados a elecciones, sino sólo considerando los dos, tres, o cuatro de mayor relevancia. En segundo lugar, hemos escogido un umbral del 5% a

Cuadro 3: Índice de Nacionalización del Sistema de Partidos - Elecciones legislativas (1983-2007)

Elección	Jones Mainwaring (2003) Leiras (2006)	Cálculos propios	
	INSP	INSP	% Votos *
1983	0,79	0,78	86,4
1985	0,81	0,64	84,3
1987	0,74	0,71	84,3
1989	0,76	0,69	83,3
1991	0,62	0,56	74,3
1993	0,68	0,64	78,5
1995	0,79	0,68	85,7
1997	0,72	0,65	80,0
1999	0,73	0,67	83,7
2001	0,59	0,5	65,7
2003	0,37	0,35	55,1
2005	0,38	0,37	60,6
2007	-	0,36	60,0

Elaboración propia sobre la base de los trabajos de Jones y Mainwaring (2003), Leiras (2006), y datos de la Dirección Nacional Electoral.

* Corresponde a la sumatoria de los votos obtenidos por las 3 principales fuerzas políticas en todas las elecciones, y las cuatro principales –considerando al Frente Renovador– en 1985.

nivel nacional para seleccionar los partidos a ser tenidos en cuenta en cada elección. Sin embargo, agrupaciones netamente provinciales que hubiesen obtenido más del 5% de los votos positivos a nivel nacional en un único distrito no fueron estimadas en el cálculo, con la excepción del Frente Renovador en la provincia de Buenos Aires en 1985. La mayor diferencia entre ambos cálculos se observa en dichas elecciones, dado que Jones y Mainwaring consideraron solamente al Partido Intransigente y no al Frente Renovador que obtuvo el 10% de los sufragios sobre el total de votos a nivel nacional.

Gráfico 1: Índice de Nacionalización del Sistema de Partidos

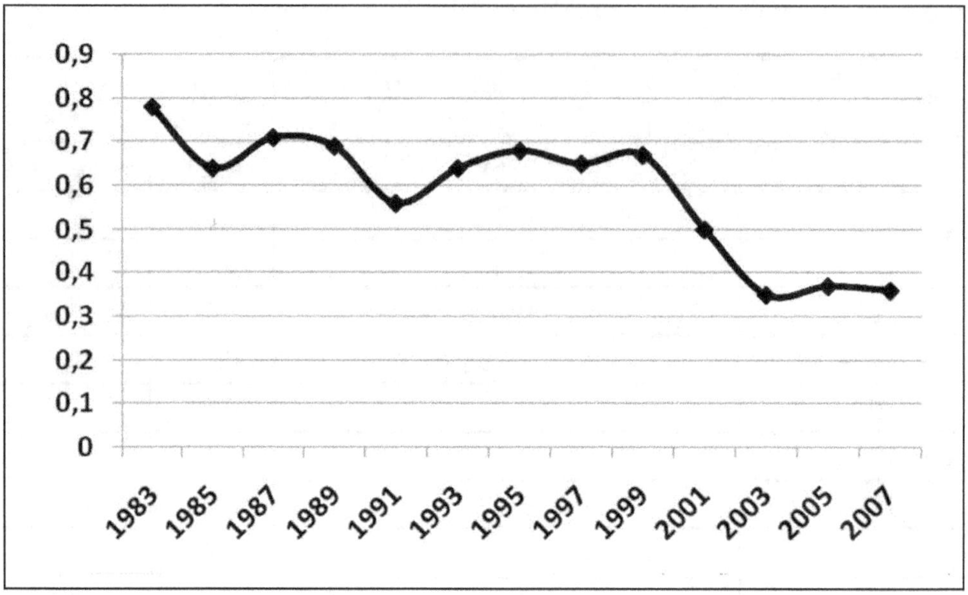

Elaboración propia sobre la base de datos de la Dirección Nacional Electoral.

Para una comprensión de los datos presentados, debemos decir que en un sistema totalmente nacionalizado, donde no existe ninguna variación en el comportamiento electoral entre los distritos subnacionales, el indicador adopta un valor de 1. En cambio, un sistema desnacionalizado toma valores cercanos a 0. Un Coeficiente Gini de valor 1 significa que los partidos que conforman el sistema han obtenido el mismo porcentaje de votos en todos los distritos, mientras que un coeficiente de 0 reflejaría la territorialización de los apoyos partidarios, la presencia de partidos que obtienen el total de sus votos en un único distrito. De esta manera, un sistema de partidos altamente nacionalizado es aquel en el que los porcentajes de votos obtenidos por los partidos más importantes no difieren significativamente entre provincias. Por el contrario, en un sistema débilmente nacionalizado, la variación interprovincial de los porcentajes de votos obtenidos es muy marcada (caso en el cual podemos dar cuenta de la existencia de un alto nivel de dispersión partidaria), y además el porcentaje de sufragios alcanzados por estos partidos disminuye en relación con el total de votos positivos a nivel nacional (debido a la presencia de diversos partidos provinciales y partidos menores en el ámbito federal).

Como se observa tanto en el cuadro como en el gráfico, a lo largo del período analizado el sistema partidario argentino experimentó una importante desnacionalización, al pasar en comicios legislativos de 0,78 a 0,36. De acuerdo con Alessandro (2009), esto no significa que los datos avalen la explicación propuesta por Chhibber y Kollman (la descentralización del Estado) para esta desnacionalización. En efecto, el proceso descentralizador reseñado anteriormente se desarrolló principalmente en los primeros años de la década del '90, y el sistema partidario estaba más nacionalizado al finalizar ese decenio que al comenzarla. En efecto, hacia 1999 la UCR y el PJ aun mostraban importantes niveles de nacionalización (Leiras, 2006). Por lo tanto, nos encontramos con una situación que pone en tela de juicio la hipótesis de Chhibber y Kollman, ya que la descentralización estatal que caracterizó dichos años –fundamentalmente administrativa– no habría generado una desnacionalización del sistema partidario (Alessandro, *op. cit.*).

En este punto, y en línea con el argumento de Falleti (2005) presentado *supra*, creemos que una de las razones principales por la cual no se verifica en este caso la hipótesis planteada radica en el modo en que los autores conceptualizan la descentralización, englobando en su definición solo los aspectos administrativos y políticos de la misma, considerados de manera conjunta.

Como se desprende del análisis presentado hasta aquí, cuando un proceso de descentralización administrativa resulta en mayores responsabilidades de gestión para los gobiernos provinciales y en una transferencia de responsabilidades de gasto pero no de los ingresos respectivos, el balance de poder no favorece exactamente a los gobiernos subnacionales, sino que el efecto de dichas políticas descentralizadoras será el fortalecimiento de la nación. Consecuentemente, como observa Alessandro (*op. cit.*), la arena donde se siguen decidiendo cuestiones fundamentales para las provincias, a ojos de los votantes y sobre todo de los dirigentes, es la arena nacional, y por tanto, es difícil que se evidencie una desnacionalización del sistema. En este sentido, entendemos que una mayor provincialización de la política que induzca la configuración de un sistema de partidos desnacionalizado, requerirá de la convergencia de políticas de descentralización administrativa y fiscal. Como sostiene Leiras (2009), la desnacionalización sucede a las políticas de descentralización administrativa y fiscal.

Sin embargo, el caso argentino sugiere que la descentralización administrativa y la fiscal facilitan pero no producen la desnacionalización del sistema de partidos, esto es, se trata de condiciones necesarias más no suficientes en todo tiempo y lugar de un proceso de desnacionalización sistémica. El traslado de recursos y funciones a niveles subnacionales de gobierno puede tener un impacto en la extensión territorial de los partidos solamente en caso de que algún factor independiente de la descentralización reduzca el incentivo o la capacidad de desarrollar estrategias nacionales exitosas (Leiras, *op. cit.*).

En efecto, el punto de inflexión del proceso de desnacionalización partidaria se encuentra en las elecciones de 2001 y 2003, contemporáneas y posteriores al quiebre que significó la grave crisis que vivió la Argentina en esos momentos. La desnacionalización del sistema de partidos se produjo de manera coincidente con una crisis de época, que no sólo tuvo lugar en el plano económico, financiero y social, sino también en el campo de la representación política.

Al prestar atención a los valores de los índices de nacionalización en contrapunto con la descripción realizada sobre los procesos de centralización y descentralización del Estado, vemos que en las primeras elecciones inmediatas a la sanción de la ley de coparticipación de 1988 que instituyó un esquema de descentralización fiscal –elecciones de 1989 y 1991–, se observa una desnacionalización importante del sistema partidario. Por supuesto, el hecho de que las segundas no fueran elecciones concurrentes con una presidencial pudo haber acentuado el efecto observado[24]. Sin embargo, hacia fines de la década del '90, observamos que la recentralización de recursos fiscales limitó los alcances de la desnacionalización partidaria que podría haber generado la descentralización de competencias.

Si, como demostramos, el sistema de partidos nacional se encontraba solo moderadamente fragmentado y con niveles de nacionalización

---

[24] Como observan Jones y Mainwaring (2003), *"in Argentina the level of nationalization has been higher in years of concurrent presidential/congressional elections. In Argentina, with the exception of the 1985 election, the PSNS dropped following every presidential contest (1983, 1989, 1995, 1999) and rose (vis-à-vis the previous nonconcurrent house election) in the presidential election year".*

considerables entre 1983 y 1999, la estructura se rompería en 2001 (Leiras, 2006). En un escenario de extrema debilidad del Estado central y creciente peso de los gobernadores, se desarrollaron los comicios de 2001 y 2003, momentos donde se alcanza el cenit de desnacionalización del sistema partidario (Alessandro, *op. cit.*). En efecto, en las elecciones legislativas de 2001 el voto de los dos partidos mayoritarios –PJ y UCR– llegó a representar, por primera vez en la historia electoral argentina, sólo un 30% del padrón electoral nacional, al mismo tiempo que una docena de terceras fuerzas obtuvieron representación en la Cámara de Diputados (Calvo y Escolar, 2005). Así, el proceso de re-centralización estatal puesto en marcha hacia 2003, tendiente a la recuperación económica y al fortalecimiento de la posición del Estado central en relación con las provincias, se daría en el marco de una ya pronunciada desnacionalización. Sin embargo, ciertos atisbos de una reversión de dicha tendencia comienzan a verse en 2005, cuando la referida recentralización del Estado puede haberse expresado en la parcial re-nacionalización del sistema partidario. No obstante, hacia 2007 la desnacionalización se refleja también en el hecho de que las principales fuerzas políticas acumulan sólo un 60% de los votos.

Como sostiene Leiras (2009), gran parte de la incipiente literatura que analiza las causas de la nacionalización partidaria postula que la descentralización administrativa y la fiscal pueden reducirla. Al respecto, destaca el hecho de que Cox y Knoll (2003) encuentran que la descentralización fiscal tiene un efecto negativo estadísticamente significativo sobre la nacionalización de los sistemas de partidos (44 partidos efectivos menos en el nivel nacional que en el caso promedio, en el caso con máxima descentralización fiscal incluido en su muestra). Otros estudios capturan un impacto negativo de la descentralización administrativa sobre la nacionalización de los sistemas de partidos, mientras que análisis sobre muestras más grandes no confirman este hallazgo aunque sí encuentran que la descentralización fiscal tiene un leve efecto desnacionalizador.

Como vemos, la hipótesis de que la descentralización reduce el nivel de nacionalización de los sistemas de partidos es conceptualmente coherente y a primera vista persuasiva. Pero su respaldo empírico, siempre que observa sólo una de las variantes de la descentralización, no es concluyente. El caso argentino, tal y como presentamos aquí, busca demostrar la necesidad de contemplar y analizar la relación entre políticas de descentralización fiscal y administrativa para evaluar los efectos de la descentralización sobre la nacionalización o desnacionalización del sistema de partidos.

En conclusión, no basta descentralizar funciones hacia los gobiernos provinciales para que el sistema de partidos se desnacionalice, sino que las políticas de descentralización administrativa deben verse acompañadas por políticas de descentralización fiscal. En consecuencia, cuando se da una sin la otra, las condiciones no son suficientes para la desnacionalización partidaria, sino sólo, tal vez, necesarias.

Conclusión

Lo planteado en el presente trabajo no implica negar la hipótesis de Chhibber y Kollman sino que, como afirma Alessandro (2009), nos lleva a sugerir que la relación entre los niveles de (des)centralización del Estado y de (des)nacionalización del sistema partidario es más compleja que la postulada por los autores. Nuestro detallado análisis sobre las relaciones fiscales entre niveles de gobierno y políticas de descentralización administrativa implementadas –en el marco del régimen de coparticipación– nos lleva a plantear una condición a la hipótesis de Chibber y Kollmann, esto es, que sólo si la descentralización de carácter administrativo, y por tanto la descentralización del gasto, es acompañada de una descentralización fiscal, es decir de los ingresos, habrá incentivos suficientes para una desnacionalización de la competencia partidaria. Al respecto, la teoría secuencial de la descentralización estatal propuesta por Falleti ha sido de gran utilidad analítica. En este sentido, como plantea Alessandro, mientras las provincias dependan de recursos administrados por la Nación –con mayor o menor grado de discrecionalidad–, el sistema de partidos tendrá posibilidades más claras de permanecer estructurado nacionalmente.

Asimismo, la descentralización no aparece como una fuerza exterior que, de por sí, altera los patrones territoriales de competencia política (Leiras, 2009). No obstante, introduce una posibilidad de desnacionalización que puede actualizarse o no dependiendo de cómo evolucionen otros incentivos políticos e institucionales para la coordinación partidaria entre las arenas políticas de distinto nivel, cuestiones en las que aquí no hemos profundizado. Las mismas son abordadas por los demás trabajos que componen este volumen.

En efecto, fue nuestro objetivo demostrar la correlación existente entre los niveles de descentralización administrativa y fiscal, conjuntamente, sobre los índices de nacionalización del sistema partidario. Como hemos intentado demostrar, dichos procesos de descentralización estatal constituyen, en el caso analizado, condiciones necesarias para la desnacionalización partidaria en el mediano y largo plazo. No obstante, las elecciones postcrisis de 2001 muestran los mayores niveles de desnacionalización y fragmentación partidaria, expresión de que una conjunción de variables políticas que entraron en crisis en esos años operan sobre los mencionados procesos.

Descentralización y federalismo fiscal en la Argentina. Reflexiones sobre el sistema de partidos

Gabriela N. Cheli[25]

Introducción

Muchos trabajos que están circulando por la academia indican que el máximo grado de desnacionalización del sistema de partidos se produjo con la manifestación de los resultados provenientes de la implementación de las políticas descentralizadoras del Estado. Este supuesto implica entonces que la descentralización tuvo una incidencia muy fuerte en los gobiernos provinciales. Es más, hasta podríamos asegurar que detrás de esta idea aparece otro supuesto que define a los estados provinciales como actores con peso propio y recursos suficientes para lograr la independencia en términos de sistema de partido y fuerzas partidarias propias.

Las dos ideas planteadas en el párrafo precedente requieren de un análisis detallado, por un lado de las características que asumieron los procesos de descentralización dentro del Estado argentino, y los efectos de esas reformas en términos económicos y fiscales para las provincias. Por otro lado, un análisis de las características del sistema partidario argentino desde 1983 a la actualidad a nivel nacional, haciendo especial hincapié en las tendencias que se han dado en las dos arenas, nacional y subnacional.

Este trabajo se enmarca en un estudio sobre los procesos de nacionalización/desnacionalización del sistema de partidos, que parte de la premisa de que si bien existe cierto consenso sobre el hecho de que el sistema de partidos argentino ha experimentado una serie de transformaciones en la última década, surgen profundas diferencias

---

[25] ganoelp@hotmail.com

cuando se trata de interpretar el sentido de las mismas. La pregunta central de la investigación que llevamos adelante en este equipo se refiere a las pautas de reformulación del sistema de partidos que pueden identificarse desde 1983 hasta la actualidad. En ese sentido se indaga en cuestiones de relevancia vinculadas con esta tendencia desnacionalización/nacionalización del sistema de partidos, así como con los procesos ocurridos a nivel provincial y local que cobran gran importancia en la configuración de los procesos políticos nacionales.

1. La Argentina: breve caracterización económica de los últimos 30 años

La mayor crisis económica, política y social de la historia argentina fue en diciembre del 2001. En ese momento los postergados debates sobre una reforma estructural del Estado tomaron el centro de la escena pública cristalizándose para la sociedad civil. Los escenarios y posibles soluciones emergieron de todos los sectores. Los cuestionamientos sobre las causales se multiplicaron[26], pero veamos qué pasó previamente.

Durante los años '80 y '90 se aplicaron una serie de reformas de Estado, enmarcadas en el Consenso de Washington, para contener las crisis que se venían sucediendo desde la década del '70 cuando las políticas keynesianas del Estado de Bienestar empezaban ya a mostrar signos de agotamiento y necesidad de transformación. Una crisis fiscal, que venía asociada a la baja en la productividad y un proceso de desinversión privada (Thwaites Rey, 2003: 47) dio el espacio para la entrada de una nueva forma de analizar la gestión administrativa del Estado. En la Argentina las crisis políticas y el famoso péndulo[27] de gobiernos democráticos y militares, determinaron una falta de continuidad en las políticas económicas, llevando a marchas y contramarchas. Con la vuelta de la democracia, se comenzaron a plantear los problemas dejados por tantas décadas de políticas contradictorias, a saber: deuda externa, crisis

---

[26] Señala Iazzeta que las instituciones internacionales que previamente había impulsado las reformas económicas neoliberales, ahora reflexionan acerca de los resultados de las políticas aplicadas aceptando errores de cálculo y un cierto vandalismo (Iazzeta: 2007).
[27] O'Donnell G. (1977): "Estado y alianzas en la Argentina, 1955-1976", en *Desarrollo Económico* N° 64, Vol. 16. Buenos Aires.

del modelo de acumulación, desempleo y pobreza. En ese sentido, y en sintonía con las políticas que se daban a nivel mundial, se aplicaron programas diseñados por el Banco Mundial y el Fondo Monetario Internacional de ajuste fiscal, liberalización y apertura del mercado, desregulación y privatizaciones. Estas reformas, denominadas neoliberales o de mercado, tenían como premisa la reducción del Estado a su capacidad mínima de agente controlador del sistema pero sin intervención en el mercado: la "mano invisible del mercado" regularía las relaciones. Tanto a finales de los '70 como a inicios de los '90 se aplicó una política que combinó una política de apertura comercial, con tipo de cambio nominal fijo[28] y cambio real apreciado, determinando una sucesión de crisis que impactaron negativamente sobre la deuda.

Durante los '80 se aplicaron en la Argentina diferentes programas de ajuste fiscal y liberalización aún cuando se mantuvieron algunos elementos del Estado de Bienestar, no obstante, las medidas no alcanzaron para controlar la apreciación cambiaria que tuvo una espiral de crecimiento que desembocó en dos crisis hiperinflacionarias hacia finales de los '80. Entonces, se comenzó a hablar de profundizar las políticas de mercado, dando un mayor impulso a las privatizaciones para lograr de allí tener recursos financieros que pudieran equilibrar la economía y, al mismo tiempo, reducir los gastos del Estado "elefante". La política de privatizaciones, si bien fue lanzada en un primer momento por el gobierno radical, fue resistida por el Congreso, porque la discusión no pasaba tanto por el recorte del gasto sino por la eficiencia del servicio (Thwaites Rey, 2003: 50). Sin embargo, luego de las crisis hiperinflacionarias, el debate se trasladó hacia el recorte del gasto público, que fue un argumento legitimado por la sociedad, entonces esta política fue rápidamente aprobada por el Congreso en los '90, siendo vendidas la mayor parte de las empresas que el Estado manejaba hasta el momento: servicio de telefonía, transporte ferroviario, las empresas de energía, gas, aguas, la aerolínea de bandera argentina, entre otras. Los contratos que se realizaron, en el auge de las privatizaciones y ante las presiones internas y externas, fueron ejecutados de forma expedita y sin un auténtico análisis.

---

[28] Ley de Convertibilidad N° 25.445.

La mayoría implicó una transferencia del servicio a manos privadas por varias décadas donde cualquier tipo de renegociación de los mismos dejaba al Estado con escaso margen de maniobra[29] para intervenir o sancionar al prestador, dejando a los consumidores y usuarios sin protección alguna. Este nuevo modelo de acumulación centrado sobre la gestión de las variables fiscales y financieras (Damill y Frenkel, 2005: 4), caracterizado por la permanente necesidad de financiamiento de los sectores públicos y externo (Plan Fénix, 2001), produjo una mayor pobreza y exclusión social, a partir del aumento del desempleo, provocando una fuerte distorsión de la economía, lo que acentuó la vulnerabilidad externa y dejó al desnudo la incapacidad de asegurar un crecimiento sostenible.

Las políticas neoliberales que propugnaban una regulación autónoma del mercado, sin intervención del Estado, donde los intereses de los diferentes actores actuarían como catalizadores y asignarían a cada actor los recursos que le correspondieran, resultaron ser meras ilusiones determinando un sistema que tenía como consecuencias la expulsión de gran parte de la ciudadanía y un problema estructural de desempleo, al tiempo que proponía políticas focalizadas, que intentaban dar respuesta a defectos del modelo sin 'atacar' las causas de los mismos.

El esquema adoptado por la Argentina, con tipo de cambio nominal fijo que provocaba la sobrevaloración del mismo en el tipo de cambio real (Damill y Frenkel, 2005: 4), llevó a recurrir constantemente a las fuentes de financiamiento externo, con altísimas tasas de interés en moneda extranjera, postergando el *default* y financiando la fuga de capitales. Entre 1991-1995 y 1995-2001 se produjeron dos períodos de apertura-expansión y posterior crisis, con la diferencia de que en el primer caso fue una crisis financiera y recesiva, y en el segundo se sumó una crisis cambiaria (Damill y Frenkel, 2005: 7). Como consecuencia de esta última crisis, agotada la posibilidad de seguir financiando y refinanciando la deuda, llegó el colapso con un elevado costo para la sociedad a finales de 2001.

---

[29] Thwaites Rey y López (2000: 3), "Las pautas contractuales ponen en evidencia las asimetrías entre los usuarios y las empresas y los límites al control estatal: las obligaciones impuestas a los prestadores en materias de tarifas, calidad e inversión, así como la constatación de su efectivo cumplimiento operan como sustento de la preservación de la ganancia empresaria".

En el período de la aplicación de las políticas de apertura comercial y liberalización de los '90, el aumento de la liquidez del Estado causó una ilusión sobre las posibilidades macroeconómicas, estos períodos de masivos ingresos de capital y acumulación de reservas producen una burbuja de aumento (Lavagna, 2003). Esta acumulación de reservas combinada con una baja de las tasas de interés llevó a una expansión de la demanda agregada y del producto interno, lo cual, al mismo tiempo, desestabilizó la balanza de pagos que tuvo un incremento dado por las importaciones. La potenciación de las importaciones generada a partir de una moneda sobrevaluada y con la acentuada tendencia a expresar en dólares los instrumentos financieros, afectó severamente la capacidad de pago del país, ya que la misma está determinada por la relación deuda/PIB[30] (Fanelli, 2002: 33).

Con la crisis rusa y asiática de 1997-1998, posteriores a la sufrida en 1995 (crisis del Tequila), el equipo técnico de economía del gobierno adoptó una serie de medidas fiscales restrictivas, como única opción ante una política monetaria restringida por la convertibilidad. El argumento usado fue que una mayor disciplina fiscal, redundaría en una mejora en la confianza de la capacidad de atender los compromisos del sector público con el exterior, disminuyéndose en consecuencia la prima de riesgo y reduciendo las tasas de interés internas, que determinaría una expansión de la demanda de bienes y servicios. Sin embargo, los cálculos del gobierno y de los organismos de crédito que estaban detrás de estas recetas fueron erróneos y la consecuencia inmediata de este proceso fue una mayor recesión.

Los ingentes esfuerzos realizados por el gobierno de la Alianza en 2001 para evitar la devaluación y mantener la paridad cambiaria con el dólar, agudizaron los conflictos internos y llevaron a tensionar las relaciones entre el Poder Ejecutivo, el Poder Legislativo y los gobiernos provinciales. Esta etapa significó un aumento sideral de los intereses del servicio de la deuda[31], debido a la apreciación cambiaria y la vulnerabilidad

---

[30] Un país endeudado en dólares debe tomar en cuenta su valor de PBI en dólares, lo que en la Argentina como la sobrevaloración y los gastos han sido mayores que las ganancias, desembocaron en un ajuste económico de alto impacto.

[31] En diciembre del 2001 la deuda era de 144.279 millones de dólares, pasando en 2002 a 129.794 millones de dólares con una mora por capital e intereses atrasados de 7.367 millones de dólares, lo que significa un 6% del total (Gambina, 2003).

financiera a los shocks externos. Con Cavallo[32] nuevamente al frente de la cartera de Hacienda y Finanzas, se realizaron varios intentos para no caer en el default, se recurrió al crédito externo en dos operaciones de reestructuración de la deuda, el blindaje a fines del año 2000[33] y luego el megacanje[34], a mediados de 2001, ambos significaron un aumento nominal de la deuda, incrementando el peso de los intereses. Políticamente las decisiones del gobierno fueron respondidas con un descontento social expresado en las urnas y un clima político de creciente oposición. Para terminar la etapa de salida de la convertibilidad se inmovilizaron los fondos de los ciudadanos depositados en los bancos, estableciendo el "corralito", con el objetivo de mantener las reservas y evitar la ya inevitable devaluación e históricas "corridas" bancarias.

Desde comienzos de 2002 se llevaron adelante un conjunto de medidas tendientes a controlar la situación de crisis desatada. En ese sentido se instrumentaron medidas tendientes a desdolarizar la economía, como pesificación de contratos en dólares y restricciones a la apertura de cuentas bancarias en esa denominación. También se introdujeron limitaciones a la aplicación de fondos en dólares desde el sistema financiero aplicándose simultáneamente condicionalidades de liquidez superiores a los depósitos en dólares que en pesos. Con ello se logró bajar la cantidad de depósitos en dólares y se incrementó el riesgo cambiario para los negocios fijados en esa moneda. Las reservas se drenaron en el año 2001 de forma incesante. En 2002, se priorizó la estabilización sobre las expectativas en el tipo de cambio, viéndose el mínimo de las reservas en julio de ese año (6.800 millones de dólares).

El Banco Central aplicó una política de flotación administrada para

---

[32] Domingo Cavallo fue el ministro de Economía del gobierno de Carlos Menem que diseño y ejecutó el Plan de Convertibilidad.

[33] La operación financiera se hizo por un total de 39.700 millones de dólares, con esta suma se pretendía ampliar en 20.000 millones de dólares el financiamiento obtenido por medio del aval del FMI, con la emisión de nuevos títulos para su colocación en fondos de inversión, bancos y AFJP.

[34] El megacanje fue una operación que tomó casi una cuarta parte de la deuda pública nacional y la tercera parte de la instrumentada en títulos. Por esta operatoria se rescataron 46 bonos, por valor nominal de 29,5 mil millones de dólares, con un vencimiento en su mayoría en los tres años siguientes. Por esos títulos se entregaron nuevos bonos por un valor de 30,5 mil millones de dólares, repartidos en plazos de 7, 17 y 31 años.

tratar de mantener los beneficios para el peso argentino. Los depósitos del sistema financiero eran, a finales de 2005, un 90% del componente.

Desde entonces, el Banco Central realizó una política de esterilización por la cual "las reservas internacionales ejercen su influencia como activo precautorio del lado financiero: i) como reaseguro frente a perturbaciones en la cuenta capital que cierran el acceso al mercado de crédito; ii) como mecanismo para prevenir crisis financieras; y iii) como factor que reduce el *spread* y el riesgo de *default*. En los tres casos, se desprende que las reservas contribuyen a estabilizar el producto" (Redrado, Carrera, Bastourre e Ibarlucía, 2006).

Los instrumentos de esterilización son i) la colocación de pasivos no monetarios en forma de letras de corto y mediano plazo (LEBAC y NOBAC); ii) cancelación de las deudas contraídas por los bancos a partir de la crisis financiera de 2001-2002; iii) operaciones de pases de pasivos; y iv) venta de títulos públicos.

2. Un proceso de descentralización político funcional 1983-1998

La Argentina, como vimos, en menos de 20 años sufrió grandes y graves crisis económicas, con inevitables consecuencias sociales y también políticas. Cuando se reinicia el período democrático, allá por 1983, la Argentina llegaba con un cuadro económico deteriorado, debido a las políticas adoptadas en los últimos años de la dictadura. Entre 1980 y 1983 se llevaron a cabo políticas de ajuste y reequilibramiento que afectaron negativamente la balanza comercial, que arrojó en 1980 un déficit de 2500 millones de dólares. La deuda externa había crecido entre 1977 y 1980 en 15.000 millones de dólares, esa deuda bruta (25.000 millones de dólares) se dividía en mitades entre el sector público y privado. No obstante, la deuda hacia 1983 se había casi duplicado, por el devengamiento de intereses y la nacionalización de una parte importante de la deuda externa privada.

De la misma forma se produjeron numerosos intentos de reequilibrar la balanza de pagos mediando masivas devaluaciones (1981-1982) combinados con shocks tarifarios, generando una tendencia recesiva e inflacionaria (15% en 1983).

En los años '80, las dificultades económicas continuaron, la balanza de pagos siguió con una tendencia negativa, y se acentuó la fuga de capitales. El problema de financiamiento externo fue muy importante, el gobierno debió recurrir a fondos de financiamiento voluntario del mercado internacional. Este financiamiento, denominado compensatorio, fue, en realidad, "forzado" ya que significaban un atraso en el pago de intereses de la deuda (Damill, Fanelli y Frenkel, 1994: 16). Los problemas de la deuda y la inestabilidad macroeconómica fueron exacerbados por el inevitable nivel de incertidumbre, que generó consecuencias negativas ante la imposibilidad de realizar cálculos económicos basados en expectativas con razonables grados de confianza.

En el plano político, la crisis social y económica de fines de los '80 ponía en jaque la continuidad de la democracia. Se producen a fines de la década levantamientos armados que son desactivados de forma institucional pero plantean un punto de inflexión respecto de las políticas que venían desarrollándose. Los actores políticos de la época estaban de acuerdo sólo en una cosa: mantener la democracia y eso se vio reflejado a finales de la década de los '80 cuando se produjeron dos intentos de golpes militares que fueron rápidamente reencauzados de forma institucional, uno en 1987 al ex presidente radical Raúl Alfonsín y otro en 1990 al recién asumido, Carlos Menem. Ambos procesos son canalizados institucionalmente por los presidentes civiles, y terminan por alejar definitivamente el fantasma de los golpes en la Argentina[35].

Esta época coincide con la caída del Muro de Berlín y el colapso del régimen socialista de la ex Unión Soviética, así como el agotamiento ya del modelo de bienestar keynesiano que fue reemplazado desde mediados de los '80 en los países centrales por las políticas neoliberales devenidas del denominado Consenso de Washington. En Latinoamérica, y fundamentalmente en la Argentina, comenzaron a desarrollarse

---

[35] Más ilustrativo es la forma en que se "pacificó" al país. Por un lado, el gobierno de Raúl Alfonsín acuerda llamar a elecciones antes de que concluya su mandato y entrega el poder al gobierno peronista, el cual apenas asumido en 1989 indulta a 39 oficiales del ejército que debían ser juzgados ante tribunales civiles por delitos cometidos en la etapa de la dictadura 1976-1983. En diciembre del año siguiente el entonces presidente Carlos Menem indultó a los dirigentes de las juntas militares de la Argentina y a otros oficiales de alta graduación encarcelados por delitos cometidos durante la dictadura.

estas políticas, también denominadas de primera generación, durante los años '90. Cuáles eran las políticas económicas promovidas desde Washington, básicamente diez puntos:

a) Disciplina fiscal.
b) Reformulación de las prioridades en el gasto público en favor de la salud primaria, la educación y la infraestructura.
c) Reforma impositiva.
d) Liberalización financiera.
e) Unificación de la tasa de cambio.
f) Apertura comercial.
g) Acceso a inversiones extranjera.
h) Privatización de las empresas estatales.
i) Desregulación en aras de la competencia; y
j) Facilitación de los derechos de propiedad (Williamson, 1993).

Estas medidas hicieron que las economías latinoamericanas cambiaran sus políticas macroeconómicas de forma drástica, si bien cada caso tuvo particularidades respecto de la aplicación de estas medidas.

Carlos Menem será el primer presidente peronista después de la vuelta a la democracia que llegará al poder luego de una campaña con propuestas poco claras, donde predominaban la palabra "salariazo" y "revolución productiva", siendo éste el "gancho" para los votantes que estaban totalmente defraudados por las políticas económicas generadas por el gobierno radical. Es así que Menem gana la elección en el antiguo Colegio Electoral por el 47% de los votos, contra un 32% de su contrincante radical, Eduardo Angeloz (Acuña, 1993: 11).

A pesar de las propuestas de tinte progresista hechas por Carlos Menem durante la campaña, las características de su gobierno en la década de los '90 distaron de ello ya que se abrazó el modelo neoliberal, y se produjo un proceso de gran concentración de poder en el Ejecutivo, que definió un hiperpresidencialismo de estilo decisionista. En este sentido se desarrolló la denominada por Guillermo O'Donnell (1992) *democracia delegativa*, donde la sociedad deja en el Ejecutivo la responsabilidad de gobernar tomando decisiones más allá de las competencias mismas del cargo. Este contexto de concentración del poder se da en la urgencia por adoptar medidas adecuadas para atender los problemas económicos y solucionar los conflictos sociales.

En el plano económico, Carlos Menem realiza una batería de políticas tendientes a estabilizar la situación y restablecer tanto la autoridad del Ejecutivo como la reconstrucción de las capacidades institucionales del Estado. Emanan del Congreso dos leyes que serán los instrumentos mediante los cuales se realizarán gran parte de las políticas, Reforma del Estado (Ley N° 23.696 de 1989), y Emergencia Económica (Ley N° 23.697 de 1989).

Las medidas de desregulación, privatización y descentralización fueron tomadas rápidamente casi de forma unilateral por el Ejecutivo. Las reformas permitieron de forma expeditiva y práctica reducir la inflación y el déficit público del país, logrando la reinserción en los mercados internacionales de crédito y el crecimiento económico. No obstante los éxitos económicos, los desafíos políticos y sociales aún estaban pendientes, y habían sido dejados de lado como factores de contexto cuando se realizaron las primeras medidas.

Este primer paquete de reformas sirvió para generar estabilidad macroeconómica en poco tiempo, pero olvidaron una parte del contexto, la social. Por ello se plantea a mediados de la década del '90 una segunda generación de reformas, destinadas a reconstruir el aparato estatal y fortalecer las instituciones de los sistemas de gobierno. En ese sentido, son temas pendientes en la agenda de reformas, la redistribución equitativa de los recursos, las mejoras en salud y educación, la seguridad, la justicia, el desempleo y el control de la gestión pública.

Es en este nuevo contexto de transformaciones que surge la descentralización como herramienta para abordar la complejidad social. Es un concepto que ha sido definido por múltiples autores (Coraggio, 1997; Boisier, 1991; Cheema y Rondinelli, 1983), aquí, vamos a tomar la definición y tipología brindada por Tulia Faletti (2001), retomando otro artículo de este volumen, de Natalia Del Cogliano, Santiago Bonifacio y Martín Alessandro, que analiza tres tipos posibles de procesos de descentralización.

Por un lado el proceso de descentralización de tipo política que ocurre en primer lugar, es decir, antes de una de tipo administrativo o fiscal, aumentando el poder de influencia de los actores subnacionales en nuevas negociaciones sobre futuros procesos descentralizadores, otorgándoles poder mediante normas electorales y/o constitucionales, que devuelven capacidades a estas unidades subnacionales. En ese sentido la secuencia seguiría con una descentralización de tipo fiscal para finalmente alcanzar la descentralización administrativa o funcional. Sería un caso exitoso de descentralización, si lo comparamos con los procesos de segundo y tercer tipo que se plantean a continuación, ya que éste daría un amplio margen de autonomía a las provincias.

El segundo tipo de proceso comienza con una descentralización administrativa, donde se transfiere la capacidad de administración y provisión de los servicios sociales, seguida por una descentralización política y fiscal en último lugar, definiendo así un escenario donde el margen de acción de los estados provinciales se ve reducido al mínimo ya que se encuentran sin los recursos fiscales necesarios y en franca desventaja respecto de la posición de poder del gobierno nacional.

En tercer término tenemos una descentralización fiscal que aumenta las capacidades financieras de los gobiernos subnacionales, con la posibilidad de contar con recursos de impuestos, y con el consiguiente traspaso de funciones para fijar sus tasas y bases impositivas, así como la capacidad de contraer deuda.

En la Argentina, el proceso que tuvimos fue el del segundo tipo, donde el discurso político planteó la necesidad de acercar el Estado a la sociedad civil, y se legitimó con la idea de mayor efectividad del aparato de gestión por la menor distancia que se daba con los problemas de la gente, Horacio Cao y Josefina Vaca (2007: 254) señalan que políticamente *"se consideraba que la descentralización permitiría generar una relación cualitativamente distinta entre la conducción política y los ciudadanos, permitiendo una mayor participación, con una continua ampliación de los espacios de representación y de socialización del poder"*. Desde la esfera administrativa, la justificación estaba dada por los beneficios que devendrían de la reducción de la distancia entre la concepción de las políticas, su ejecución y a su vez el control sobre esa implementación.

La legitimidad de los argumentos que se planteaban debido a las crisis económicas de fines de los '80 fue el "gancho" para que la idea fuera acogida y retroalimentada por la mayor parte de los sectores de la sociedad civil, en un acuerdo tácito sobre la necesidad de efectuar esta descentralización. ¿Cuál fue el problema?, la implementación, como ha sido claro a partir de las consecuencias que devinieron del proceso. Había acuerdo en el gobierno y en grandes sectores de la sociedad en descentralizar las funciones sobre los servicios sociales básicos, para lograr extender esa prestación y adaptarla según sea el lugar que fuera y las necesidades que hubiera, pero no existía claridad respecto de la descentralización de los recursos para atender esos procesos o voluntad política de hacerlo, ya que eso significaría darle demasiado poder a las provincias aumentando los recursos disponibles.

3. ¿Cómo se hizo la reforma? El apuro, los pactos y la gobernabilidad

En la década de los '90, se logra un acuerdo entre los dos grandes partidos de la Argentina, el peronismo y el radicalismo, que suscriben el denominado "Pacto de Olivos"[36]. Este Pacto dio paso a la reforma de la Constitución Nacional en 1994, la cual fue reformada en una serie de temas, definidos en el *Núcleo de Coincidencias Básicas*", allí se plasmaron los temas que se tratarían en la Convención Constituyente, y que debían ser aprobados o rechazados en bloque, sin posibilidad de cambios, también en la Ley N° 24.309, de Declaración de Necesidad de Reforma Parcial de la Constitución y en lo expresado por los miembros informantes del despacho de la Comisión del Congreso sobre el Núcleo de Coincidencias Básicas (Gelli, 1994: 83).

En lo que hace a las relaciones entre los distintos niveles de gobierno, se produjeron dos cambios sustanciales, por un lado se estableció constitucionalmente el sistema de coparticipación federal que venía dándose desde mediados de 1930. Este cambio se reflejó en el Art. 75 inc. 2, que señala que *"las contribuciones previstas en este inciso (directas e indirectas), con excepción de la parte o el total de las que tengan asignación específica, son coparticipables. Una ley convenio, sobre la base de acuerdos entre la Nación y las provincias, instituirá regímenes de coparticipación de estas contribuciones, garantizando la automaticidad en la remisión de fondos"*.

---

[36] El Pacto de Olivos fue suscripto entre el entonces Presidente de la Nación, Carlos Saúl Menem y el ex Presidente de la Nación, doctor Raúl Alfonsín, el día 14 de noviembre de 1993 en la Quinta de Olivos, residencia presidencial.

El segundo cambio se vincula con la descentralización y autonomía municipal, la misma se plasma en el Art. 123 de la Constitución reformada, el cual señala que *"Cada provincia dicta su propia Constitución, conforme a lo dispuesto por el artículo 5 asegurando la autonomía municipal y reglando su alcance y contenido en el orden institucional, político, administrativo, económico y financiero"*. Este artículo de la Constitución Nacional plantea la autonomía municipal que debiera efectuarse en las provincias, librando a cada jurisdicción provincial la potestad de tomar un criterio de autonomía plena, el se refiere a la facultad del municipio a darse sus propias normas, auto-administrarse, autofinanciarse y elegir sus autoridades; o de autonomía semiplena, que otorga capacidades en el aspecto político, administrativo y financiero, aunque, no en el institucional. Es decir, el municipio no cuenta con la atribución de dictar su propia carta orgánica (Di Paola y Oliver, 2002: 13). Las consecuencias de la aplicación de este artículo plantean entonces para Smulovitz y Clemente (2004: 43) las dificultades encontradas en los niveles municipales que son parte central de nuestro análisis sobre la descentralización, donde la potestad delegada a las provincias para definir el alcance de las autonomías municipales generó un mapa de gobiernos locales con capacidades políticas y fiscales muy heterogéneas.

Sabsay (1999) describe algunos cambios más que se dieron para intentar reforzar el federalismo, en ese sentido encontramos modificaciones *"al régimen financiero (Art. 75 inc. 2), el apoyo a la tesis de los poderes compartidos en materia de establecimientos de utilidad nacional (Art. 75, inc. 30, in fine), la autonomía municipal (Art. 123), la ampliación del ámbito de actuación de los acuerdos parciales (Arts. 124 y 125), la autonomía de la Ciudad de Buenos Aires (Art. 129), la concesión de potestades a las provincias en materia internacional (Art. 124), la propiedad de los recursos naturales (Art. 124), la determinación del órgano en la intervención federal (Art. 75, inc. 31)."* éstos agregados pretendieron darles más poderes a los estados provinciales, sin embargo la aplicación de éstos enunciados ha sido parcial, y los pocos que se han implementado no obtuvieron los resultados esperados. Los gobernadores conservaron aún después de la reforma, su cuota de poder por medio de sus diputados y/o senadores en relaciones que se basan particularmente en la posibilidad de conseguir fondos para las provincias.

A continuación presentamos el cuadro 1 con las principales reformas que se hicieron en el texto constitucional vinculadas con el federalismo y el régimen de coparticipación.

Cuadro 1

Federalismo	• Modificación del Régimen Impositivo de Coparticipación.	Art. 75, inc. 2°
	• Apoyo a la tesis de los poderes compartidos en materia de establecimientos de utilidad nacional.	Art. 75, inc. 30, in fine
	• Reconocimiento de autonomía municipal.	Art. 123
	• Introducción de la noción de región.	Art. 124 y 75, inc. 19
	• Ampliación del ámbito de actuación de los acuerdos parciales.	Art. 124 y 125
	• Reconocimiento de autonomía a la Ciudad de Buenos Aires.	Art. 129
	• Reconocimiento de las provincias como titulares del dominio originario de sus recursos naturales.	Art. 124
	• Senado como Cámara de origen en los proyectos de ley-convenio de coparticipación impositiva y de desarrollo regional.	Art. 75, incs. 2 y 19
	• Régimen de Gobierno Autónomo para la Ciudad de Bs. As.	Art. 129
	• Participación de las provincias en la regulación y control de los servicios públicos de competencia nacional.	Art. 42
	• Determinación del órgano en la intervención federal.	Art. 75, inc. 31
	• Potestad de las provincias de celebrar convenios internacionales.	Art. 124

Fuente: Documento de la FARN (Fundación Ambiente y Recursos Naturales): *"Autonomía Municipal y Participación Pública. Propuestas para la Provincia de Buenos Aires"*. Di Paola, Maria E. y Oliver, María F. 2002. Buenos Aires.

Estos cambios determinaron las relaciones intergubernamentales, ya que tanto entre el Estado central con las provincias como al interior de éstas con los municipios, el financiamiento y la cuestión fiscal para absorber y ejecutar las políticas sociales traspasadas necesitan de un factor crucial para hacer eficiente el proceso de descentralización, y (Wiesner, 1999: 41): "(…) *para fortalecer la gobernabilidad es el cambiar las condiciones bajo las cuales se generan, utilizan y transfieren los recursos. Este enfoque parte de la premisa institucional de que es el origen del financiamiento el que determina, más que cualquier otro factor, si una estructura institucional tiende a ser positiva o adversa a la efectividad de políticas públicas dadas"*.

Cao y Vaca (2007: 260) retoman el argumento de otro trabajo de Cao con Esteso (2001), donde esos autores señalaban que las políticas descentralizadoras tuvieron como eje la descentralización de funciones pero no se avanzó en políticas para fortalecer las capacidades de los aparatos administrativos y los recursos humanos de los gobiernos subnacionales, las mismas eran consideradas de incierta efectividad y muy poco visibles con lo cual fueron descartadas.

Es claro entonces la falta de interés en robustecer las administraciones locales combinada con la fortaleza de los poderes locales, definieron un escenario que mostró una concentración de las herramientas en esas manos, multiplicando las experiencias locales de clientelismo y patronazgo, cerrando la 'participación' a aquellos cercanos a estos nichos de poder provincial y generando mayor dificultad para gran parte de la población que no podía acceder a determinados espacios, como lo hacia –aún con dificultad– cuando se gestionaba desde el ámbito nacional. A pesar de este punto de vista, los mismos autores (Cao y Vaca, 2007: 262) sostienen que no está garantizado que los resultados hubieran sido mejores si se mantenía la estructura tal como estaba o con pequeñas modificaciones.

Estas prácticas prebendistas que se reproducen, tal como señalan Cao y Esteso (2001), fueron alimentadas en los años noventa con el aumento de las competencias provinciales generado a partir del proceso de descentralización. En forma simultánea se dieron dos procesos, uno económico, el hundimiento de las economías provinciales que recibieron muchas facultades para las cuales no estaban preparados, como ya vimos un aspecto dejado de lado, y la falta de distribución de los recursos necesarios para afrontar las nuevas responsabilidades. Por otro lado, uno político, con un mapa donde la interrelación entre los gobernadores y el Poder Ejecutivo Nacional se potenció. Este proceso acentuó una agudización de las prácticas tradicionales donde el voto se convirtió en un bono negociable a la hora de repartir la recaudación. *"Las transferencias financieras, (que se dieron por los Aportes del Tesoro Nacional y la Coparticipación)[37] ocuparon un lugar central en el funcionamiento de las instituciones federales. Tales dádivas del sector central a cambio del apoyo político provincial conformaron un esquema funcional a la construcción de poder territorial alrededor de prácticas prebendarias y clientelares que generan pocas exigencias y cuestionamientos acerca de qué y cuánto se negocia"* (Vaca y Cao, 2003: 9). Las transferencias de dinero y la promesa de obras fue una de las herramientas que más fuertemente se desarrolló en la década de los '90, eso garantizaba la gobernabilidad.

En síntesis si analizamos de forma económica el federalismo argentino vemos que la concentración económica desmiente el hecho de que se fortaleciera esta característica del régimen político argentino, con los cambios introducidos en la constitución y las políticas descentralizadoras. Es por ello que Daniel Muchnik (2003: 6) señala que *"de las 24 provincias, cinco generan el 85% del PBI y concentran el grueso de la población alrededor del 93%[38]. De las 500 empresas más grandes del país, sólo el 2% de su inversión se radica en las provincias chicas. El 65% de las exportaciones nacionales son generadas por sólo tres provincias".*

Escenario después de 2001: deudas provinciales

Con el "cataclismo" de 2001, se tuvo que pensar en un escenario nuevo donde las provincias eran actores claves, aunque con enormes deudas fiscales con el gobierno nacional. Las redefiniciones y el canje de la deuda de las provincias con el gobierno nacional se fijó en 2002, Proceso de Conversión de la Deuda Pública Provincial, denominado "Canje de Deuda"[39]. Fue voluntario para las provincias, aunque sin dudas una de

---

[37] La negrita es del autor.

[38] La negrita es del autor.

[39] El proceso fue estructurado a través del gobierno nacional y se ejecutó en el marco del Decreto N° 1.579 de agosto de 2002. Comenzó a concretarse desde el 25 de octubre del

las únicas salidas en ese escenario. Participaron el 75%, canjeando deudas documentadas en préstamos y bonos por un título de deuda pública llamado "Bono Nacional Garantizado" (BOGAR). Las provincias se comprometen en este acuerdo a garantizar recursos provenientes de la Coparticipación Federal de Impuestos, con un tope del 15%, incorporando una garantía subsidiaria de la nación hasta la totalidad del pago del servicio de los BOGAR que se emitan.

¿Cuáles fueron los beneficios?, por un lado que las provincias sustituyeron su deuda con acreedores extranjeros por una deuda con el Estado nacional a través del BOGAR. Por otro lado, que ese bono fue emitido por el gobierno nacional, y este último se constituyó en el único deudor frente a los acreedores originales de las provincias.

Este acuerdo además tenía un ítem donde se acordaba como compromiso la sanción de un régimen integral de coparticipación federal a diciembre de 2002, no obstante eso no llegó a alcanzarse y hoy se sigue debatiendo.

Lo sustancial fue que las relaciones intergubernamentales alcanzaron una mayor estabilidad, generando beneficios para ambas arenas. Los gobernadores pudieron salir del ahogo que presentaban sus economías y además se vieron beneficiados por una política del gobierno nacional más flexible respecto del uso de los recursos coparticipables, de la misma forma, el gobierno nacional logró disminuir el nivel de conflictividad y reordenar las cuentas públicas.

La condicionalidad de la nación a las provincias fue la reducción de un 60% en el déficit fiscal del año 2002 con respecto a 2001 para hacer efectivo el canje de deuda. Este elemento combinado con las medidas ya descriptas determinó una contracción del gasto provincial y de los ingresos. Estos esfuerzos fiscales de la nación y las provincias tuvieron un corolario positivo ya que el desempeño general de la economía fue inigualable, y el PBI alcanzó una evolución por encima del 8% en el año 2003 y se mantuvo en esos niveles durante prácticamente todos los años, hasta el actual 2010.

Finalmente en 2010 el Estado nacional tomó la decisión, a través del Dec. N° 660/2010, de crear el "Programa Federal de Desendeudamiento

---

mismo año cuando comenzaron a ejecutarse de modo formal los plazos del Canje, de acuerdo con la Resolución N° 539 del Ministerio de Economía de Nación.

de las Provincias Argentinas"[40], donde se financia el 89% ciento de las deudas que las provincias aún mantienen con Nación desde 2002, el total asciende a 73.912 millones de pesos y se financiarán 65.522 millones de pesos, de los cuáles 63,37% (41.525 millones) corresponden a canjes provinciales y 36,62% (23.997 millones) son de asistencia financiera, que las provincias deben por convenios de *salvataje* suscriptos en 2002.

Este nuevo Programa tiene como compromiso un plan de cuotas prorrogado en 15 años (vencerán en 2030 deudas que caducaban en 2015), con una tasa fija del 6% anual, y donde se elimina el coeficiente CER (Coeficiente de Estabilización de Referencia) para su ajuste. Finalmente se acordó un plazo de gracia de dos años (hasta 2012) para que comience a concretarse este instrumento.

En términos generales hemos visto cómo el Estado nacional ha dado enormes facilidades a las provincias, pero eso no lo ha debilitado como sostienen algunos autores, sino que por el contrario lo ha convertido en un actor más poderoso, convirtiéndose en el principal acreedor de las provincias y promotor del desarrollo mediante la inversión pública desde 2002 en adelante.

4. ¿Qué paso con el sistema de partidos? Reformas y realineamientos

En un trabajo reciente Luciana Cingolani (2007: 55) analiza las reformas electorales que se han producido en las provincias argentinas. En ese sentido, estudia cuáles han sido las transformaciones institucionales con relación a esta regla entre 1983 y 2005 en los distritos provinciales en relación con la inclusión o no de fuerzas en la arena legislativa y con mecanismos de reelección de los poderes ejecutivos. En ese sentido, el hallazgo central de este artículo ha sido que de un total de 19 reformas en ese período, 15 han sido de tipo inclusivo y 10 de las mismas han incluido el mecanismo de la reelección inmediata. Asimismo entre 2001 y 2006 luego de la debacle y la crisis de repre-

---

[40] Hay 5 provincias que en la actualidad no presentan deudas con la nación (Santa Fe, Santa Cruz, San Luis, La Pampa y Santiago del Estero) y las mismas serían compensadas con recursos del Tesoro Nacional.

sentación surgida a partir de finales de 2001, la fragmentación y los discursos antipolíticos, llevaron a revertir la tendencia de reformas más proporcionales hacia reformas más restrictivas, en busca de limitar la dispersión (Cingolani, 2007: 56).

Un estudio reciente de Poder Ciudadano denominado "Mapas sobre el régimen político democrático de las provincias", muestra que hoy existen 22 distritos del país que cuentan con la cláusula de reelección al cargo de gobernador, de las cuales 3 son sin restricciones de tiempo, Catamarca, Santa Cruz y Formosa. Este estudio presenta además datos sobre la competencia política, esta variable medida según la alternancia de partido en el Ejecutivo provincial, y demuestra que 8 provincias no experimentaron rotación de partidos en el cargo de gobernador[41] y 7 provincias rotaron una sola vez. Sin duda, en los estados subnacionales prima el conservadurismo a la hora de votar, o tal vez —esto requeriría un estudio detallado— las estructuras de los partidos que permanecen en el gobierno son tan fuertes que pueden defender y conservar el cargo del ejecutivo provincial.

Volviendo al artículo de Luciana Cingolani (2007), podemos ver que en la primera época que analiza, la década de los '90, existieron reformas donde fundamentalmente se permitía la reelección a los ejecutivos provinciales[42], las cuales fueron acompañadas por la relación de alianzas electorales y acuerdos entre las dos arenas, nacional y provincial, como señala Allyson Benton (2005) donde la primera aseguraba autonomía a los poderes locales con distribución de recursos mediante subsidios, ATN y otros aportes no reintegrables, además de la cuota de coparticipación. De la misma forma, las reglas electorales nacionales aseguraron la sobrerrepresentación de las provincias chicas en el Congreso, logrando mantener un desbalanceo que aseguraba la gobernabilidad. Las provincias, señala Benton, no realizaron esta racionalización forjada en el ámbito nacional, ya que ello hubiera implicado la pérdida de apoyos partidarios sustentados en base al empleo estatal, por ejemplo, y destruir las relaciones y redes políticas locales y provinciales. En cambio reforzaron su poder a

---

[41] Formosa, Santa Cruz, San Luis, La Rioja, Río Negro, Jujuy, Neuquén y La Pampa.

[42] Las provincias que introdujeron la reelección inmediata son (Cingolani, 2007: 55): San Juan, 1986; Córdoba y San Luis, 1987; Catamarca, 1988; Misiones, 1989; Tierra del Fuego, 1991; Chaco, 1994; Neuquén y La Pampa, 1995; y Ciudad de Buenos Aires 1996).

través del control de los empleados públicos, con mensajes donde se aseguraba a éstos que mantendrían su cargo y/o empleo si el gobierno oficial continuaba en el poder, denominado comúnmente clientelismo.

Esta tesis de sobrerrepresentación está reafirmada además por Gibson, Calvo y Falleti que ya en 1999 señalaban lo que sucedía con las provincias "chicas" en el Congreso, decían entonces que en 1995 las 19 provincias que hemos denominadas 'región periférica' del país contenían al 30% de la población total. No obstante, esas provincias controlaban 40 de los 48 senadores nacionales, es decir un 83% del total, dicha sobrerrepresentación también se extendía a la cámara baja del Congreso, la Cámara de Diputados, donde las provincias de la región periférica elegían al 45% de los representantes.

En el caso argentino, como hemos visto en otro trabajo previo[43], si bien existen numerosos estudios del sistema de partidos –su dinámica de competencia y estructuración– (Castiglioni y Abal Medina (1998, 1999); De Riz (1995); Malamud y De Luca (2005); Mustapic (2002); De Luca *et al.* (2002), poco ha sido aún el desarrollo en torno de la coordinación/descoordinación de la política nacional y la subnacional de la dinámica política del sistema partidario, recién en esta década ha comenzado a investigarse de manera más profunda y detallada.

En ese sentido respecto del sistema político-partidario argentino, durante la década de 1980 con el retorno de la democracia, el sistema de partidos argentino se vislumbró bipartidista con dos partidos consolidados, el Partido Justicialista (PJ) y la Unión Cívica Radical (UCR). Torre (2004) analiza el debilitamiento de la tendencia bipartidista con el paso de los años, contraponiendo en el siguiente cuadro, los datos de elecciones presidenciales y legislativas en el período de 1983-1995 de ambas fuerzas. La tendencia es clara, en 1983 encuentra que existe un 91,9% y 85,9% respectivamente de voto concentrado en estas dos fuerzas, mientras que hacia 1995, ese porcentaje se reduce al 67% y 64, 8% respectivamente, veamos:

---

[43] Cheli, Gabriela N., La reforma política, el caso de La Pampa: un proyecto electoral y algunas propuestas. En el *Participación y Control ciudadanos. El funcionamiento de los mecanismos institucionales electorales y societales de accountability en la Argentina,* Abal Medina, J. (Comp.), pp. 89-113, Capital Federal, 2009.

CUADRO 1
Concentración del voto (UCR + PJ)

Año	Elección presidencial (%)	Elecciones legislativas (%)
1983	91,9	85,9
1985		77,8
1987		78,7
1989	79,7	73,0
1991		69,3
1993		68,9
1995	67,0	64,8

El mismo autor revela que esta tendencia se debió a la progresiva pérdida de votos que sufrió el Partido Radical entre 1983 y 1995 por un gobierno con grandes altibajos y una salida prematura por la crisis económica y social desencadenada a partir de las crisis inflacionarias y los acuartelamientos militares[44].

El desmembramiento se inicia en 1983, apenas asumido el gobierno de Raúl Alfonsín. En ese momento se produce la renovación de todos los cargos de los niveles nacional y subnacional, y en esa elección la UCR presenta boletas separadas dejando abierta la posibilidad de que los votantes elijan por preferencias en cada caso. Mientras que por el lado del peronismo ocurrió exactamente lo contrario (Torre, 2004: 4). Estas afirmaciones son ciertas a nivel nacional, sin embargo creemos que no son extensibles a lo ocurrido a nivel provincial ya que allí se mantuvieron los bastiones radicales estables, como Córdoba, Río Negro y Chubut, además la Capital Federal, que a partir de 1994 se convierte en Ciudad Autónoma, y siempre fue un distrito esquivo a los gobiernos peronistas.

En épocas del gobierno justicialista, en la década de los '90, la configuración bipartidista se va diluyendo en favor de una "fragmentación" mayor. Con la firma del Pacto de Olivos (1993), como ya vimos, suscripto entre Carlos Menem (PJ) y Raúl Alfonsín (UCR), que habilitaba

---

[44] Esto tiene especial relevancia por la cercanía de los hechos sucedidos durante la dictadura militar y el temor que ello provocó en la población.

la reelección peronista, simpatizantes y seguidores del radicalismo emigraron en diferentes rumbos, algunos a la centro-derecha y otros a la centro-izquierda. En el PJ ocurrió algo semejante, vinculado con el Pacto y también con el giro ideológico que hizo el presidente justicialista, aplicando de forma automática el recetario del Consenso de Washington, y estableciendo "relaciones carnales" con Estados Unidos, ideólogo de las mismas. Esta fracción peronista que se escinde conforma el partido Frente Grande, que luego integrará un Frente más amplio denominado Frente País Solidario (FREPASO), donde se incluyen algunos partidos como el Partido Intransigente (PI), el Partido Comunista (PC), la Democracia Cristiana, entre otros. El escenario era de fragmentación a nivel nacional pero se mantenía relativamente estable el bipartidismo en el interior, con algunas incipientes, aunque no consolidadas terceras fuerzas[45].

A finales de los '90 con un peronismo internamente fragmentado, y la unión de las terceras fuerzas en una Alianza[46], que más adelante disputaría el poder, el escenario de competencia interpartidaria cambió, y el partido justicialista con triunfos de más de una década declinó ante el poder de convocatoria de la oposición. La Alianza logró en la contienda electoral para presidente de 1999 el 45,6 % de los votos frente a un "magro" 36,2 % del PJ, que siempre había superado la barrera del 40% (Torre, 2004).

No obstante, y mirando las dos arenas, nacional y subnacional, se advierte que, en el interior, el PJ mantuvo su predominio aún cuando las terceras fuerzas comenzaban a obtener sus primeros triunfos. Malamud y De Luca (2005: 5) plantean que en la Argentina el sistema de partidos es bipartidista a nivel presidencial, de partido dominante a nivel del senado (provincias) y de limitado pluralismo a nivel de diputados (pueblo), pero que si observamos a nivel agregado encontramos que es un sistema que tiende a la concentración y no a la fragmentación. La

---

[45] Los guarismos pueden verse en el Ministerio del Interior o en los datos del CD de *La política importa. Democracia y desarrollo en América Latina*, por Mark Payne, Daniel Zovatto, Mercedes Mateo Díaz, año 2006. Publicado por el Banco Interamericano de Desarrollo y el Instituto Internacional para la Democracia y la Asistencia Electoral.

[46] Alianza por el Trabajo, la Justicia y la Educación, compuesta por la UCR, Frente Grande, Partido Nuevo Movimiento, Partido Socialista Democrático; Partido Socialista Popular; Partido Demócrata Cristiano; Partido Intransigente; Partido Democracia Popular por el Frente Social

evidencia de los últimos años indica que hoy en la Argentina tenemos un sistema que funciona descoordinadamente entre las dos arenas, aun cuando se mantengan funcionalmente juntos. De un lado, se crean sellos de partidos para una elección aglutinando diferentes sectores, de otro lado, esos mismos sellos coinciden en su "apoyo" al partido oficial, ya sea llevando en la boleta los mismos candidatos a nivel nacional o expresando discursiva y programáticamente ese soporte.

En las elecciones legislativas de 2007, encontramos que existe una tendencia a la diáspora. Esta propensión se vio acentuada con un cronograma electoral de tipo escalonado que se definió con elecciones a lo largo de todo el año 2007, sustentado en el poder para fijar la agenda electoral está dado por las autonomías provinciales según las condiciones de cada gobernador. En los primeros distritos que se votó, esto es hasta agosto de ese año (Catamarca, Entre Ríos, Río Negro, Neuquén, Capital Federal, Tierra del Fuego, San Luis y La Rioja) ganaron sellos diferentes. El dato despojado de un análisis contextual indica claramente dispersión, no obstante si vemos el discurso filopolítico de los candidatos, encontramos que la mayoría de los que obtuvieron el triunfo son afines o apoyan abiertamente al gobierno nacional, exceptuando por supuesto a Capital Federal (PRO), Tierra del Fuego (ARI)[47] y San Luis (Frente Pdo. Justicialista), donde los ganadores fueron partidos enfrentados al gobierno nacional.

En definitiva, la elección de 2007 terminó con 17 de las 24 provincias con gobernadores afines al gobierno nacional, a saber: Buenos Aires, Catamarca, Chaco, Chubut, Entre Ríos, Río Negro, Neuquén, Formosa, Jujuy, La Pampa, Mendoza, Salta, San Juan, Santa Cruz, La Rioja, Santiago del Estero y Tucumán. Marcando una clara "nacionalización" del sistema, si bien como ya advertimos los sellos eran diversos, el apoyo y el "arrastre" producido por el mismo era palpable. La situación de apoyo o no fue variando desde ese entonces, y hoy existen nuevos planteos, y aquellos que antes no apoyaron hoy sí lo hacen y viceversa. Quedaron

---

[47] Tierra del Fuego, ha sido un caso muy especial, brevemente hemos visto que en el último tiempo (2007-2009) la Gobernadora, María Fabiana Ríos, ha apoyado por medio de sus diputados y senadores algunos proyectos nacionales, y eso le ha valido la posibilidad de obtener recursos fiscales y adelantos de coparticipación cuando las cuentas provinciales estaban en rojo.

fuera del esquema provincias como Córdoba, Misiones, San Luis, Tierra del Fuego y también la Capital Federal.

En 2009 se realizaron elecciones legislativas en las provincias argentinas, con resultados que mostraron un escenario más fragmentado que en 2007 donde aparece un espacio desprendido del kirchnerismo, que se conformará en el Congreso como Partido Justicialista Disidente, votando con los opositores como Acuerdo Cívico, Unión Pro y los partidos de izquierda. Será recién en 2011 con las elecciones generales que podrá analizarse de forma más profunda cuál es el diagrama del sistema de partidos argentino hoy.

Conclusiones

Como vimos a lo largo del trabajo, el eje de nacionalización-desnacionalización del sistema de partidos es un tema que ha sido debatido en la academia recién en el último tiempo.

La investigación de la relación entre las arenas nacional y subnacional y su vinculación con la nacionalización-desnacionalización del sistema de partidos cobra especial relevancia en un país como la Argentina, siendo que existe además una combinación de factores que hacen que tanto el sistema electoral como herramientas de política pública, descentralización como ejemplo, intervengan e impacten con consecuencias en el esquema general.

Vale la pena retomar algunas de las ideas del trabajo; en ese sentido, hemos visto cómo la descentralización ha jugado un papel en las arenas subnacionales generando por un lado grados mayores de autonomía de los gobiernos provinciales sobre los sistemas partidarios locales, y por otro cómo ha generado mayor dependencia de los mismos con la arena nacional.

Nuestro análisis muestra una tendencia hacia la nacionalización del sistema partidario; si bien se han encontrado evidencias de fragmentación o un funcionamiento descoordinado en los sistemas subnacionales, la propensión en el sistema nacional de partidos es de nacionalización y eso lo vimos en lo que fueron las elecciones provinciales de 2007 de forma clara, donde aun llevando sellos diferentes muchos candidatos provinciales apoyaban claramente al gobierno nacional. En el año 2009, momento en que se realizaron las elecciones legislativas donde se renovaban la mitad de las Cámaras en el Congreso, el país atravesaba no sólo la crisis económica mundial sino además por una crisis política interna en disputa por los recursos devenidos de los derechos de exportación (denominados comúnmente retenciones), esta elección mostró un grado de "fragmentación" partidaria mayor a los que se dieron previamente, con evidencias de nuevas segmentaciones en el sistema partidario argentino.

Las elecciones generales de 2011 serán claves para ver cómo se estructura el sistema partidario, después de la sanción de la Ley N° 26.571, denominada *Ley de Democratización de la Representación Política, la Transparencia, y la Equidad Electoral* que reforma parte de la Ley Orgánica de Partidos Políticos Ley N° 23.298, y el Decreto N° 937/2010 que reglamentó algunos artículos de esta última ley, normas vigentes para las próximas elecciones.

Sistemas electorales

La configuración de la competencia partidaria provincial: ¿cómo interactúan los distintos niveles de competencia partidaria en sistemas de partidos federales?

Juan Abal Medina[48] y María Celeste Ratto[49]

Introducción

En uno de sus principales trabajos, Duverger (1945:113) postula que las normas electorales moldean la competencia entre los partidos políticos. Un importante supuesto de sus famosas leyes es que la influencia de los sistemas electorales no va más allá de los límites del nivel de distrito. Pese a ello desde algunos enfoques se ha propuesto emplear las leyes de Duverger para explicar el efecto que distintas elecciones tienen en sistemas políticos federales. Autores como Chhibber y Kollman, 1998, 2004; Gaines, 1999; Ferrara y Herrón, 2005; Lago, 2006 sostienen que el ambiente estratégico creado por el sistema electoral y las elecciones simultáneas para cargos de distintos niveles gubernamentales influyen en la coordinación entre los partidos políticos. De esta forma, el sistema electoral podría generar importantes consecuencias sobre la competencia partidaria.

El sistema partidario argentino ha sido trabajado como objeto de estudios por distintos autores (por ejemplo, Di Tella, 1998; Abal Medina y Suárez Cao 2002; Leiras, 2004; Malamud y De Luca, 2005; Calvo y Escolar, 2005). En años recientes numerosos trabajos han mostrado la

[48] jmanumedina@gmail.com
[49] celesteratto@conicet.gov.ar

creciente territorialización de la competencia partidaria en la Argentina (Calvo y Escolar, 2006; Leiras, 2004; Gibson y Suárez Cao, 2010). A pesar de esto, las consecuencias de la interacción entre partidos provinciales y nacionales ha recibido escasa atención. En este trabajo, se intenta hacer una evaluación preliminar sobre la forma en que los sistemas electorales y los partidos nacionales pueden afectar la competencia partidaria provincial.

Principalmente se busca evaluar la forma en que la dinámica partidista nacional influye en los sistemas partidarios subnacionales, dependiendo de los sistemas electorales provinciales. Considerando la amplia heterogeneidad de los contextos subnacionales en la Argentina, podremos poner a prueba nuestra hipótesis bajo un amplio nivel de variación de nuestra variable dependiente. Para ello, analizamos el número efectivo de partidos políticos provinciales utilizando datos de resultados electorales agregados a nivel provincial, desde 1983 a 2005. Se realizaron análisis de regresión multivariada a fin de medir el impacto que poseen diversos factores en la cantidad de partidos provinciales. Se pusieron a prueba distintas posibilidades para encontrar el modelo que mejor explicara la variación del número efectivo de partidos provinciales. Sugerimos que el efecto entre la competencia de partidos nacionales y provinciales debe ser medido mediante un término de interacción en un modelo multiplicativo, en lugar del modelo aditivo utilizado hasta el momento.

Este trabajo se encuentra dividido en cinco partes. La primera aborda el marco teórico de análisis y las definiciones conceptuales. La segunda sección examina las investigaciones previas sobre el sistema argentino de partidos. La tercera parte describe las características de la estructura federal argentina. La cuarta presenta los datos y los métodos, mientras que la quinta ofrece los resultados del análisis empírico. Finalmente, se discuten las conclusiones a la luz de las investigaciones previas y de las hipótesis expresadas.

Marco teórico

El objetivo de este trabajo es analizar el modo en que las características institucionales pueden afectar la competencia partidaria en sistemas federales. Debido a que este tema se encuentra ligado con conceptos sustanciales de la ciencia política que pueden tener diferentes significados, resulta necesario comenzar definiendo los principales conceptos utilizados. En este trabajo se discuten tres nociones clave: sistemas de partidos; competencia partidaria; y la consecuencia de las normas electorales en la competencia partidaria.

En primer lugar, es necesario aclarar el recorte realizado sobre las dimensiones del sistema de partidos que fueron estudiadas. El análisis de los partidos y los sistema de partidos ha recibido una significativa atención académica. Se realizaron una gran cantidad de contribuciones en este campo de estudio (por ejemplo, Duverger, 1954; Lipset y Rokkan, 1967; Sartori, 1976; Macridis, 1967; Blondel, 1968; LaPalombara y Weiner, 1966; Gunther, Montero y Linz, 2002, entre otros). A pesar de estos aportes, llama la atención que haya pocos estudios empíricos sobre sistemas de partidos en países con gobiernos multinivel. El progreso alcanzado en cuanto a la comprensión de la coexistencia de sistemas de partidos nacionales y subnacionales pareciera ser bastante escaso. Del mismo modo, poco se sabe sobre los cambios producidos en el sistema de partidos. Uno de los problemas detectados frecuentemente es que las descripciones del sistema de partidos suele limitarse a discusiones sobre las transformaciones en los componentes individuales de los partidos que conforman esos sistemas. Las explicaciones sobre el cambio a menudo se basan en discusiones acerca de las reglas y los patrones de competencia en la arena electoral, sin tomar suficientemente en cuenta la complejidad derivada de otras arenas (Luther, 1989).

Para subsanar esta brecha, en el presente trabajo empleamos la definición multidimensional de sistema de partidos desarrollada por Bardi y Mair (2008:149). Estos autores argumentan que los sistemas de partidos se comprenden mejor si se los considera como fenómenos multidimensionales; además, identifican y discuten las implicancias de tres tipos de divisiones del sistema de partidos: vertical, horizontal y funcional.

Este trabajo se encuadra en el análisis de las divisiones horizontales, las cuales se encuentran determinadas por la existencia de numerosos niveles de gobierno y competencia electoral. Como señalan Bardi y Mair, esto puede tener importantes efectos en el sistema de partidos si un nivel de gobierno –usualmente el nacional– es abrumadoramente más relevante que el resto (2008:154). En este caso, los autores sugieren que es posible que los patrones de competencia en todos los niveles sean similares y, consecuentemente, el sistema de partidos esté estructurado como el sistema (nacional) dominante.

En su interpretación, la lógica del sistema de partidos parece ser un modelo "de arriba hacia abajo" (desde sistemas nacionales a subnacionales). Cuando el sistema de partidos nacional tiene suficiente relevancia, los sistemas de partidos subnacionales quedan opacados. Desde nuestra perspectiva, esta manera de pensar no es exactamente precisa. Por el contrario, en este trabajo proponemos un punto de vista "de abajo hacia arriba". En sistemas de partidos con divisiones horizontales, y particularmente en el sistema de partidos argentino, la posibilidad que tiene el sistema nacional de influir sobre los sistemas subnacionales responde a la permisividad de los sistemas de partidos subnacionales. Sólo cuando las normas electorales son lo suficientemente permisivas a nivel subnacional, el sistema nacional de partidos puede ejercer su influencia sobre los sistemas de partidos provinciales. De este modo, en el sistema argentino de partidos no es la lógica nacional la que se impone sobre niveles subnacionales, sino que, por el contrario, es la dinámica subnacional la que permite o rechaza la influencia del sistema nacional sobre los subnacionales.

En este mismo sentido, cabe mencionar que la atención prestada por parte de los académicos a la competencia partidaria está centrada principalmente en el nivel nacional de gobierno y, como tal, se apoya únicamente en los supuestos según los cuales las arenas nacionales y subnacionales funcionan con completa independencia las unas de las otras o las dinámicas subnacionales son un mero reflejo de las nacionales (Suarez Cao, 2010).

En este contexto, tomamos la definición elaborada por Gibson y Suarez Cao sobre los sistema de partidos federalizado, es decir, un sistema en el cual opera más de un sistema de partido delimitado territorialmente. Además del sistema nacional de partidos, organizado para obtener cargos públicos nacionales, un sistema federal de partidos contiene sistemas subnacionales organizados para obtener cargos públicos subnacionales. En nuestro país tal configuración se expresa en la competencia para los cargos nacionales y para los cargos provinciales.

Sus propiedades sistémicas pueden ser congruentes o incongruentes con el formato del sistema nacional de partidos (Gibson y Suárez Cao, 2010:11). Las transformaciones de los sistemas de partidos subnacionales siguen dos patrones posibles: a) cambios endógenos en su propio sistema político; y b) cambios en la interacción con otros sistemas de partidos. Este trabajo está centrado en el segundo tipo de patrón de transformaciones en el sistema subnacional argentino de partidos; más específicamente, la tendencia de cambio que el sistema de partidos argentino registró en los últimos años debido al efecto de la interacción entre el sistema de partidos nacional y los subnacionales. Esta tendencia general de cambio fue denominada por la bibliografía como una creciente territorialización de la competencia partidaria en la Argentina (Calvo y Escolar, 2006; Leiras, 2007; Gibson y Suárez Cao, 2010).

La segunda noción importante para este trabajo es la de competencia. Tal como fuera destacado por Bartolini (2002: 87), la definición procedimental de democracia de Schumpeter hace de la competencia un elemento esencial de la democracia. Desde la perspectiva de Bartolini, las condiciones necesarias para la competencia electoral son: 1) apertura electoral (*contestability*); 2) disponibilidad de los electores para votar a distintos partidos (*availability*); 3) diferenciación de las alternativas políticas (*decidability*); y 4) vulnerabilidad electoral del partido en el gobierno (*vulnerability*). Este trabajo aborda específicamente la primera condición porque se refiere a la apertura del mercado político con respecto a la oferta. Es decir, la competencia partidaria que, además, es una condición necesaria del pluralismo. La apertura electoral no sólo es una condición de la competencia, sino también una característica básica y decisiva de la democracia. Es el rasgo democrático que vuelve posible el pluralismo político. Por lo tanto, la apertura es el punto donde democracia y competencia se superponen (Bartolini, 2002: 89).

En este punto, la cuestión reside en la posibilidad de acceso a la competencia partidaria. Sólo un número limitado de partidos tiene la oportunidad de entrar en la contienda política. Ello hace muy difícil permitir nuevas entradas a la contienda electoral. Distintas características institucionales moldean la competencia partidaria restringiendo o ampliando el número de candidatos. En este sentido, la apertura (*contestability*) puede ser considerada como una estructura de oportunidad política para nuevos y viejos aspirantes a los cargos. Como señala Bartolini (2002: 92-93): "Varios de los factores que influencian la estructura de oportunidades para competir son institucionales, como la ley electoral, los requisitos para las candidaturas de individuos y para las listas, el umbral de acceso al financiamiento público y a la cobertura mediática, y el costo de la campaña en distintas circunstancias". Entre todos esos factores institucionales, la condición más importante de apertura es un bajo umbral de acceso a la competencia partidaria. Cuanto menor sea dicho umbral, mayor será la apertura del sistema de partidos[50].

Esto se encuentra estrechamente vinculado con la última noción clave: las consecuencias de las leyes electorales en la competencia partidaria. El método democrático es "el instrumento institucional para alcanzar decisiones políticas sobre el cual los individuos obtienen el poder para decidir a través de una competencia que tiene por objeto el voto popular" (Schumpeter, 1942: 208). Los sistemas electorales son los mecanismos institucionales que traducen las preferencias individuales en resultados colectivos. El ambiente creado por el sistema electoral tiene múltiples implicancias para el resultado electoral que produce. Los partidos evalúan los costos y beneficios de participar en la competencia en aquellos escenarios en los cuales tienen limitadas posibilidades de conseguir bancas y cargos. Es así como la coordinación estratégica adquiere centralidad en ámbitos federales donde se superponen elecciones simultáneas para cargos en diferentes niveles de gobierno. El interrogante que surge es si la magnitud del distrito es la única condición que determina el número de partidos o si, en un diseño institucional más complejo como el sistema federal, hay acaso incentivos adicionales que alteran los condicionantes de las normas electorales. Dos escuelas de pensamiento aportan diferentes respuestas a estas preguntas.

Por un lado, las leyes de Duverger (1945) y sus implicancias han sido uno de los pilares fundamentales de los estudios sobre comportamiento político y electoral. En términos de Taagepera (2007:683): "la idea general que subyace a las afirmaciones duvergenianas es que, en

---

[50] Es importante resaltar aquí que si el umbral es demasiado bajo y la competencia se vuelve muy abierta, la consecuencia será la excesiva fragmentación de la competencia partidaria.

promedio, *la distribución del tamaño del sistema de partidos depende del número de bancas disponibles*". En este sentido, la hipótesis de Duverger da cuenta de la existencia de relaciones sistemáticas entre las normas electorales y los resultados políticos que éstas producen. De acuerdo con esta perspectiva, son las reglas electorales las que configuran a los sistemas de partidos (Benoit, 2007:364). De este modo, el comportamiento de los partidos y el de los votantes es entendido como el principal resultado de los efectos mecánicos y psicológicos de las normas electorales (Duverger, 1954)[51]. El estudio de las posibles implicancias de los efectos psicológicos en el comportamiento de los votantes y de los líderes partidarios recibe el nombre de enfoque de la coordinación estratégica (Cox, 1997).

La segunda escuela de pensamiento que ofrece una respuesta diferente al planteo previamente mencionado se ubica dentro de una perspectiva más amplia en cuanto a las implicancias de las leyes de Duverger. Ésta enfatiza las posibles consecuencias de distintos factores institucionales en la coordinación estratégica de los partidos dentro de sistemas electorales más complejos (Ferrara y Herrón, 2005; Lago, 2006; Cox y Schoppa, 2002; Gaines, 1999; Chhibber y Kollman, 1998). Este enfoque puede ser identificado a partir de la hipótesis de los "efectos contaminantes", la cual sugiere que las decisiones sobre entradas y retiradas estratégicas de la competencia electoral estarían influidas por la estructura de incentivos generada, por ejemplo, por la combinación de reglas proporcionales y mayoritarias en una misma elección (Ferrara y Herrón, 2005: 17). A pesar de que en sus inicios esta hipótesis fue desarrollada para sistemas electorales mixtos, rápidamente se aplicó a distintos niveles electorales. El estudio de las interacciones entre el ámbito electoral nacional y el subnacional generadas por el sistema electoral y sus consecuencias en la competencia partidaria (Grofman, 2004) ha atraído recientemente el interés de los académicos.

El ambiente estratégico creado por los sistemas electorales y las elecciones simultáneas para cargos de distintos niveles de gobierno podría influir en la coordinación entre partidos políticos. Por lo tanto, las leyes

---

[51] Como bien señala Taagepera (2007: 681) resulta importante mencionar que las afirmaciones de Duverger (tanto las leyes como las hipótesis) toman en cuenta un solo parámetro: la magnitud del distrito; y no mencionan las elecciones con segunda vuelta, los niveles, umbrales legales, elecciones comunes, entre otros factores.

de Duverger fueron revisadas a partir del marco de análisis de los efectos que diferentes elecciones tienen en los sistemas federales. La competencia en elecciones simultáneas para distintos niveles de gobierno en sistemas federales crea un ambiente que tiene efectos clave en el comportamiento estratégico de los partidos. Por lo tanto, las normas electorales correspondientes a los distintos niveles, pueden ser entendidas como un factor de influencia importante que tiene la posibilidad de modificar la competencia partidaria. Una vez que el sistema electoral establece el marco, emerge la coordinación electoral, que es cuando los políticos y los votantes definen sus acciones electorales.

En este trabajo nos proponemos evaluar la coordinación preelectoral de partidos que son viables a nivel nacional pero que no lo son para cargos públicos provinciales. Como bien señalan Montero y Lago (2007:20), en esta circunstancia los partidos pueden "ir solos" o coordinar sus acciones para maximizar recursos. Si se deciden por el primer caso, sólo aquellos partidos viables en una determinada arena pueden entrar en carrera en otra, independientemente de sus expectativas electorales. La interacción entre arenas electorales generaría una fuerza centrífuga que suavizaría la gravedad duvergeniana y aumentaría el número de partidos electorales. En cambio, si los partidos siguen la segunda opción, funcionaría la gravedad duvergeniana.

Por consiguiente, este trabajo sugiere un tercer enfoque que sintetiza las dos escuelas de pensamiento a partir de una forma de interpretación alternativa. Reconocemos la validez del supuesto que entiende que a menor magnitud de distrito mayores son los efectos mecánicos y psicológicos de las normas electorales. De este modo, cuando el sistema electoral subnacional es mayoritario, la contaminación entre sistema de partidos nacional y provincial es prácticamente nulo. Esto se debe a que la dinámica endógena del sistema subnacional está cerrada y rechaza cualquier posible influencia nacional. Por el contrario, cuando el sistema electoral subnacional es más permisivo (por ejemplo, en la representación proporcional), las fronteras del sistema de partidos subnacional se encuentran abiertas a la influencia nacional permitiendo los efectos de contaminación entre distintos niveles de elecciones.

Para recapitular es necesario retener cuatro implicancias principales del marco teórico presentado. En primer lugar, en este trabajo se analizan las divisiones horizontales del concepto multidimensional de sistema de partidos tal como lo establecen Bardi y Mair (2008). En contraste con la interpretación clásica en torno de estas divisiones horizontales, este trabajo postula una interpretación "de abajo hacia arriba", entendiendo que las normas electorales subnacionales son las que permiten o rechazan la influencia del sistema de partidos nacionales en los sistemas de partidos sub-nacionales[52]. En segundo lugar, se retoma la definición de sistemas de partidos federalizados de Gibson y Suárez Cao (2010) para analizar los cambios registrados en los últimos años en el sistema de partidos argentino debido a los efectos ocasionados por la interacción entre sistemas de partidos nacionales y subnacionales. En tercer lugar, utilizamos la descripción de Bartolini sobre apertura electoral (*contestability*) (2002: 92-93) para definir la competencia partidaria. A su vez, coincidimos con la premisa del autor que sostiene que, entre todos los factores institucionales, el más importante para la apertura electoral es el bajo umbral de acceso. Cuanto más bajo sea el umbral para acceder a la competencia partidaria, mayor será la apertura electoral. Por último, en este trabajo se propone un abordaje alternativo con relación a las posibles consecuencias de distintos factores institucionales en la coordinación estratégica de los partidos en sistemas electorales más complejos. De esta manera y a modo de explicación interactiva, se combinan los planteos de Duverger con la hipótesis de los efectos contaminantes.

Investigaciones previas: la creciente territorialización del sistema de partidos argentino

Numerosos trabajos han sido publicados sobre el sistema de partidos argentino. En estos estudios se explican las características de la

---

[52] En este punto, es necesario resaltar que no proponemos una explicación causal sobre esta relación, sino que nuestra explicación intenta evaluar los mecanismos causales del vínculo entre las dos arenas partidarias. A diferencia de los enfoques clásicos que analizan el impacto en la arena subnacional tomando en consideración sólo la importancia de los sistemas de partidos nacionales; entendemos que, además del predominio de la arena nacional, es el sistema electoral subnacional el mecanismo que permite o rechaza la influencia del sistema nacional en el subnacional.

historia de dicho sistema (por ejemplo, Di Tella, 1998; Abal Medina y Suárez Cao, 2002; Leiras, 2004); el problema de la institucionalización del sistema de partidos durante los períodos de inestabilidad democrática (Botana, 1977; Di Tella, 1998; O'Donnell, 1972; Cavarozzi, 1989; De Riz, 1986; Torre, 1991); y el debate entre los autores que sostienen que el sistema de partidos se ha mantenido estable (Malamud y De Luca, 2005) y aquellos que entienden que ha cambiado sustantivamente (Abal Medina y Suárez Cao, 2002; Calvo y Escolar, 2005)[53].

En consonancia con esta tendencia, un creciente número de publicaciones han investigado las consecuencias de las reformas electorales en las provincias (De Luca, 1999; Tula, 2002 y 2005; Abal Medina, 2008; Ratto 2008). Algunos autores señalan especialmente los efectos de las normas electorales en el sistema federal argentino (Calvo y Abal Medina, 2001, Jones, Saiegh, Spiller y Tommasi, 2002) y, en años recientes, hemos visto una creciente cantidad de publicaciones estrechamente vinculadas con estos estudios centrados en los sistemas de partidos subnacionales (Gibson y Calvo, 1999; Gibson y Suárez Cao, 2010; Malamud y De Luca, 2005; Calvo y Escolar, 2005; Calvo y Micozzi, 2005).

Entre los últimos estudios mencionados, la postura que aborda la creciente territorialización de la competencia partidaria en la Argentina (Calvo y Escolar, 2005; Leiras, 2007; Gibson y Suárez Cao, 2010) ha generado reflexiones teóricas sustantivas. Algunas de las razones que se mencionan como las posibles causas del proceso de territorialización del sistema de partidos argentino son las siguientes: a) el grado de efectividad de las normas electorales para representar las preferencias del ciudadano (Calvo y Abal Medina, 2001); b) el sesgo mayoritario y partidista de las normas electorales provinciales (Calvo *et al.*, 2001; Calvo y Escolar, 2005; Calvo y Micozzi, 2005); y c) el desarrollo de organizaciones territoriales, que fueron una estrategia fundamental para la supervivencia de los partidos políticos argentinos, especialmente aquellos que compiten a nivel nacional (Leiras, 2004).

---

[53] Otros estudios se han concentrado en el análisis de los principales partidos políticos argentinos (Jones, 1998) como el peronismo (Mustapic, 2002; Martuccelli y Svampa, 1997; Levitsky, 2003; Freidenberg y Levistky, 2007), el radicalismo (Delamata y Aboy Carlés, 2001; Sabsay y Casablanca, 1974) y sus líderes (De Riz, 1986; Mustapic, 1984; Rock, 1975 y Mc Guire, 1995 y 1997).

Algunas conclusiones empíricas de estos estudios fueron usadas como base para este trabajo. Por ejemplo, coincidimos con la definición multidimensional del sistema de partidos de Malamud y De Luca (2005: 3) en cuanto a la comprensión de la operación de todo un sistema de partidos como una combinación compleja entre sistemas de partidos nacionales y sub-nacionales. Pero en vez de analizar la interacción entre los distintos niveles electorales –presidencial y legislativo (Senado y Cámara de Diputados)– y los sistemas de partidos provinciales como sugieren estos autores, preferimos estudiar la interacción entre el sistema nacional de partidos (los resultados de las elecciones para la Cámara Baja) y los sistemas de partidos subnacionales (los resultados de las elecciones legislativas provinciales), basándonos en la definición de Gibson y Suárez Cao (2010) de sistema de partidos federalizado.

De los análisis empíricos del nivel de nacionalización del sistema de partidos argentino surgieron resultados contradictorios. Por un lado, Jones y Mainwaring (2003) desarrollaron una forma de medir la nacionalización de los sistemas de partidos que indica hasta qué punto un partido recibe, en niveles electorales similares, apoyo en todo el país. En un sistema de partidos altamente nacionalizado, la proporción de votos obtenida por los partidos más importantes no difiere mucho entre las provincias. En cambio, una baja nacionalización del sistema de partidos supone que la parte de los votos obtenidos por los partidos más importantes variará mucho de una provincia a otra. Estos autores califican al sistema argentino de partidos como un caso de baja nacionalización[54], pero su patrón de federalización de partidos difiere de otros federalismos como Brasil, Canadá, Ecuador y Perú. Eso se debe a que dos partidos importantes como el PJ (Partido Justicialista) y la UCR/Alianza (Unión Cívica Radical/Alianza) coexisten con varios partidos provinciales poderosos (Jones y Mainwaring, 2003:50).

Por otro lado, Gibson y Suárez Cao critican el índice de nacionalización que plantean Jones y Mainwaring porque, como bien señalan los autores, los dos partidos pueden tener la misma cantidad de votos

---

[54] En su estudio, los autores encontraron un coeficiente promedio entre 1983-2001 de 0,86 para el Partido Justicialista y de 0,83 para la Unión Cívica Radical. La medida general varía entre 0 y 1.

nacionales, pero su estrategia política y electoral puede probablemente diferir si es un partido que gana aproximadamente la misma cantidad de votos en todas las provincias, o si en cambio es un partido dominante en algunas provincias y es una fuerza secundaria en el resto. La medida de nacionalización de partidos propuesta por Gibson y Suárez Cao permite distinguir estas situaciones a diferencia del índice de Jones y Mainwaring. Por ejemplo, la Argentina tiene el nivel más alto de heterogeneidad en competencia partidaria entre el sistema nacional y el subnacional. "Sin embargo, estos partidos (*los partidos nacionales dominantes*) en la Argentina afrontan contextos muy diversos de competencia partidaria en elecciones para cargos subnacionales en los sistemas de partidos provinciales. Este país puede tener un sistema de partidos más nacionalizado que Brasil, pero es menos congruente en términos de patrones de competencia partidaria" (Gibson y Suárez Cao, 2010:22). En el presente trabajo, nos proponemos analizar esta alta heterogeneidad y obtener evidencia para dilucidar el vínculo que existe entre competencia partidaria nacional y subnacional, tomando en cuenta la gran diversidad de contextos de competencia partidaria en elecciones para cargos subnacionales de los sistemas de partidos provinciales.

La argumentación: modelos aditivos vs. modelos multiplicativos

El estudio de los determinantes del número de partidos dentro de un sistema ha sido uno de los temas más clásicos de la ciencia política. Distintos abordajes han ofrecido respuesta a esta cuestión central. Pese a las diferencias en tales respuestas, cualquiera sea el abordaje que se elija para trabajar, normalmente emplean el mismo tipo de procedimiento: modelos de regresión aditivos. Pero, como sugieren Amorim Neto y Cox (2005: 134), el número de partidos en un sistema debería ser considerado como una función multiplicativa en vez de una función aditiva. El argumento central de este capítulo es que, debido a la gran heterogeneidad de los contextos subnacionales mencionados previamente, las influencias entre competencia partidaria nacional y subnacional varían según sea el sistema electoral subnacional. Esto se deriva del abordaje teórico sobre comportamiento partidario estratégico que resulta en un modelo de interacción estratégica entre dos niveles diferentes de elecciones (nacional y subnacional). Normalmente, lo anterior se expresa como una hipótesis condicional. Según postulan Brambor, Clark y Golder (2005:64), las hipótesis condicionales son habituales en la ciencia política y los modelos de interacción multiplicativa han sabido captar bastante bien sus intuiciones[55]. La hipótesis principal de este trabajo es:

Hipótesis principal: "La influencia ejercida por la competencia para cargos públicos nacionales aumentará el número efectivo de partidos provinciales solamente si el sistema electoral provincial es lo suficientemente permisivo".

Un sistema electoral es suficientemente permisivo si tiene un bajo umbral de acceso a la competencia. Como afirma Bartolini, ésta es una precondición para la apertura electoral (*contestability*): cuanto más bajo sea el umbral de acceso a la competencia partidaria, mayor será la apertura del sistema de partidos. En concordancia con lo anterior, entendemos que el sistema electoral proporcional es el único que garantiza la suficiente permisividad. El argumento en el cual se basa esta hipótesis es que la superposición de niveles de competencia diferentes, con distintas normas electorales, puede crear un ambiente que afecte sustancialmente la competencia partidaria en el nivel nacional y subnacional.

Desde el mismo momento en que un partido decide presentar candidatos en una arena electoral en particular, el comportamiento estratégico se vuelve primordial desde el punto de vista del votante que decide su voto tomando en cuenta la viabilidad del candidato. Las elecciones simultáneas con distintas normas electorales para cargos legislativos nacionales y provinciales superponen la competencia de los sistemas nacional y subnacional. Por ende, este hecho puede generar incentivos

---

[55] Para producir análisis empíricos precisos a partir del uso de modelos de interacción, Brambor, Clarck y Golder (2005: 64) sugieren lo siguiente: primero, los analistas deben usar modelos de interacción cada vez que la hipótesis a testear sea condicional por naturaleza. Segundo, deben incluir todos los términos constitutivos en las especificaciones del modelo de interacción. Tercero, los investigadores no deben interpretar los términos constitutivos en sus especificaciones del modelo de interacción. Finalmente, deben calcular los efectos marginales realmente significativos y los errores estándar. En este trabajo, cumplimos cuidadosamente con todas estas condiciones.

adicionales para que un partido nacional presente candidatos que compitan por cargos provinciales, a pesar de tener pocas posibilidades de ganar. Si un partido nacional tiene candidatos compitiendo por bancas en la Cámara de Diputados de la Nación en las 24 provincias, no le resultaría costoso presentar candidatos en la misma elección para cargos legislativos provinciales en los mismos 24 distritos. Algunos partidos nacionales suelen utilizar esta estrategia como forma de medir la imagen del candidato.

Cuando el sistema electoral provincial es proporcional, los costos que tiene un partido nacional para entrar en las elecciones provinciales son bastante bajos. Pero, cuando el sistema electoral provincial es mayoritario, la competencia se vuelve más cerrada y los costos aumentan. Un eventual resultado negativo de un partido nacional en elecciones provinciales puede ser un alto precio a pagar. Como consecuencia, si el sistema electoral es mayoritario, es probable que los partidos nacionales no se presenten en las elecciones provinciales en las que tengan pocas posibilidades de ganar. Esto se debe, como se dijo, a que la dinámica endógena de los sistemas subnacionales es cerrada y rechaza cualquier posible influencia nacional. Por lo tanto, según se mencionó anteriormente, cuando los sistemas electorales subnacionales son mayoritarios, la contaminación entre sistemas de partidos provinciales y nacionales es prácticamente nula. Por el contrario, cuando los sistemas electorales subnacionales son más permisivos (por ejemplo, en la representación proporcional), las fronteras del sistema de partidos subnacional se encuentran abiertas a la influencia nacional, permitiendo los efectos contaminantes entre distintos niveles de elecciones. A fin de aportar evidencia sobre este argumento, se puso a prueba una hipótesis más precisa:

H1: "El incremento del número efectivo de partidos nacionales está asociado al aumento del número efectivo de partidos subnacionales sólo cuando el sistema electoral subnacional es proporcional".

En el caso de que los resultados corroboren esta hipótesis, generaremos nueva evidencia que reforzaría las conclusiones de numerosos trabajos previos en este campo. En primer lugar, contribuiremos a ilustrar el desempeño de un sistema de partidos multidimensional con divisiones horizontales (Bardi y Mair, 2008). Estos resultados sustentarán la idea según la cual las normas electorales subnacionales permiten o rechazan la influencia del sistema de partidos nacional en los sistemas subnacionales. En segundo lugar, reforzaremos la premisa de Bartolini que postula que un bajo umbral de acceso a la competencia permite mayor apertura electoral (*contestability*). Debido al diseño federal del caso argentino, el hecho de tener un sistema electoral más permisivo (por ejemplo, el sistema proporcional) permite al sistema nacional infiltrar su influencia en los sistemas subnacionales. En tercer término, y como consecuencia de lo anterior, podremos contribuir con evidencia empírica a la clarificación del funcionamiento de las leyes de Duverger en sistemas federales. En vez de entender como contradictorias las interpretaciones duvergenianas y las referidas a los efectos contaminantes, generaremos resultados para un abordaje más integrador. La confirmación de la hipótesis 1 nos permitirá establecer que, si el sistema electoral provincial es mayoritario, los efectos mecánicos y psicológicos guiarán la competencia partidaria provincial, determinando la independencia de distritos y elecciones. Pero, si el sistema electoral provincial es proporcional, el número efectivo de partidos nacionales influirá en la competencia partidaria subnacional, confirmándose así el efecto contaminante entre los distintos niveles de elección. En cuarto lugar, si se confirma la hipótesis 1, los resultados también serán consistentes con la noción de Gibson y Suárez Cao sobre el sistema federalizado de partidos. Estas conclusiones ayudarán a comprender cómo funciona un sistema de partidos relativamente nacionalizado con sistemas de partidos subnacionales menos congruentes, dentro de la gran heterogeneidad de los sistemas electorales provinciales. Además, se corroborarán las investigaciones previas sobre la creciente territorialización de la competencia partidaria en la Argentina (Calvo y Escobar, 2005; Leiras, 2007).

Datos y método

El análisis empírico aquí realizado evalúa la interacción entre la coordinación electoral nacional y provincial en la Argentina para elecciones nacionales y subnacionales durante el período 1983-2005. Este trabajo es un intento preliminar de evaluar cómo partidos nacionales pueden afectar la competencia partidaria provincial. Estamos interesados en analizar el modo en que las dinámicas partidistas nacionales influyen en los sistemas subnacionales, dependiendo de los sistemas electorales provinciales. Para alcanzar tales objetivos, utilizamos un conjunto de datos provenientes de resultados electorales agregados a nivel provincial, de 1983 a 2005. Cada unidad de análisis es el resultado electoral por año[56] y por provincia[57] para cargos legislativos nacionales y subnacionales. El número total de observaciones es 289 en 12 elecciones. Para medir el impacto de varios factores en la cantidad de partidos provinciales se llevó a cabo un análisis de regresión multivariado.

La variable dependiente es el número efectivo de partidos provinciales (NEPP). Esto fue computado calculando el número efectivo de partidos legislativos para cada provincia y año a partir del índice[58] de Laakso y Taagepera (1979). Dicha fórmula contiene información sobre el número y el tamaño relativo de los partidos en el sistema. La ventaja de utilizar el número efectivo de partidos (NEP), y no el real, es que establece una forma no arbitraria de distinción entre partidos "relevantes" y "de menor relevancia". Los partidos muy pequeños tienen poca incidencia en el índice, mientras que los partidos grandes contribuyen relativamente más (Taagepera y Schugart, 1993: 455). El número total de observaciones del NEPP es 224, con una media de 2,94 y una desviación estándar de 1,01. Su rango tiene un valor mínimo de 1,51 y uno máximo de 10,51.

La variable independiente principal es el número efectivo de partidos nacionales (NEPN) que también fue computado siguiendo el índice de Laakso y Taagepera (1979) pero aplicado a los resultados de elecciones nacionales de bancas para la Cámara de Diputados. Tales resultados también están ordenados por provincia y por año. El número total de observaciones del NEPN es 288, con una media de 3,07 y una desviación estándar de 0,93. Su rango tiene un valor mínimo de 1,59 y uno máximo de 9,96.

---

[56] El número total de elecciones es 12. Las elecciones incluidas en los datos son de los años: 1983; 1985; 1987; 1989; 1991; 1993; 1995; 1997; 1999; 2000-2001; 2003 y 2005.

[57] El número total de provincias es 24. Los distritos son: Buenos Aires; Capital Federal; Catamarca; Chaco; Chubut; Córdoba; Corrientes; Entre Ríos; Formosa; Jujuy; La Pampa; La Rioja; Mendoza; Misiones; Neuquén; Río Negro; Salta; San Juan; San Luis; Santa Cruz; Santa Fe; Santiago del Estero; Tierra del Fuego y Tucumán.

[58] La fórmula para calcular el NEPP/NEPN es $(\sum v_i^2)^{-1}$ donde v_i es el coeficiente de votos de cada partido en cierto distrito. En este trabajo, el distrito es la provincia.

La variable condicional es el tipo de sistema electoral usado en las elecciones provinciales. Esta variable establece si el sistema electoral provincial es mayoritario, mixto o proporcional. Para clasificar este sistema, seguimos las recomendaciones de Nohlen (1994) de "representación proporcional" y "representación mayoritaria", no como sistemas, sino como principios indicadores de dos nociones fundamentales de representación política.

Los sistemas electorales mixtos han cumplido un rol importante en un gran número de reformas a nivel internacional (Venezuela, Bolivia, Panamá, México) y provincial (San Juan, Río Negro, Santa Cruz, Santiago del Estero y Córdoba[59]). En términos generales, los sistemas mixtos son aquellos que: i) aplican dos fórmulas electorales de manera simultánea (mayoritaria y proporcional) combinando dos tamaños de distrito, o ii) aquellos que sólo usan una fórmula electoral pero distribuyen las bancas en distritos de diferentes tamaños; es decir, distrito uninominales versus distritos plurinominales. En otros términos, en estos casos estamos en presencia de sistemas electorales que, según las palabras de Nohlen, combinan los principios de representación mayoritarios y proporcionales en, al menos, dos niveles electorales diferentes, otorgando dos o más votos a cada ciudadano (Blais y Massicotte, 2000; Shugart y Wattemberg, 2002). El número total de observaciones del tipo de sistema electoral es 289 con la categoría de Representación Proporcional como moda.

A fin de indagar cómo interactúan distintos niveles de competencia partidaria (nacional y provincial) en el sistema de partidos federal argentino, introdujimos un término de interacción que multiplica el efecto del número de partidos nacionales (NEPN) por el tipo de sistema electoral de cada provincia (NEPN * el tipo de sistema electoral). Como mencionamos anteriormente, aplicamos este término de interacción en un modelo multiplicativo en lugar de los tradicionales modelos aditivos de regresión propuestos en la literatura. En una regresión lineal tradicional, la relación entre las variables independientes y dependientes es interpretada como aditiva; es decir, que el efecto de la variable independiente sobre la dependiente es constante, a lo largo de todos los valores de la variable independiente.

---

[59] Véase Fuertes (2001) para una descripción más detallada de los sistemas electorales mixtos en las provincias argentinas.

La inclusión de un término de interacción significa que el efecto de una variable independiente (NEPN) sobre una variable dependiente (NEPP) varía de acuerdo con el valor de una segunda variable independiente condicional (el tipo de sistema electoral). En concordancia con lo anterior, un modelo que incluye un término de interacción provee una descripción más precisa de la relación entre variables independientes y dependiente y una mejor especificación de la variación de la variable dependiente.

Para controlar los efectos de este término de interacción, introdujimos al análisis una serie de variables de control: factores institucionales (magnitud del distrito, reformas electorales[60]), factores sociodemográficos (proporción de alfabetización, de población urbana, y cantidad de población) y factores federales (crisis económicas de 1989 y 2001[61]; experiencia democrática[62]).

Testeo de las hipótesis en diferentes escenarios

Con el fin de obtener resultados más precisos, y en virtud de los hallazgos obtenidos por investigaciones previas, consideramos que dos factores adicionales deben ser tenidos en cuenta: el calendario electoral que determina cuándo son simultáneas las elecciones nacionales y provinciales, y la existencia de dos partidos predominantes a nivel nacional.

La primera condición está vinculada con la hipótesis de los efectos de contaminación entre arenas, ya que la influencia entre la competencia partidaria nacional y provincial se produciría cuando las elecciones para cargos en diferentes niveles de gobierno fuesen simultáneas. El

---

[60] Es una variable dicotómica que distingue con el valor 1 aquellos años y provincias en las cuales hubo reformas electorales, y con valor 0, el *status quo*.

[61] Son dos variables dicotómicas que indican con el valor 1 el año 1989 y con valor 0 el resto de los años; la segunda variable le asigna valor 1 al año 2001 y 0 al resto de los años. Incluimos estas dos variables dicotómicas para controlar los posibles efectos de las dos crisis económicas de mayor magnitud.

[62] La experiencia democrática es una variable continua que mide los años desde el restablecimiento de la democracia en 1983. Incluimos esta variable porque la experiencia democrática le permite a los líderes partidarios aprender y realizar cálculos más precisos. Cuanto mayor sea la experiencia democrática, más estratégico podría ser el comportamiento de los partidos (Andrews y Jackman, 2005).

ambiente estratégico creado por este tipo de elecciones con diferentes sistemas electorales podría influir en la coordinación entre partidos políticos. Como Malamud y De Luca (2005: 10) consideran: "Existen tres factores relacionados temporalmente que ejercen su influencia en los resultados electorales de la Argentina: el escalonamiento en las elecciones para renovación de las Cámaras nacionales, la simultaneidad o no de las elecciones (en ambos casos considerando diferentes arenas de elección dentro del nivel nacional y para cargos en dos niveles de gobierno diferentes, es decir, nacional y subnacional), y el desdoblamiento de elecciones pertenecientes a la misma arena. El resultado de la combinación de estos factores es el efecto arrastre". Para determinar la inclusión o no de la simultaneidad de las elecciones en el análisis, testeamos nuestra hipótesis en dos escenarios diferentes: i) cuando las elecciones para cargos nacionales y provinciales no eran simultáneas y, ii) cuando las elecciones para cargos nacionales y provinciales sí lo eran. En el primer caso, se esperaba obtener un mayor coeficiente del término de interacción. En nuestra muestra, del total de 220 elecciones desde 1983 hasta 2005 en 24 distritos, 31 no fueron simultáneas mientras que 189 sí lo fueron.

El segundo factor es la predominancia del Partido Justicialista (PJ) o de la Unión Cívica Radical (UCR). Históricamente el sistema de partidos argentino se caracterizó por ser un bipartidismo clásico con alternancia entre el PJ y la UCR. Esta historia permitió a los dos grandes partidos crear y consolidar sus organizaciones territoriales en cada punto de la geografía argentina (Leiras, 2004). Esta estrategia fundamental de supervivencia de los grandes partidos argentinos les permitió arraigarse más profundamente en todo el país, en comparación con los partidos minoritarios. Tal como observan Malamud y De Luca (2005: 12), "las diferencias son significativas porque los partidos más nacionalizados son los dos partidos tradicionales, en tanto que el resto de los partidos son los menos nacionalizados". Como consecuencia, los terceros partidos están territorialmente concentrados.

La presencia de estos dos partidos nacionales predominantes podría afectar la relación entre los sistemas de partido nacional y provincial en los diversos tipos de sistemas electorales. Con el predominio del PJ o la UCR, el efecto mayoritario de las normas electorales podría magnificar o atenuar la influencia del sistema de partido nacional sobre los sistemas provinciales. Por esta razón, pusimos a prueba nuestra hipótesis en escenarios bajo el predominio de la UCR y del PJ para comparar los resultados. A fin de evitar la endogeneidad que la inclusión directa de variables con el porcentaje de votos podría crear, dividimos la muestra en cuatro escenarios diferentes para controlar nuestro modelo: a) escenario con predominio del PJ; b) escenario sin predominio del PJ; c) escenario con predominio de la UCR; d) escenario sin predominio de la UCR. Los escenarios con predominio fueron aquellos en los que el PJ y la UCR obtuvieron al menos el 50% de los votos, en contraposición con los escenarios sin predominio en los cuales el PJ y la UCR obtuvieron menos del 50% de los votos.

La separación de la muestra y la estimación de nuestra hipótesis en diferentes escenarios nos permitió controlar otro riesgo importante: la falacia ecológica. El proceso de agregación o desagregación de los datos puede ocultar variaciones que no son visibles en el nivel de mayor agregación. En este sentido, chequear las hipótesis en diferentes escenarios impide posibles errores de interpretación. Otro problema importante generalmente mencionado en este tipo de trabajos es la endogeneidad: "Si los sistemas electorales están configurados por los sistemas de partido que los primeros supuestamente determinan, surgen serias dudas respecto de las conclusiones sobre el efecto causal independiente que los sistemas electorales ejercen sobre los sistemas de partidos" (Benoit, 2007: 367). En nuestro trabajo, consideramos al sistema electoral como un incentivo condicional que reduce o amplía la competitividad del sistema. La forma en que se especifica el término de interacción así como las reflexiones teóricas reducen en principio la posibilidad de endogeneidad[63].

El caso argentino

En el caso de la Argentina, la existencia de elecciones simultáneas para cargos nacionales y provinciales, con diferentes normas electorales

---

[63] La posibilidad de endogeneidad estaría representada por la explicación inversa, es decir, el NEPN se convierte en variable dependiente del NEPP, cuyo efecto depende del sistema nacional electoral. Con este razonamiento, la variable independiente sería el NEPP y la variable condicionada, el sistema nacional electoral. Esta última variable se convierte en una constante y, de este modo, pierde sentido esta interpretación inversa.

pero en el mismo distrito provincial, hace que los votantes expresen sus preferencias sobre los cargos para distintas instituciones representativas al mismo tiempo. Por su parte, las elites partidarias poseen incentivos y dilemas estratégicos específicos surgidos de tales condiciones. Por ejemplo, si compiten por cargos en algunos o en todos los niveles. Por otro lado, la estructura federal de la Argentina otorga a sus unidades políticas (provincias) suficiente autonomía para establecer las normas electorales. Debido a ello, el mapa de los sistemas electorales provinciales es muy amplio y variado. Esta gran heterogeneidad de sistemas electorales provinciales plantea el caso argentino como un escenario ideal para analizar el efecto condicional del sistema electoral sobre los sistemas de partido federalizados.

El sistema electoral para elegir diputados nacionales fue establecido en la Constitución de 1853/1860 que fijó un régimen republicano, representativo y federal para nuestro país. Luego del retorno democrático de 1983 se estableció la elección de diputados nacionales mediante un sistema proporcional con la fórmula D'Hont y un umbral del tres por ciento. La demarcación de los distritos dentro de los cuales se eligen diputados se corresponde con los límites de cada provincia. Como consecuencia, la elección tiene lugar en un total de 24 distritos (las 23 provincias y la Ciudad Autónoma de Buenos Aires) con una marcada diferencia de magnitud en función del número total de habitantes. A ello debe sumarse un decreto que se mantiene vigente desde la dictadura que establece un piso mínimo de 5 diputados por provincia.

En cuanto a las elecciones de diputados provinciales, se utilizan diferentes normas electorales como: distritos uninominales, distritos plurinominales y sistema proporcional mixto; fórmulas D'Hont, Hare o de pluralidad; combinaciones compleja de cuotas mayoritarias-proporcionales para ganadores y perdedores; y una amplia variedad de umbrales y lemas (Calvo y Micozzi, 2005:1051). Siguiendo a estos dos autores, entre 1983 y 2003 se llevaron a cabo 32 reformas constitucionales y 34 reformas electorales que reconfiguraron el mapa electoral subnacional de la Argentina, conduciendo a uno de los más variados y, posiblemente, más complejos sistemas políticos del mundo.

Al comienzo de la década del '80, el mapa electoral provincial estaba balanceado con una leve tendencia hacia los sistemas mayoritarios:

11 provincias tenían representación proporcional (Misiones, Mendoza, Corrientes, Chaco, Salta, Buenos Aires, La Pampa, Santa Cruz, Jujuy, Tucumán y la Ciudad de Buenos Aires) y 12 provincias tenían representación mayoritaria (Catamarca, Córdoba, Chubut, Santiago del Estero, Neuquén, Santa Fe, Entre Ríos, Formosa, San Luis, San Juan, Río Negro y Tierra del Fuego). En el año 2005, 16 provincias (Tierra del Fuego, Formosa, Jujuy, Mendoza, Catamarca, Corrientes, La Pampa, La Rioja, Misiones, Salta, San Luis, Tucumán, Buenos Aires, Neuquén y Chaco, y la Ciudad Autónoma de Buenos Aires) poseían una representación proporcional y sólo tres provincias (Entre Ríos, Chubut y Santa Fe) mantenían el sistema de representación mayoritaria. Las restantes cinco provincias (San Juan, Río Negro, Santa Cruz, Santiago del Estero y Córdoba) establecieron sistemas electorales mixtos.

Resultados

Según nuestras previsiones, los principales determinantes del número efectivo de partido provinciales (NEPP) son el número efectivo de partidos nacionales (NEPN) y el tipo de sistema electoral (SE). Analizamos diferentes posibilidades de modelos estadísticos para averiguar cuál era el que mejor podía explicar la varianza en el NEPP. En primer lugar estimamos un modelo aditivo separando los resultados de acuerdo con dos posibles escenarios: simultaneidad en las elecciones entre cargos nacionales y provinciales; y no simultaneidad en las elecciones[64]. Por cuestiones de espcio los resultados de este modelo son reportados en el anexo. Luego utilizamos un modelo multiplicativo, el que incluye un término de interacción entre el NEPN y el tipo de sistema electoral provincial[65]. Con fines prácticos presentamos a continuación los resultados obtenidos en forma visual mediante un gráfico. Los resultados del modelo de regresión interactivo se presentan en el anexo.

---

[64] Este primer modelo se representa mediante la siguiente ecuación: Número efectivo de partidos provinciales (NEPP) = $\beta1 + \beta2 * NEPN + \beta3 * SE + u1$.
[65] Este modelo interactivo se representa mediante la siguiente ecuación: Número efectivo de partidos provinciales (NEPP) = $\beta1 + \beta2 * NEPN + \beta3 * SE + \beta4 * SE * NEPN + u1$.

Gráfico 1

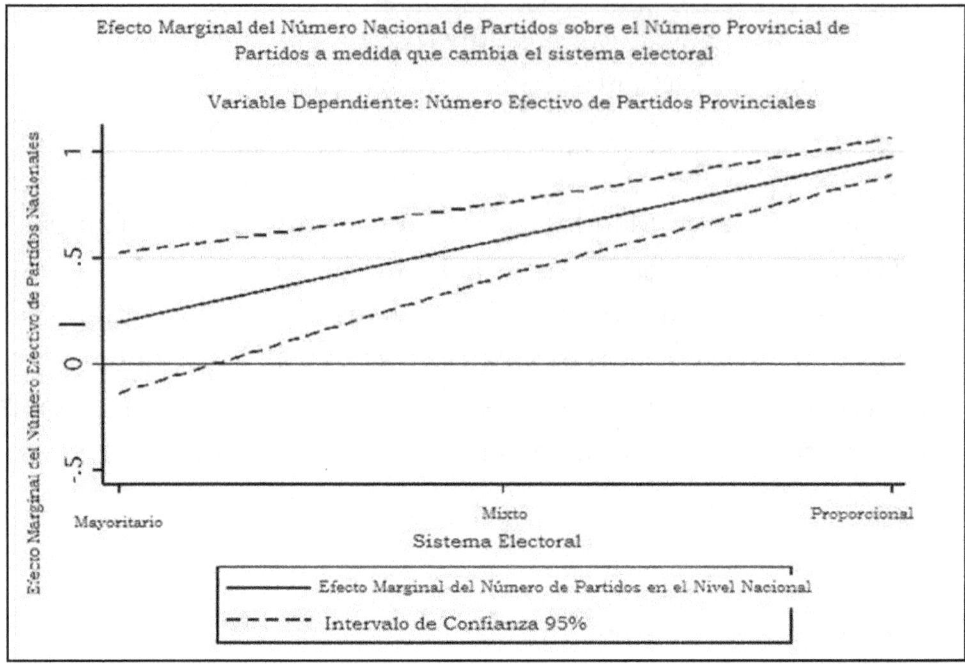

La línea continua del gráfico 1 muestra cómo el efecto marginal del número de partidos nacionales cambia según los tipos de sistemas electorales. La línea de guiones alrededor de la línea continua representa el intervalo al 95% de confianza. Siempre que ambos límites, superior e inferior, del intervalo de confianza estén arriba o debajo de cero, significa que el número de partidos nacionales posee un efecto estadísticamente significativo sobre el número de partidos provinciales. Si el intervalo cruza la línea del cero no hay efecto significativo estadísticamente. Del gráfico podemos decir que el efecto del número de partidos nacionales sobre los partidos provinciales no es significativo si el sistema electoral es mayoritario. Sin embargo, sí se produce un efecto estadísticamente significativo cuando el sistema electoral es más permisivo. Es fácil observar que el número efectivo de partidos nacionales posee un fuerte efecto incremental sobre el número de partidos provinciales cuando, y sólo cuando, el sistema electoral es suficientemente permisivo, es decir, mixto o proporcional.

Como predijimos en la hipótesis 1, el incremento en el número efectivo de partidos nacionales está asociado con un aumento en el número efectivo de partidos subnacionales cuando el sistema electoral subnacional es proporcional o mixto pero no cuando es mayoritario.

A fin de confirmar nuestra hipótesis, utilizamos la información obtenida en el modelo multiplicativo para replicar el análisis usando técnicas estocásticas de simulación. Ello nos permite hacernos una mejor idea del efecto marginal promedio del número de partidos nacionales sobre el número de partidos provinciales cuando el sistema electoral cambia. Se utilizaron simulaciones Monte Carlo.

Gráfico 2

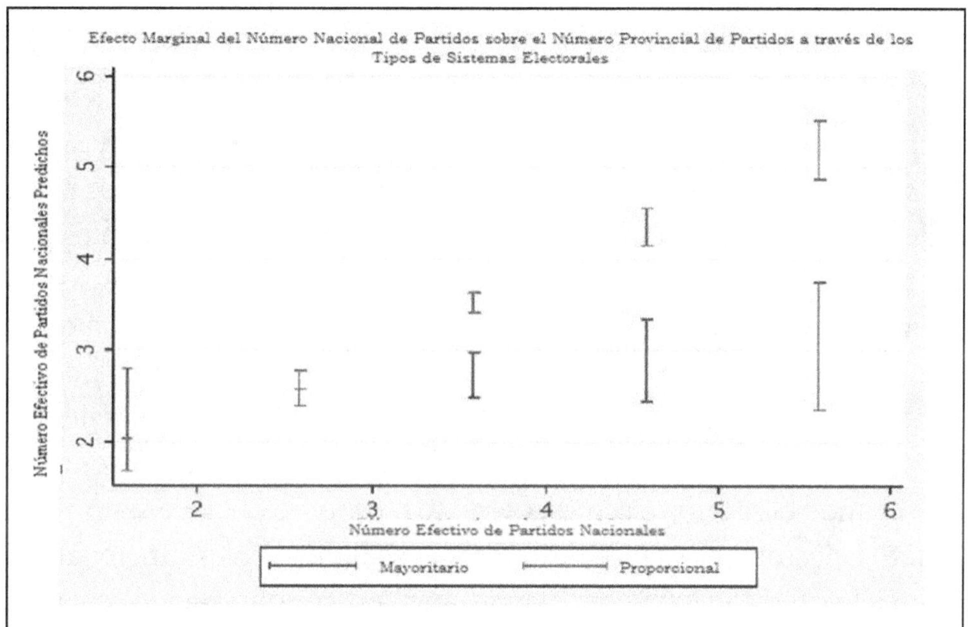

El gráfico precedente distingue los valores predichos del número de partidos provinciales a través de los valores del número de partidos nacionales. La predicción se realiza distinguiendo el número de partidos provinciales cuando el sistema electoral es proporcional o mayoritario. En el gráfico 2 podemos ver que hay una diferencia significativa entre el número de partidos provinciales si el sistema electoral es proprocional o si éste es mayoritario. La diferencia entre ambos grupos (proporcionales vs. mayoritarios) es significativa al valor de $p = 0,05$. Con tal evidencia podemos reconfirmar la hipótesis principal de este trabajo.

De los modelos realizados se desprende que hay una diferencia significativa entre el número de partidos provinciales cuando el sistema electoral es proporcional y cuando es mayoritario.

Por último, con el fin de calcular el impacto que la presencia de un partido nacional predominante podría tener en nuestro modelo, calculamos nuevamente el modelo multiplicativo 3, pero ahora en cuatro escenarios diferentes: con predominio del PJ; sin predominio del PJ; con predominio de la UCR; y sin predominio de la UCR. Para establecer el predominio del PJ, identificamos provincias donde el PJ obtuvo más del 50 por ciento de los votos para diputados. De igual modo se definió el predominio de la UCR. Los escenarios sin predominio del PJ y la UCR fueron aquellos donde dichos partidos obtuvieron menos del 50 por ciento de los votos para los cargos nacionales. Los resultados se presentan en el gráfico 3.

A la izquierda del gráfico 3 están ubicados los escenarios con predominio del PJ (arriba) y predominancia de la UCR (abajo), mientras que a la derecha, aparecen los escenarios sin predominio del PJ (arriba) y sin predominio de la UCR (abajo). Una comparación con los resultados previos revela el gran impacto que el predominio de los partidos nacionales posee en la relación entre los partidos nacionales y provinciales en los sistemas electorales provinciales. Comparando los dos cuadros, se observa que los resultados sin predominio nacional del PJ o la UCR son consistentes con los anteriores. El efecto marginal del número de partidos nacionales en el número de partidos provinciales sin predominio del PJ o la UCR es significativo cuando el sistema electoral es mixto o proporcional, pero no cuando el sistema electoral es mayoritario. Las leyes de Duverger funcionan toda vez que el sistema electoral es mayoritario. En contraposición, cuando el sistema electoral provincial es mixto o proporcional, la interacción entre las arenas electorales generaría una fuerza centrífuga que atenuaría las leyes de Duverger, incrementando el número de partidos electorales.

Sin embargo, el resultado más sorprendente que se desprende del gráfico 3 es el efecto del predominio del PJ y la UCR. En los escenarios con predominio del PJ, la regresión fue realizada para un total de 49 observaciones y el modelo fue estadísticamente significativo. La conclusión que surge del gráfico de predominio del PJ es que el impacto del NEPN sobre los partidos provinciales se reduce con sistemas electorales mayoritarios o mixtos. El efecto positivo del número nacional de partidos es significativo si el sistema electoral es mayoritario o mixto, pero no lo es si el sistema electoral es proporcional. Claramente, el efecto positivo del número nacional de partidos se restringe cuando el sistema electoral es menos permisivo.

Gráfico 3

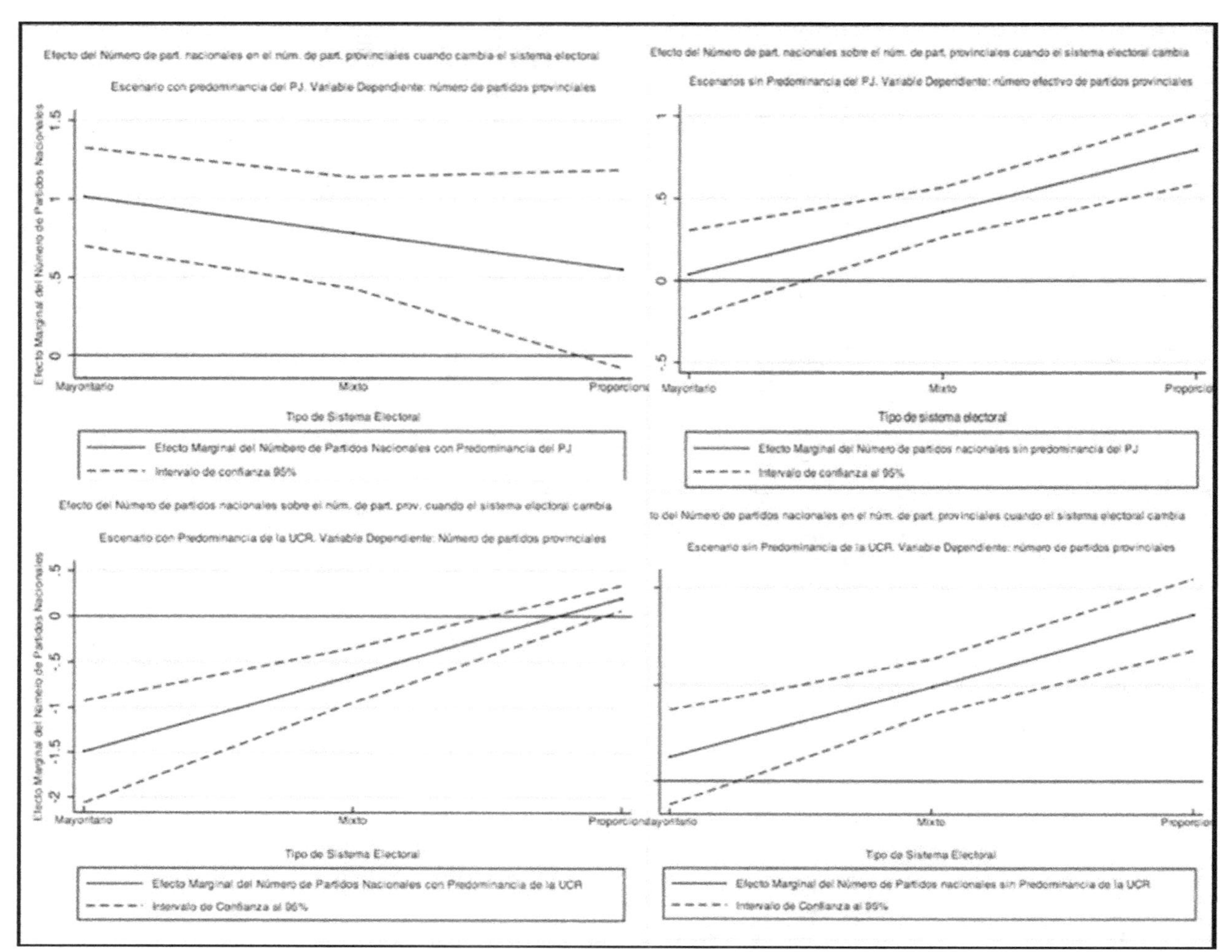

En escenarios con predominio de la UCR, la regresión fue realizada para 17 observaciones. A pesar del número reducido de observaciones, el modelo fue estadísticamente significativo. En los escenarios con predominio de la UCR, el NEPN parece tener un efecto reductor en el número de partidos provinciales lo que resulta significativo si el sistema electoral es proporcional. El predominio de la UCR revierte, claramente, la dirección del impacto del término de interacción.

Discusión

Con el objeto de evaluar la forma en que los diferentes niveles de la competencia electoral interactúan dentro del sistema de partidos federalizado de la Argentina, sugerimos que un efecto entre niveles de elección debería ser medido como un término de interacción en un modelo multiplicativo, en vez de los tradicionales modelos de regresión aditiva propuestos por la literatura actual. En este trabajo, la principal hipótesis (PH) puesta a prueba fue:

PH: "La influencia ejercida por la competencia de cargos públicos nacionales aumentará el número efectivo de partidos provinciales, solamente si el sistema electoral provincial es lo suficientemente permisivo".

La evidencia empírica obtenida corrobora la principal hipótesis y la hipótesis 1 de este estudio. Como consecuencia, es posible plantear que un incremento en el NEPN está asociado con un incremento en el NEPP cuando el sistema electoral es proporcional. Las conclusiones también avalan la misma relación cuando el sistema electoral provincial es mixto. Pero, definitivamente, esta influencia nacional no es significativa cuando el sistema electoral es mayoritario. Por consiguiente, es posible establecer que, cuando el sistema electoral es cerrado (mayoritario), se cumplen las leyes de Duverger. En cambio, cuando el sistema electoral provincial es mixto o proporcional, la interacción entre las arenas electorales generaría una fuerza centrífuga que atenuaría las leyes de Duverger, incrementando el efecto del número de partidos nacionales sobre los partidos provinciales.

Como resultado, las presentes conclusiones a través de la evidencia empírica, contribuyen a clarificar el funcionamiento de las leyes de Duverger en sistemas federales. En vez de considerar la interpretación de Duverger y del efecto de contaminación como contradictorios, sugerimos un enfoque integrador. Así, si el sistema electoral provincial es mayoritario, los efectos mecánicos y psicológicos impactarán en la competencia de partidos provinciales, determinando que se cumplan las leyes de Duverger. Por lo tanto, cuando los sistemas electorales subnacionales son mayoritarios, la contaminación entre los sistemas de partido nacional y provinciales es virtualmente nula. En cambio, cuando el sistema electoral provincial es proporcional, el NEPN influye sobre la competencia de partidos subnacionales. De este modo, cuando los sistemas electorales provinciales son más permisivos (es decir, de representación proporcional o mixta), los sistemas de partido subnacionales son permeables a las influencias nacionales, permitiendo el efecto de contaminación entre niveles de elección. Otra importante conclusión corrobora también el funcionamiento del efecto de contaminación: la aplicabilidad del modelo multiplicativo 3 fue confirmado cuando las elecciones eran simultáneas, pero no así cuando las elecciones no lo eran. La simultaneidad de las elecciones aparece como una importante condición en la contaminación entre elecciones de cargos públicos en el nivel nacional y subnacional.

Estos resultados también sostienen la idea de que las reglas electorales subnacionales permiten o rechazan la influencia del sistema de partidos nacional sobre los sistemas provinciales. En este sentido, nuestro trabajo contribuye a ilustrar cómo funciona un sistema de partidos multidimensional con divisiones horizontales (Bardi y Mair, 2008). Es más, los resultados refuerzan la premisa de Bartolini (2002) respecto de que un bajo umbral de acceso a la competencia (en este estudio, los sistemas electorales proporcionales y mixtos) permite una mayor apertura electoral (*contestability*).

De modo más general, la nueva evidencia que se plantea en este trabajo propone una novedosa base para entender la gran heterogeneidad de la competencia de partidos subnacionales en la Argentina. La aplicación del modelo multiplicativo 3 en diferentes escenarios muestra el impacto del NEPN sobre el número de partidos provinciales en los distintos sistemas electorales provinciales cuando existe un predominio de los partidos nacionales, ya sea el PJ o la UCR. En ambos casos de predominio, el efecto del número de partidos nacionales es significativo si el sistema electoral es mayoritario o mixto, pero el efecto no es significativo en el caso en que el sistema electoral sea proporcional. Cuando el PJ predomina, el efecto del número nacional de partidos sobre los partidos provinciales es positivo y la interacción con los sistemas electorales provinciales reduce este efecto. En cambio cuando la UCR predomina, el efecto del número nacional de partidos sobre las agrupaciones provinciales es reductor, y la interacción con los sistemas electorales provinciales incrementa este efecto. Los resultados son también consistentes con la noción de sistema de partidos federalizado de Gibson y Suárez Cao (2010).

Estas conclusiones nos ayudan a entender cómo funciona un sistema relativamente nacionalizado de partidos con sistemas subnacionales de partidos menos congruentes en una gran heterogeneidad de sistemas electorales provinciales. Por último, pero no por ello menos importante, este hallazgo corrobora las investigaciones previas acerca de la creciente territorialización de la competencia partidaria en la Argentina (Calvo y Escolar, 2005; Leiras, 2007).

Anexo

Provincia	Frecuencia	Porcentaje	Acum.
Buenos Aires	12	4.15	4.15
Capital Federal	13	4.50	8.65
Catamarca	12	4.15	12.80
Chaco	12	4.15	16.96
Chubut	12	4.15	21.11
Córdoba	12	4.15	25.26
Corrientes	12	4.15	29.41
Entre Ríos	12	4.15	33.56
Formosa	12	4.15	37.72
Jujuy	12	4.15	41.87
La Pampa	12	4.15	46.02
La Rioja	12	4.15	50.17
Mendoza	12	4.15	54.33
Misiones	12	4.15	58.48
Neuquén	12	4.15	62.63
Río Negro	12	4.15	66.78
Salta	12	4.15	70.93
San Juan	12	4.15	75.09
San Luis	12	4.15	79.24
Santa Cruz	12	4.15	83.39
Santa Fe	12	4.15	87.54
Santiago del Estero	12	4.15	91.70
Tierra del Fuego	12	4.15	95.85
Tucumán	12	4.15	100.00
Total	289	100.00	

Año	Frecuencia	Porcentaje	Acum.
1983	24	8.30	8.30
1985	24	8.30	16.61
1987	24	8.30	24.91
1989	24	8.30	33.22
1991	24	8.30	41.52
1993	24	8.30	49.83
1995	24	8.30	58.13
1997	24	8.30	66.44
1999	24	8.30	74.74
2000	1	0.35	75.09
2001	24	8.30	83.39
2003	24	8.30	91.70
2005	24	8.30	100.00
Total	289	100.00	

Variable	Obs.	Media/ Modo	Dev. Estand.	Min.	Max.
Número Efectivo del Partidos Provinciales (NEPP)	224	2.94	1.01	1.51	10.51
Número Efectivo del Partidos Nacionales (NEPN)	288	3.07	0.93	1.59	9.96
Reforma del Sistema Electoral (=1)	289	0 (no)		0.00	1.00
Tipo de Sistema Electoral (TSE)	289	3 (PR)		1.00	3.00
Dimensión del Distrito	231	26.48	14.90	10.00	132
Proporción de población urbana	277	0.56	0.20	0.21	1.00
Proporción del alfabetismo	289	0.93	0.04	0.82	1.00
Población	289	51952.90	37760.61	9966.05	160088.30
Término de Interacción (DN -SE)[68]	288	7.40	3.66	1.92	29.89
Crisis económica: año 1989 (=1)	289	0		0.00	0.00
Crisis económica: año 2001 (=1)	289	0.08	0.28	0.00	1.00
Años de experiencia democrática	289	11.02	6.91	0.00	22.00

---

[66] Término de interacción entre Diputados Nacionales (DN) y Tipo de Sistema Electoral (SE).

Variable	Obs.	Media/ Modo	Dev. Estand.	Min.	Max.
Elecciones simultáneas (=1)	286	1		0.00	1.00
Porcentaje de votos del PJ	221	41.41	13.44	0.00	76.10
Porcentaje de votos de la UCR	221	32.89	13.23	0.41	61.99

Tabla coeficientes de regresión del modelo aditivo

| Variables Independientes | Modelo aditivo | | | | | |
| | Modelo 1 | | Modelo 2 | | Modelo 3 | |
	No Conc.	Conc.	No Conc.	Conc.	No Conc.	Conc.
Tipo de sistema editorial	0.38 (0.18)	0.14* (0.06)	0.37 (0.42)	0.09 (0.06)	0.38* 0.18	0.11* (0.05)
Número efectivo de partidos nacionales	0.35 (0.22)	0.87*** (0.09)	0.47 (0.33)	0.89*** (0.06)	0.35 (0.22)	0.82*** (0.07)
Magnitud de distrito			0.006 (0.02)	-0.006 (0.003)		
Reformas electorales			-0.07 (0.50)	-0.06 (0.10)		
Prop. población urbana			-2.90 (2.02)	0.32 (0.31)		
Prop. de alfabetización			-2.90 (2.02)	0.32 (0.31)		
Prop. de población			0.00 (0.00)	9.40 (1.50)		
Crisis económica 89			1.02 (1.07)	0.06 (0.11)		
Crisis económica 01			-0.32 (0.66)	-0.46 (0.32)		
Experiencia democrática			0.11 (0.08)	-0.00 (0.00)		
Salta 83			-	0.92* (0.42)		0.27*** (0.05)
CABA 2003			-	6.56*** (0.28)		6.71*** (0.09)
Constante	0.68 (0.98)	0.08 (0.27)	-2.33 (6.84)	-0.49 (0.72)	0.68 (0.98)	0.25 (0.20)

Variables Independientes	Modelo aditivo					
	Modelo 1		Modelo 2		Modelo 3	
	No Conc.	Conc.	No Conc.	Conc.	No Conc.	Conc.
N	31	189	29	183	31	189
Prob > F	NS	0.0000	NS	0.0000	NS	0.0000
R^2	0.14	0.49	0.39	0.74	0.14	0.72
Error promedio de la estimación	0.97	0.73	1.01	0.54	0.97	0.54

Variable Dependiente: Número efectivo de partidos nacionales.

Conc. = elecciones simultáneas para cargos provinciales y nacionales.

N/Conc. = elecciones no simultáneas.

*Significativo al nivel de p(α)=0,05 ** Significativo al nivel de p(α)= 0,01%

*** Significativo al nivel de p(α)=0,00..1%.

NS: No Significativo.

Error Típico Robusto entre paréntesis ( ).

Se realizaron diferentes diagnósticos de multicolinearidad; casos influenciadores; residuos; y heteroscedasticidad. Los resultados de tales diagnósticos nos permiten confirmar la confiabilidad de los resultados.

Tabla coeficientes de regresión modelo multiplicativo

Variables Independientes	Modelo de Interacción Multiplicativo					
	Modelo 1		Modelo 2		Modelo 3	
	No Conc.	Conc.	No Conc.	Conc.	No Conc.	Conc.
Tipo de sistema electoral	0.34 (0.48)	1.10*** (0.26)	1.14 (1.50)	0.09*** (0.06)	0.34 0.48	-0.97*** (0.23)
Número efectivo de partidos nacionales	0.36 (0.74)	-0.29 (0.27)	1.06 (1.17)	-0.19 (0.26)	0.36 (0.74)	-0.20 (0.25)
Término de interacción (Tipo SE * NEPN)	0.00 (0.21)	0.44*** (0.10)	-0.20 (0.39)	0.41*** (0.09)		0.39*** (0.08)
Magnitud de distrito			0.00 (0.03)	-0.002 (0.00)		
Reformas electorales			-0.02 (0.53)	-0.03 (0.09)		
Prop. población urbana			-2.92 (2.14)	0.29 (0.09)		

Variables Independientes	Modelo de Interacción Multiplicativo					
	Modelo 1		Modelo 2		Modelo 3	
	No Conc.	Conc.	No Conc.	Conc.	No Conc.	Conc.
Prop. de alfabetización			1.28 (6.31)	0.91 (0.83)		
Prop. de población			0.00 (0.00)	1.58 (1.39)		
Crisis económica 89			1.05 (1.08)	0.06 (0.12)		
Crisis económica 01			-4.3 (0.69)	-0-46 (0.28)		
Experiencia Democrática			0.11 (0.08)	-0.00 (0.00)		
Salta 83			-	0.55 (0.34)		0.23*** (0.05)
CABA 2003			-	6.20*** (0.26)		
Constante	0.72 (1.78)	3.32*** (0.72)	-4.44 (7.39)	2.11* (0.97)	0.72 (1.78)	3.10*** (0.67)
N	31	189	29	183	31	189
Prob > F	NS	0.0000	NS	0.0000	NS	0.0000
R^2	0.14	0.54	0.39	0.78	0.14	0.76
Error promedio de la estimación	0.99	0.69	1.03	0.50	0.99	0.51

Variable Dependiente: Número efectivo de partidos nacionales.

Conc. = elecciones simultáneas para cargos provinciales y nacionales.

N/Conc. = elecciones no simultáneas.

*Significativo al nivel de $p(\alpha)=0{,}05$ ** Significativo al nivel de $p(\alpha)= 0{,}01\%$

*** Significativo al nivel de $p(\alpha)=0{,}00..1\%$.

NS: No Significativo.

Error Típico Robusto entre paréntesis ( ).

Se realizaron diferentes diagnósticos de multicolinearidad; casos influenciadores; residuos; y heteroscedasticidad. Los resultados de tales diagnósticos nos permiten confirmar la confiabilidad de los resultados.

Crisis de representación

Crisis de representación: ¿Democracia semidirecta vs. representantes? Partidos, políticos y mecanismos participativos en la ciudad de Buenos Aires

María Laura Eberhardt[67]

Resumen

Partiendo de un escenario extendido de crisis de la representación, ya vislumbrado desde los años '90 en América latina, cuyo punto de inflexión en la Argentina estalló en diciembre de 2001, con particular notoriedad en la ciudad de Buenos Aires, el presente capítulo focaliza en una de las medidas englobadas en la denominada "reforma política", que fuera llevada a cabo con fines paliativos tanto a nivel nacional como provincial y local. Puntualmente, se trata de la incorporación de mecanismos de participación ciudadana, como vías de acceso alternativas y/o complementarias para la presentación de las demandas populares ante el gobierno, en forma semidirecta por parte de los propios ciudadanos.

El interés de esta investigación radica en indagar las características que asumió el complejo y multifacético comportamiento de los gobernantes en relación con tales institutos en la Capital Federal, fraccionable analíticamente en las diversas etapas de existencia de los mismos: creación, reglamentación, difusión, implementación y ejecución de los resultados. A su vez, se orienta a considerar los efectos que la incorporación y el uso de las herramientas participativas tuvieron sobre la clase política, en cuanto pudieron afectar su función, el desempeño y legitimidad.

---

[67] laura_rafaela@yahoo.com.ar

De este modo, siendo la adopción institucional de mecanismos semidirectos parte integrante del conjunto de las respuestas ensayadas en contra de la crisis representativa, manifiesta en el descrédito y la apatía de los ciudadanos respecto de sus gobernantes, resulta relevante constatar si, efectivamente, su uso implicó alguna influencia (y si ésta, en caso de haber existido, resultó ser positiva o negativa) sobre la actuación política de los dirigentes y sobre el modo en que los mismos fueron percibidos por la sociedad, en forma coherente o contradictoria con las metas participativas iniciales de su creación.

Específicamente, respecto de la interconexión entre mecanismos semidirectos de democracia y clase política, importa determinar: el tipo de injerencia ejercido, la dirección de la misma (desde o hacia unos u otra), y si tal influencia ha sido provechosa o contraproducente para el desarrollo de cada uno de ellos. Lo que incumbe aquí detectar es si esta propuesta de salida de la crisis de representación ha podido sosegarla a través de una apertura de más participación política por nuevos canales complementarios a los tradicionales partidos y políticos en descrédito, o si, contrariamente, la ha profundizado, pronunciando el deterioro de las instituciones electoral-representativo-partidarias ante las que tales institutos se oponen como una alternativa más aceptable.

El análisis se realizó en la ciudad de Buenos Aires, caja de resonancia principal de la crisis, así como marco institucional más amplio y diverso en el país en su disponibilidad de mecanismos participativos. La capital argentina surgió entonces como un espacio privilegiado de estudio, en tanto hito de mayor visibilidad del estallido institucional a nivel nacional en la Argentina, así como de la explosión y el auge del diseño de propuestas de reforma política, especialmente de creación de mecanismos semidirectos. El período abarcado fue desde el año 1996, momento de la Asamblea convencional constituyente local, donde se debatió la creación constitucional de los mecanismos participativos, hasta la actualidad, a fin de verificar su desenvolvimiento. La extensión del estudio permitió observar con mayor claridad la evolución cronológica de tales cuestiones consideradas a lo largo del tiempo.

Crisis de la representación en la Argentina. Una mirada federal

Como sostiene Leiras (2006), *"el éxito electoral en el nivel nacional no es indispensable para la supervivencia electoral, sin embargo los partidos que obtienen una mayor cuota del fondo nacional de votos disfrutan de una considerable ventaja política, administrativa y financiera sobre los partidos confinados territorialmente. La ventaja favorece particularmente al partido que alcanza la presidencia"*. En la Argentina, *"tras la crisis de 2001, sólo los miembros del PJ pueden aspirar a ello e incluso para ellos se hace cada vez más difícil mantener su apoyo electoral"* (:120)

Para este autor, muchos votantes argentinos decidieron abandonar a los partidos nacionales estables, y esa decisión demostró estar empíricamente asociada con la desnacionalización del sistema de partidos: la pérdida de votos conduce a una reducción en los niveles de nacionalización partidaria.

En tanto *"la habilidad de los partidos para llevar a cabo campañas exitosas depende de su capacidad para establecer lazos programáticos y clientelísticos con sus votantes"*, ocurre también que *"el éxito de los lazos programáticos depende del valor de las etiquetas partidarias"*, el cual radica, a su vez, en su rol de proveer a los votantes con información sobre la posición política probable de los miembros partidarios.

La evidente pérdida de valor de tales etiquetas partidarias, uno de los signos fehacientes de la crisis representativa, halló sus motivos en la adopción de políticas ineficientes e inconsistentes por parte de los gobernantes: *"La incoherencia debe haber afectado negativamente tanto a los valores políticos como identitarios de las etiquetas nacionales de los dos mayores partidos"* (:128) Y es que *"los líderes nacionales de los mayores partidos se han desviado persistentemente del comportamiento anunciado y han adoptado direcciones políticas que desafiaban las orientaciones tradicionales. Esas decisiones han comprometido el valor de las etiquetas partidarias, tanto como señales políticas como indicadores de lealtad a una memoria común"* (:133)

A su vez, sucede que las etiquetas partidarias devaluadas afectan más negativamente a los partidos que se apoyan menos fuertemente en estrategias clientelares, al tiempo que *"la habilidad para recurrir a esta alternativa depende de la composición social y el tamaño de los distritos elec-*

torales". Para Leiras: *"las diferencias en las estrategias partidarias motivadas por diferencias en la estructura y tamaño del distrito ayuda a entender por qué los partidos caen en diferente grado en los distintos distritos"* (:121)

Es así que, en la Argentina, las estrategias clientelares efectivas ayudaron a la supervivencia de los partidos tradicionales en ciertas provincias. Asimismo, las reformas institucionales y las ventajas organizacionales impidieron a las fuerzas metropolitanas montar, en esos distritos, desafíos tan efectivos como los que emprendieron en provincias más grandes y prósperas. Obstaculizados en su acceso a los recursos políticos y financieros indispensables para las coaliciones interprovinciales, creció la fragmentación electoral entre los partidos metropolitanos. Para el autor, *"estos argumentos complementarios ayudan a interpretar el inusualmente alto nivel de inflación del sistema de partidos que enfrenta la Argentina tras 2001"* (ídem).

Respecto del caso de estudio aquí elegido, la ciudad de Buenos Aires, resulta entonces especialmente aplicable el antes mencionado hallazgo de la pérdida de valor de las etiquetas de los partidos nacionales establecidos, principalmente en su razón de constituir un distrito metropolitano, parte del conjunto de los más afectados (:123).

En efecto, Leiras pone de manifiesto la relación existente entre los decrecientes niveles de nacionalización partidaria y el declive electoral de los partidos nacionales tradicionales: el Partido Justicialista (PJ) y la Unión Cívica Radical (UCR) Dicho declive fue más pronunciado en los distritos metropolitanos que en el resto de ellos, y la UCR decayó más marcadamente que el PJ. Esta conclusión se basó en la coincidencia entre la caída de la nacionalización del sistema partidario con la profunda crisis económica de 2001 y con el hecho de que el Presidente del momento era el radical De la Rúa. En ese sentido, la debacle de la UCR vendría a ser una especie de castigo electoral (:124).

No obstante, no necesariamente el decaimiento de un solo partido o coalición conduce a la desnacionalización del sistema partidario. En la Argentina, después de 2001, la falla de política afectó a todos los partidos representados en el Congreso Nacional, las organizaciones declinantes fueron reemplazadas por diferentes agrupaciones en diferentes provincias y los niveles de nacionalización del sistema partidario siguieron en baja, inclusive tras la reanudación del crecimiento económico.

A su vez, las decisiones de las organizaciones metropolitanas menores, que crecieron denunciando la incoherencia ideológica y la corrupción de los partidos tradicionales y que luego decidieron sumarse a sus listas de candidatos, ofrecieron una escasa ayuda adicional. Así, era difícil ver votantes en busca de claras indicaciones sobre orientaciones políticas o puntos de vista coherentes en alguno de los partidos tradicionales de la Argentina (:133-134).

Finalmente, acontece que *"las instituciones electorales y las reformas institucionales protegen la posición de los ejecutivos provinciales. Ellas hacen esto con diferente eficacia en diferentes provincias. Los gobernadores que pueden recurrir a las reformas institucionales son menos vulnerables a los cambios en las tendencias electorales promovidas por los fenómenos del nivel nacional"* (:139)

Como afirma Leiras, diferentes instituciones y medioambientes sociales proveen a las ramas provinciales de los mayores partidos nacionales con distintas oportunidades para protegerse del impacto electoral de los eventos políticos ocurridos en el nivel nacional. El probable incremento en la fragmentación electoral resultante de la devaluación de las etiquetas partidarias nacionales es más pronunciado en los distritos mayores (incluyendo aquí claramente a la ciudad de Buenos Aires) que en los menores, y en las carreras nacionales más que en las provinciales. Asimismo, el impacto de esos incrementos sobre la distribución de cargos también varía entre provincias y carreras, y debilita la posición de los nuevos partidos metropolitanos en los distritos menores (ídem).

Por otro lado, sucede que *"la desafección ciudadana respecto del desempeño de los grandes partidos nacionales aumenta las chances de éxito de organizaciones alternativas"*: en el período 2001-2005 la fragmentación electoral aumentó un promedio del 22% en las provincias argentinas respecto del lapso 1983-1999, aunque con grandes variaciones interprovinciales, siendo que la fragmentación electoral no creció en siete provincias y si aumentó un 20% en otras seis. La mayor variación del período se registró en los tres distritos subnacionales más grandes: Capital Federal, Buenos Aires y Córdoba.

Tales contrastes dificultan a los nuevos partidos metropolitanos expandirse más allá de los distritos grandes:

mayores barreras electorales impiden su ingreso en las provincias más pequeñas y, para usar la expresión de Duverger, los efectos "mecánicos" de las reglas electorales reducen el valor institucional de sus logros electorales. Menor cantidad de bancas significan límites al crecimiento continuo: un acceso más restringido a los recursos financieros adheridos a los cargos legislativos, menores oportunidades para premiar a sus colaboradores, menos influencia sobre la política en el nivel nacional y menor atención de los medios. Estos efectos también ayudan a explicar por qué las nuevas organizaciones metropolitanas están menos nacionalizadas tras 2001 de lo que estuvieron sus predecesores antes (:142)

Así,

los desafíos a los dos partidos tradicionales en la Argentina son más efectivos donde los umbrales electorales son menores y las organizaciones territoriales menos influyentes. Esto ocurre sólo en las pocas provincias mayores. Hay grandes barreras a la expansión geográfica de los nuevos partidos metropolitanos en el resto de las provincias. Estas barreras resultan de un sesgo mayoritario de las reglas electorales y de las ventajas organizacionales de los partidos ya establecidos (:144).

La "democracia directa": una propuesta de origen partidario contra la crisis representativa

Susan Scarrow (1999) plantea un interrogante central a la hora de dilucidar el vínculo existente entre los mecanismos semidirectos de participación ciudadana y los partidos políticos en el contexto de la crisis representativa: *"la medida en que los partidos políticos pueden usar las reformas de democracia directa como una herramienta efectiva para remodelar el comportamiento político"*. Con ese fin, *"investiga la interacción entre los cambios de comportamiento e institucionales asociados con las recientes extensiones en Alemania de la democracia directa y de la democracia intrapartidaria"* (:341).

Sus hallazgos indican que *"los partidos promovieron reformas con la esperanza de hacer a la participación política 'convencional', orientada elec-*

toralmente, más atractiva para los ciudadanos, quienes fueron crecientemente atraídos por las ofertas políticas 'no convencionales'" (ídem). No obstante, tuvieron poco éxito en el uso de los diseños institucionales destinados a lograr modificaciones específicas en los patrones de participación política.

En efecto, frente a la crisis de representación vivenciada, y *"confrontados con signos de desencanto ciudadano con los partidos políticos, los partidos en Alemania intentaron recuperar su simpatía extendiendo la democracia directa y aumentando la democracia intrapartidaria"* (:358) De este modo, se tuvo la paradójica situación de que los partidos, viéndose disminuidos en su capacidad de movilizar a la ciudadanía, así como enfrentados con crisis manifiestas de decepción y pérdida de credibilidad popular, apelaron a la reforma institucional a los fines de ampliar y diversificar los canales participativos puestos a disposición de la población, tanto por fuera como por dentro de sus organizaciones partidarias.

Es por ello que, aun resultando ser mecanismos alternativos y, en cierta forma, rivales respecto de su propio campo de acción específico, los partidos promovieron la incorporación de los instrumentos semidirectos de democracia, como una forma de adaptarse a las nuevas preferencias participativas individuales del electorado, así como de captar, aunque sólo fuese indirectamente, parte del apoyo popular perdido respecto de los canales electoral-representativos tradicionales.

No obstante, los lazos antes detectados *"entre las preferencias participativas individuales y la evolución del marco institucional en el que actúan los individuos"*, demostraron ser notablemente más débiles en el otro aspecto de tal relación: *"los partidos alemanes han sido mucho menos exitosos en el uso del rediseño institucional para lograr modificaciones específicas en los patrones de participación política"*. Es decir, *"mientras que los cambios que los partidos introdujeron fueron adecuados al sentimiento popular, no han sido lo suficientemente atractivos para contrarrestar las tendencias declinantes en la afiliación partidaria o en la participación electoral. Tampoco han producido cambios importantes en los patrones de apoyo partidario de aquellos que emiten los votos"* (ídem).

Para la autora, la cuestión radica en la propia dificultad de utilizar la ingeniería institucional para obtener objetivos participativos específicos, al menos cuando lo que se intenta es alentar un mayor compromiso cívico: *"Mientras que los cambios de reglas pueden ser muy efectivos en excluir ciertos grupos o ciertos tipos de actividad, pueden ser un instrumento desafi-lado para aumentar la acción voluntaria"* (ídem).

Lo importante de su trabajo, para el entendimiento de las relaciones entre partidos y "democracia directa", es el haber demostrado que las agrupaciones mediadoras no necesariamente verán a los instrumentos "no-mediados" de toma de decisiones como sus rivales ni como una alternativa que los excluya. Por el contrario, *"bajo ciertas circunstancias pueden abrazarlos como dispositivos destinados a combatir la desafección ciu-dadana por, y a impulsar el apoyo de, los procesos de los cuales dependen los partidos"* (:358-359).

Otra de las cuestiones en las que ahonda Scarrow respecto de los resultados obtenidos tras la incorporación de las herramientas semi-directas de participación como medios posibles de lucha contra la crisis representativa, es la de dilucidar la incógnita de que *"si los partidos no han alcanzado los beneficios esperados de sus esfuerzos para expandir las opor-tunidades de participación, ¿quién lo ha hecho?"* (:358) La respuesta parece indicar que aquellos que ya estaban políticamente activados con anterio-ridad serían quiénes tendrían las mayores probabilidades de beneficiarse de la reducción de las barreras "antiparticipativas".

A tal inquisición contestarán también Donovan y Karp (2006) que siendo que el uso de la "democracia directa" se ha expandido notable-mente a partir de 1970 en muchas democracias establecidas, tanto a nivel nacional como subnacional, al punto de modificar la textura de la democracia representativa, lo importante es indagar qué ciudadanos son los más proclives a aprovechar tales reformas destinadas a expandir la democracia.

Las conclusiones a las que arribaron sostienen que: *"los ciudadanos más jóvenes y aquellos que están más interesados en el proceso político son más proclives a la democracia directa, mientras que la desafección tiene un impacto menos consistente"* (:671) Por lo tanto, se entiende que los meca-nismos semidirectos de democracia (como el *referéndum* y la iniciativa) vendrían a ofrecer vías institucionales extrapartidarias capaces de canali-zar fructíferamente dicha voluntad participativa preexistente, no obstan-te, serían escasos sus efectos como paliativos de la crisis representativa en tanto y en cuanto su sola existencia y difusión no garantizaría de por sí el influjo de un deseo participativo directo.

En torno de la misma asignatura, la opinión de Berinsky (2005) sostiene que las reformas orientadas a bajar las barreras opuestas contra la participación suelen tener el efecto de movilizar mayores proporciones de votantes interesados en política que de aquellos otros menos interesados. Cuando se modifican las reglas para facilitar el voto, las personas con más altos niveles de interés político son las que más probablemente sacarán ventaja de tal cambio legal. Por el contrario, los menos interesados carecen lo suficientemente de interés como para ser captados, aun cuando se hayan reducido las barreras para la participación.

Donovan y Karp (2006) tampoco encontraron sustento para la evaluación normativa de la "democracia directa" según la cual la misma sería utilizada como una herramienta central para movilizar a aquellos individuos más periféricos respecto de la política, así como tampoco comprobaron que contara con especial apoyo en el espectro ideológico de la derecha. Por el contrario, la mayor base para la democracia directa se asentaría sobre los ciudadanos más políticamente interesados y educados, y sobre los sectores afines a la izquierda, en base a la amenaza que los *referéndums* implican para la democracia. Finalmente, sus mediciones acerca de la desafección (no votantes), y los insatisfechos con el modo en que la democracia estaba funcionando, no predijeron por esto un superior apoyo hacia la democracia directa (:684): *"las actitudes sobre la democracia directa son difusas, reflejando una tendencia general a apoyar tales dispositivos que es compartida a lo largo de un amplio segmento del electorado, más que algo particular para aquellos periféricos para la política"* (:685).

Así, para estos autores, los ciudadanos apáticos y decepcionados de la política y de sus agentes específicos, sujetos principales de la crisis representativa, tampoco encontrarían en los nuevos mecanismos semidirectos el impulso que les estaba haciendo falta para interesarse y participar en la toma de decisiones públicas comunes. Las herramientas semidirectas, incorporadas por los propios gobernantes como válvulas de escape del sistema representativo contra el descreimiento político, no estarían logrando, de este modo, alcanzar sus más deseados objetivos: convertir una conducta ciudadana abstencionista en otra política y civilmente más activa, canalizada a través de las nuevas vías participativas. Tan central conclusión fue luego oportunamente testeada, en este trabajo, para el caso de la ciudad de Buenos Aires.

Los mecanismos semidirectos de participación y los partidos políticos

Vreese (2006a:579) plantea el dilema "democracia directa" vs. partidos políticos en los siguientes términos: *"Los partidos políticos son actores clave en las democracias representativas. Sin embargo, los procesos de democracia directa plantean desafíos para los partidos, y los referéndums y las iniciativas ciudadanas están crecientemente siendo utilizadas para legitimar y aprobar nuevas leyes o para evitar que se implemente la legislación propuesta".*

Así, ante el postulado difundido entre los cientistas políticos de que la democracia directa parece debilitar a los partidos políticos, Ladner y Brändle (1999) realizaron un estudio empírico sobre 26 cantones suizos concluyendo respecto de la inaplicabilidad de dicha tesis a tales casos: *"los partidos políticos de cantones con un uso extensivo de referéndums e iniciativas no eran, en ningún aspecto, más débiles que los partidos de cantones con poco empleo de mecanismos participativos de democracia directa"* (:283).

Ciertamente, los resultados demostraron, en primer lugar, que *"la democracia directa avanza junto con organizaciones partidarias más profesionales y formalizadas"* (ídem). Los partidos con organizaciones más formalizadas y personal más profesionalizado, fueron los que más utilizaron mecanismos semidirectos de democracia. O, en otras palabras, *"los partidos políticos son más fuertes en términos de membresía formalizada y profesionalización en los cantones más directamente democráticos o (…) donde la democracia directa es usada más frecuentemente"* (:293-294) Por lo visto entonces, la "democracia directa" no solía ir asociada con organizaciones partidarias débiles.

Segundo, la "democracia directa" también parecía corresponderse con partidos menos influyentes en política. Teniendo en cuenta que las interpretaciones causales de esas relaciones son siempre difíciles, tampoco era posible saber *"si la democracia directa es más frecuentemente usada en algunas comunidades porque no hay partidos influyentes, o si los partidos carecen de influencia porque son dejados de lado por la democracia directa"* (:295)

Finalmente, el uso frecuente de la "democracia directa" se acompañaba de un alto porcentaje de bancas en manos de los partidos más pequeños, así como de un sistema partidario más volátil y fragmentado. Tal democracia tenía un efecto positivo en los partidos nuevos, pequeños y de oposición, debido al hecho de hacer al sistema político más abierto a los mismos y de mantener, así, a todos los partidos más permeables al cambio social.

Antes de arribar a tales hallazgos, los autores sintetizaron, por un lado, el conjunto de argumentos esbozados por diferentes autores respecto de los efectos negativos que la "democracia directa" ejerce sobre los partidos políticos; pero también, por el otro, una serie de ventajas obtenidas por estos últimos provenientes del sistema de "democracia directa". A continuación, se enumeran ambos conjuntos de evidencias, insumo útil tomado en consideración en el desarrollo de la propia labor empírica.

En ese sentido, los efectos negativos detectados de la democracia directa sobre los partidos políticos fueron:

- Competencia: la democracia directa fomenta la competencia con los partidos gubernamentales al ayudar a la labor de los grupos políticos de presión y a los nuevos partidos de oposición. Desde que la democracia directa permite a estos grupos movilizar más fácilmente a las masas, los partidos ya no detentan el monopolio de la política. Los movimientos sociales, los grupos de interés y aquellos versados sobre una única temática específica, son ahora también capaces de influenciar directamente la agenda política. Como el sistema necesita hallar un consenso ampliamente aceptable, los grupos de interés se encuentran mucho más integrados directamente en el proceso preparlamentario y son más fuertes a nivel financiero. Además, a los grupos versados sobre cuestiones específicas les resulta mucho más fácil usar la democracia directa para promover una clara posición política que a los partidos, ideológicamente menos focalizados.

- Conflicto: la democracia directa induce a conflictos entre los partidos políticos en varias direcciones. Primero, se ven constantemente forzados a decidir sobre cuestiones específicas. Un partido es así continuamente testeado respecto de si se mantiene o no fiel a sus principios y programa. Además, desde que la mayoría de los partidos están heterogénea y débilmente organizados, las decisiones concretas sobre cuestiones políticas crean un potencial conflicto intrapartidario. Las organizaciones partidarias necesitan de un proceso de toma de decisiones democrático o al menos legítimo, el que puede debilitar su habilidad para operar.

- Trabajo extra: frente a un creciente número de votaciones, los partidos políticos sólo juegan un rol menor. Sin fuertes lazos organizacionales, pierden recursos financieros, *expertise* y voluntarios. La democracia directa impone trabajo extra a los partidos. Desde que éstos perdieron dinero y trabajadores profesionales, no se hallan en condiciones de tomar la iniciativa en cada votación. Debido a sus orientaciones más generales, se ven obligados a lidiar con todas las propuestas surgidas de la democracia directa, mientras que los grupos de interés pueden sólo concentrarse sobre las cuestiones atinentes a su campo específico de preocupación.

- Aniquilación – Obsolescencia de la intermediación partidaria: la cultura política de la democracia directa hace más difícil la organización de la sociedad en partidos y fomenta sentimientos genuinamente antipartidistas. Las elecciones tienden a una baja y decreciente participación y son consideradas de menor importancia. Ya no interesa tanto quién sea elegido, debido a que los ciudadanos no pierden el control sobre las decisiones políticas importantes.

Por su parte, los partidos también obtuvieron ventajas provenientes del sistema de democracia directa:

- Apertura del sistema político: el sistema de democracia directa favorece a los nuevos y pequeños partidos y a las ideas políticas innovadoras. La ventaja consiste en que los recién llegados no conducen al colapso del sistema partidario, sino que estimulan la competencia política. La oposición al gobierno puede de este modo ser también absorbida y canalizada productivamente a través de formas aceptadas de participación política. Para los partidos no gubernamentales, la democracia directa ofrece una vía bien definida de articulación de intereses. No obstante, también otorga beneficios a los partidos establecidos en tanto los fuerza a tratar con nuevas cuestiones. Los partidos políticos debieran por tanto ver potenciada su responsabilidad como asimismo su capacidad de lidiar con el cambio social.

- Plataforma: la democracia directa da a los partidos una buena oportunidad de presentar sus ideas políticas. Tres o cuatro veces al año se les ofrece una plataforma propicia para ello. Sus posiciones son informadas en todos los diarios y sus líderes aparecen frecuentemente en televisión.

- Alto nivel de actividad política: debido a la democracia directa, los partidos están constantemente obligados a mantenerse en niveles relativamente altos de actividad política. No es sólo una vez cada cuatro años que los partidos deben volverse activos, sino a lo largo de todo el período: deben tomarse decisiones, organizarse reuniones informativas y aplicarse los puntos de vista ideológicos de los partidos. Sin embargo, la constante falta de recursos partidarios debilita estos efectos positivos sobre su movilización interna.

- Válvula de escape de presión en un sistema consociativo: como todos los partidos importantes están generalmente integrados en el gobierno, las iniciativas y los *referéndums* juegan un rol de válvula de escape de presión para el mismo. Es común que un partido gubernamental organice un *referéndum* contra una ley presentada y apoyada por los miembros de su partido en el gobierno. Las iniciativas y los *referendúms* habilitan a los partidos gubernamentales a actuar independientemente de los partidos con los que comparten el poder, y esto puede ayudar a quebrar las cadenas de consociativismo propio de algunos sistemas políticos. También reduce la presión sobre los votantes para diferir con sus partidos respecto de cuestiones particulares.

Como sostienen Ladner y Brändle, *"es muy difícil sopesar todos estos argumentos para estimar la influencia efectiva de la democracia directa sobre los partidos políticos"* (:288), no obstante, aquí se sostiene que la identificación y la evaluación de los diferentes circuitos de ida y vuelta, positivos y negativos, que conectan el uso de los mecanismos semidirectos de democracia con la actuación de los partidos políticos, es un buen paso para comenzar a desentrañar el impacto que ha tenido y tiene la incorporación de tales herramientas participativas como paliativo de la crisis representativa.

Bowler y Donovan (2006) también se preguntaron cómo la democracia directa había afectado a los partidos en los estados de Norteamérica, partiendo de una hipótesis similar que coaligaba medidas de democracia directa con distintos aspectos de debilidad partidaria, y según la cual el uso de la iniciativa había debilitado la autonomía de los partidos en tanto organizaciones políticas (:658) .

Para ellos, *"el uso de la iniciativa a lo largo del siglo xx condujo a entornos jurídicos más restrictivos para los partidos y estuvo asociado con organizaciones partidarias tradicionales más débiles. Posteriormente, los partidos americanos han desafiado las restricciones puestas sobre sus organizaciones y sobre su habilidad para participar en las campañas. Hacia el final del siglo xx, las organizaciones partidarias americanas eran actores visibles en las campañas de democracia directa, sin embargo, su rol es diferente del de los partidos en Europa"* (:649).

Como señalan estos autores, los populistas estadounidenses y sus aliados, quienes lucharon por establecer la democracia directa en los estados americanos, promovieron el dispositivo de iniciativa como un medio de alterar las reglas de los partidos políticos gobernantes. Las formas más directamente democráticas de iniciativa fueron adoptadas en los estados en los que las fuerzas Populistas anti-*establishment* cosechaban sus mayores éxitos electorales. Los reformistas populistas, *"buscaban que la iniciativa limitara la influencia de los partidos oficialistas"*, *"la iniciativa popular era de hecho usada para regular y limitar la autonomía de los partidos políticos"* (:658).

Así, hallaron que los partidos habían sido más limitados en los estados de más frecuente empleo de la iniciativa popular: *"el uso de la iniciativa, sin embargo, ofreció a las fuerzas anti-partidarias una herramienta adicional para regular a los partidos mediante la aprobación de reformas"* tendientes a debilitar su autonomía organizacional. *"La democracia directa condujo a una más rápida adopción de restricciones sobre el financiamiento de las campañas partidarias y a la implementación de límites más restrictivos a los mandatos legislativos"* (ídem), tanto como al control partidario sobre las candidaturas y a su rol en la contienda.

La práctica de la democracia directa en los Estados Unidos y el rol allí jugado por los partidos, contrastaban fuertemente con la experiencia europea. Y es que en Europa, la democracia directa implicaba un amplio uso de *referéndums* como un instrumento que los partidos (o al menos aquellos en el gobierno) controlaban: *"los gobiernos europeos típicamente mantienen una gran discreción sobre cómo se enmarcarán las preguntas de los referéndums y sobre cuándo se propondrán tales preguntas"* (:650).

Contrariamente, en los Estados Unidos, *"las campañas de democracia directa son dominadas por la iniciativa popular (…); con la iniciativa popular frecuentemente como un instrumento utilizado contra los partidos políticos"* (ídem) En cerca de la mitad de los estados, los ciudadanos individuales y los grupos de interés pueden presentar proyectos de ley obligatorios para el gobierno, así como petitorios por un voto popular directo sobre la legislación, sin ninguna participación de los representantes de turno.

Ocasionalmente, los partidos pueden llegar a ser activos partícipes en las campañas de democracia directa en los casos en que una propuesta de iniciativa amenace sus intereses como organizaciones (ej. sobre la regulación del mandato legislativo, los límites de los distritos electorales y las reglas de nombramiento partidario); o para obtener una ventaja en sus perspectivas electorales, cuando se presenta una oportunidad propicia. Sin embargo, en numerosas campañas de iniciativa, los partidos resultan ser invisibles.

No obstante, los autores también demostraron que, a pesar de (y en parte también debido a) que *"las iniciativas han sido utilizadas para debilitar la autonomía de los partidos políticos americanos en algunos estados"* (:651), luego de un tiempo, estos han logrado adaptarse a la democracia directa. De hecho, *"el rol visible de los partidos americanos en los concursos contemporáneos de iniciativa es notable"*. *"Los partidos se están adaptando a la iniciativa"*. *"Estos partidos ahora pueden usar las iniciativas para su ventaja. Los partidos contemporáneos que abrazan las iniciativas populares creen que ellas pueden introducir una cuña dentro de una coalición rival"* (:665)

Desde los años 1980, *"los partidos políticos americanos han desafiado exitosamente muchas regulaciones estaduales de sus organizaciones en las cortes y en las agencias administrativas. (…) El resultado es que ahora los partidos pueden jugar un mayor rol en elecciones primarias, en carreras no partidarias y en campañas de iniciativa"* (:662)

Sin embargo, *"aunque estos ejemplos sugieren una presencia activa de los partidos en la democracia directa americana, su rol en los Estados Unidos permanece aún bastante diferente de las relaciones entre partidos y democracia directa existentes en la mayoría de Europa"*, donde los *referéndums* deciden las preguntas de política nacional más importantes, y donde muchas veces son realizados en base a una propuesta presentada por los partidos de gobierno.

En síntesis, la influencia de la democracia directa sobre los partidos americanos es ambigua. Por un lado, éstos tienen mucho menos control que los europeos respecto de las medidas alcanzadas en las votaciones, y se encuentran aún en ocasiones defendiendo propuestas que son inconsistentes con un modelo de partido responsable de democracia representativa. Al mismo tiempo, no obstante, pueden también utilizar la iniciativa para su propia ventaja, en propuestas políticas populares que movilicen ciertos grupos de votantes, aumentando el interés en sus candidatos (:665).

Midiendo el grado de desarrollo de la democracia semidirecta y la fortaleza de los partidos políticos a nivel provincial

Ladner y Brändle (1999:289-290) propusieron tres formas diferentes de clasificar los distritos según el grado de democracia directa por ellos alcanzado. Si bien no se pretende encasillar a las provincias argentinas en tales clases, brindan criterios útiles para evaluar el avance en la incorporación y el uso de tales mecanismos en nuestro país, y, en particular, en la ciudad de Buenos Aires. Los elementos considerados son: la disponibilidad de instrumentos participativos, la accesibilidad de los mismos y el grado en que son utilizados.

El primer criterio de clasificación se basa en las provisiones institucionales para la democracia directa. Cuanto más variadas son las formas de democracia directa de que dispone, y cuanto más amplio es el rango de cuestiones a ser resueltas por tales medios, más directamente democrático es un distrito.

Segundo, considera el "costo de entrada" de la democracia directa. Es decir, el número de firmas requerido para iniciativas constitucionales, iniciativas legislativas y *referéndums* opcionales, así como el número de días autorizado para la recolección de los avales requeridos.

Finalmente, surge el uso de la democracia directa (número de iniciativas, *referéndums*, etc; utilizados) Los distritos más avanzados son aquellos donde los ciudadanos deben decidir frecuentemente sobre cuestiones sometidas a votación por una iniciativa o un *referéndum* no obligatorio.

Si bien tales autores optaron por el tercer criterio (el "real"), para medir cuán directamente democrático es un distrito, aquí se cree que la combinación de los tres indicadores (tanto institucionales como reales), dará una mejor idea tanto de su estado de avance como de los motivos del mismo.

En cuanto a la fuerza de los partidos, la que, probablemente, podría verse afectada (positiva o negativamente) a partir del uso de los mecanismos participativos, Ladner y Brändle la operacionalizan en tres grandes grupos de variables: 1) fuerza de la organización partidaria: membresía partidaria formalizada (afiliados, no meros adherentes), porcentaje de comunidades con partidos políticos organizados, profesionalización de las organizaciones partidarias, porcentaje de los miembros partidarios en el electorado; 2) influencia de los partidos: porcentaje de consejeros locales afiliados a un partido, influencia de los partidos locales de acuerdo con los secretarios comunales; y 3) forma del sistema de partido: fragmentación, volatilidad, influencia de los partidos menores (presencia en el parlamento local)

Para medir la influencia de un partido, también recomendaban considerar: su formulación de políticas, sus decisiones parlamentarias y gubernamentales, las acciones ejecutivas, entre otras, siendo insuficiente el número de bancas obtenidas en los gobiernos locales o la influencia percibida por los secretarios comunales.

Otras de las variables sugeridas como posiblemente influyentes tanto sobre los partidos políticos como sobre el uso de los instrumentos semidirectos de democracia fueron: el tamaño de la provincia (habitantes) y el nivel de urbanización.

Finalmente, se coincide con estos autores (:290) en que la focalización en el nivel subnacional (aquí en la ciudad autónoma de Buenos Aires) de este tipo de estudios, brinda un ámbito más propicio que el nacional a los fines del análisis de la influencia ejercida sobre los partidos por el uso de los mecanismos semidirectos, debido al mayor enraizamiento y a la mejor aplicabilidad de ambas instituciones en el ámbito local, y en base a sus menores dimensiones, su mayor homogeneidad y la propia estructuración política federal del país marco.

El rol de los partidos en las campañas de democracia directa: su influencia sobre la decisión del ciudadano

Entre los desafíos que los partidos políticos enfrentan ante el uso de mecanismos semidirectos, Vreese (2006b) investiga el rol jugado por éstos en las campañas de *referéndum*. Advierte que, *"mientras que los partidos políticos son aún actores claves en una campaña de referéndum, una cantidad de factores debilitan su posición. Señales ambiguas, disidencias internas, volatilidad electoral y un impacto limitado sobre las fuentes primarias de información de los ciudadanos, reducen la influencia de los partidos políticos"* (:581).

Quienes demostraron las peores puntuaciones de desempeño en cuanto a lograr que sus votantes siguieran sus recomendaciones de decisión en un *referéndum* fueron los grandes partidos de centro; mientras que aquellos más pequeños, con un perfil fuertemente ideológico resultaron más exitosos en alinear a sus votantes con la política partidaria.

En el nivel individual, se halló que los votantes de mayor edad, educación y sentimiento de eficacia política eran más propensos a descartar o a desviarse de la recomendación de su partido preferido, mientras que aquellos políticamente desinteresados (ineficientes) estaban más predispuestos a seguir la aprobación del partido. Estos últimos, aparecían más inclinados a adoptar una ruta periférica durante la toma de decisiones y a confiar en las señales de la elite.

Así, *"el rol jugado por los sentimientos de eficacia política en este proceso es notable. Sentirse eficaz está relacionado con elegir la alternativa a la recomendación partidaria, pero la eficacia en sí misma también es afectada por la participación en la democracia directa"* (:594) La relación es recíproca: los ciudadanos eficaces son más propensos a participar en acciones de autogobierno, pero esa participación en sí misma también aumenta los sentimientos de eficacia.

Por otro lado, la volatilidad en la decisión y la disidencia del votante son más pronunciadas en contextos con menor historia de votaciones por *referéndums*.

No obstante, si bien tales hallazgos pueden sonar alarmantes para los partidos y sugieren un escaso control en las campañas de *referéndum* sobre los resultados o sobre el electorado, esto es sólo parcialmente correcto para Vreese. Primero, porque el grado en que los partidos son generalmente debilitados por la democracia directa está precedido por la observación de que los referéndums son infrecuentes, y en general aparecen en los casos típicos en que los partidos no pueden arribar a una postura coherente. La situación de *referéndum* es por lo tanto un caso difícil entre otras cuestiones donde los partidos políticos aún son actores políticos fuertes. Segundo, y mucho más importante, los partidos toman gran relevancia cuando participan más intensamente de campañas o cuando presentan un punto de vista coherente: *"para los partidos políticos la buena nueva es que ellos mismos pueden jugar un rol significativo en la determinación de su propio éxito. Tener un mensaje coherente y mantenerse sobre ese mensaje, esto es reducir la ambigüedad de las señales, son simples, pero sorprendentemente infrecuentemente aplicadas, prescripciones para el control partidario y el éxito en los referéndums"* (:595).

Con la misma pregunta en la mira, Hobolt (2006) emprendió su estudio comparado entre dos *referéndums* llevados a cabo en Dinamarca. Concretamente, pretendía indagar *"como los cambios en las estrategias partidarias afectan los resultados de los referéndums"*. Si bien la democracia directa permite a los ciudadanos desestimar la voluntad de sus representantes electos, y a pesar de que el electorado tiene la última palabra en un *referéndum*, *"los partidos políticos se encuentran en una posición privilegiada para influenciar las percepciones de los votantes sobre la cuestión puesta a votación"* (:623).

Lo importante entonces será determinar cómo y en qué medida los partidos pueden influir sobre un *referéndum*. Se argumenta que, *"como proveedores centrales de información en campañas de referéndums, los partidos políticos pueden influenciar el marco y la incertidumbre asociada con las propuestas de votación y por lo tanto, a su vez, afectar el comportamiento del votante"* (ídem).

Para Hobolt, si bien *"ocasionalmente, los votantes responden a las preguntas de votación en referéndums de modos que shockean y consternan a los partidos políticos"*, *"esto no implica que los partidos sean impotentes en el proceso de referéndum"*. Por el contrario, *"los partidos políticos tienen un considerable poder para influenciar el modo en que los votantes perciben las opciones de referéndum"*: *"las anotaciones partidarias importan"* (:641)

No obstante, a veces también pueden preponderar las preferencias propias de los votantes y distanciarse de la línea de partido: *"las lealtades partidarias pueden no ser suficientes para persuadir a los votantes a votar de determinada forma"*, por lo que *"la influencia de los partidos puede ser primordialmente indirecta"* (ídem).

De hecho, *"como proveedores centrales de información, los partidos pueden enmarcar el sentido de la opción que los votantes enfrentan en un referéndum"* (ídem). Es decir, las campañas importan en un *referéndum* y *"los partidos no solo tienen el poder de formular la pregunta que los votantes tienen que responder, sino también de guiar su entendimiento de tal pregunta durante la campaña"* (:642).

Lo que es más, *"los votantes obtienen señales de sus partidos de apoyo cuando se los llama a votar sobre una cuestión de política"*, pero, al mismo tiempo, *"las preferencias sobre la cuestión condicionan la medida en que los partidos pueden persuadir a sus propios simpatizantes a seguir la línea partidaria"* (ídem).

Por ello, *"para entender el efecto de los partidos sobre las opciones de voto en los referéndums, no sólo necesitamos información sobre las recomendaciones partidarias, sino también sobre el modo en que las señales son diseminadas por los medios, y, crucialmente, sobre cuán receptivos son los votantes respecto de las señales de la elite y del marco mediático. Los partidos pueden influenciar los resultados en la democracia directa, pero, como en las elecciones, la palabra final descansa en el electorado"* (ídem).

Finalmente, un tratamiento adicional sobre esta cuestión es el de Kriesi (2006), quien se detiene en el rol desempeñado por la elite política en las votaciones de democracia directa en Suiza. Sus observaciones indican que *"la elite política juega un rol crucial no sólo en los sistemas representativos, sino también en los procesos de democracia directa"*: *"el análisis empírico muestra que el resultado del voto de democracia directa depende fuertemente de la cuestión específica de la configuración de poder en la elite política"* (:599).

Las elites consensuales, fácilmente se salen con la suya, pero la situación es más compleja cuando están divididas: *"la formación de la coalición entre las elites políticas es un determinante clave del resultado de los votos de democracia directa"* (ídem).

En Suiza, *"la existencia de una apertura de democracia directa del sistema político ejerce fuertes presiones sobre las elites políticas para llegar a soluciones de compromiso que pueden contar con una amplia mayoría de sus miembros. La lógica institucional de la democracia directa favorece el compromiso y el consenso. Cuanto mayor es el consenso entre las elites políticas, mayor es la chance de que los ciudadanos sigan sus recomendaciones. En el caso extremo de carencia de oposición, no vale la pena hablar de campaña alguna, no hay opciones alternativas y los ciudadanos no tienen otra chance más que adoptar la solución propuesta"* (:617).

Sin embargo, frecuentemente, las elites están divididas respecto de los proyectos presentados a los ciudadanos: *"cuanto mayores son las divisiones entre las elites, menores las posibilidades de que el gobierno y la mayoría parlamentaria puedan controlar el resultado del voto popular"*. Además, *"el tamaño y la composición de las coaliciones que se forman en el curso de la campaña en apoyo de la posición gubernamental son absolutamente cruciales para el destino final de un proyecto"* (ídem).

Para terminar, y en cercanía con las conclusiones arribadas por Hobolt (2006), sostiene que si bien *"la mayoría gobernante ha aprendido a ajustarse a la apertura de democracia directa del sistema político suizo"*, *"no está en control total del proceso de democracia directa. A veces pierde una votación y a veces su defección se convierte en una gran sorpresa"* (:618).

Importancia de estudiar el vínculo entre participación semidirecta y clase política en la ciudad de Buenos Aires

La selección de la ciudad de Buenos Aires como el universo de estudio dentro del cual se llevó a cabo la referida búsqueda, tanto respecto de la incorporación institucional de los diferentes mecanismos participativos, como del análisis comparado de los casos de aplicación de los mismos, a fin de identificar y comprender su mutuo rol e influencia respecto de la clase política local, se sustenta en una triple base.

Primero, respecto de su condición de constituir un ámbito subnacional, con un gobierno local propio, que, a pesar de su gran densidad poblacional, conforma un espacio autónomo, acotado y diferenciado del nacional, en el que los ciudadanos "porteños" pueden percibir, de modo general o a nivel de los barrios y/o de las comunas, las cuestiones que afectan a los vecinos de la capital como absolutamente cotidianas e inmediatas, a diferencia de las nacionales más lejanas.

Segundo, la ciudad de Buenos Aires ha incorporado una importante cantidad y diversidad de institutos participativos, tanto en su constitución como en la legislación local ordinaria, tras el impulso dado por la anterior reforma constitucional nacional de 1994 pero, incluso, superándola ampliamente.

Tercero, debido a las características sociales y políticas peculiares que la capital nacional presenta y que la convirtieron, tanto en el escenario principal de explosión de la crisis representativa en el país (donde el voto llamado "bronca", los cacerolazos y las asambleas barriales tuvieron mayor estridencia y duración), crisis que actuara como catalizador del fomento de estos mecanismos por parte de los representantes fuertemente cuestionados; como en un terreno fértil para el posterior uso popular de los instrumentos participativos, en medio de una población tan activa, independiente y movilizada políticamente.

Y es que en la Argentina, debido al impacto de los medios masivos de comunicación en los sectores medios, a la ausencia de una historia partidaria fuertemente arraigada por la "juventud" de su institucionalidad política autónoma, y a la carencia de (sub)gobiernos locales (comunales) que habilitasen otros espacios más cercanos y transparentes de generación y visualización de la actividad partidaria; la ciudad de Buenos Aires constituye el terreno en el que la crisis de representación política asestó su golpe de mayor resonancia.

Entre las peculiares características sociales y políticas de la ciudad puede enumerarse: el elevado nivel educativo, de ingreso y de consumo de gran parte de la población; la alta volatilidad del voto (que da cuenta de un electorado interesado, políticamente informado, independiente y estratégico); la modernización de su idiosincrasia en tanto ciudad cosmopolita y globalizada; la amplia movilidad social; y la recurrencia y variedad de las protestas sociales (De Luca, 2002)

Todas esas condiciones hicieron de la ciudad de Buenos Aires un espacio especialmente interesante y apropiado para el estudio de la incorporación y el funcionamiento de los institutos participativos, como instancias de presentación de las demandas populares ante el gobierno, alternativas y/o complementarias de los partidos y representantes en actual situación de crisis.

Los mecanismos participativos en funcionamiento. Casos de aplicación elegidos para el estudio comparado

Entre los presumibles resultados de tal análisis se contaban tanto balances deficientes, por ejemplo en cuanto a la cantidad y frecuencia de utilización de los mecanismos debido a diversas causas, entre ellas las dificultades opuestas por el propio diseño institucional (Sabsay, 2007:6), o por la falta de compromiso participativo de los gobernantes, o por la apatía y falta de experiencia participativa ciudadana; como pronósticos no indefectiblemente desalentadores, donde, en función del ajuste de ciertas variables claves (como una flexibilización de requisitos legales, una mayor difusión de los mecanismos en la población, un renovado entusiasmo y compromiso participativo de los gobernantes, entre otras) aparecía factible *"esperar entonces, mayor participación ciudadana y también más delegación política"* (Lissidini, 2008:130)

Específicamente, los casos de estudio de la aplicación concreta de cada uno de los mecanismos fueron seleccionados a partir de su repercusión e impacto a nivel de la opinión pública, ya sea que hayan sido implementados en forma total o parcial en su procedimiento; que hayan podido convertir las demandas populares en política pública; o que, no habiendo logrado lo anterior, hayan obtenido al menos un impacto contundente sobre la sociedad o los políticos, sea por su "efecto amenaza", por su activación de las tradicionales vías indirectas representativo-electorales, o por su movilización de la ciudadanía. Dichos casos fueron[68]:

Iniciativa popular. La iniciativa más cercana: "Casa Amarilla"

Propuesta de creación del Parque público La Boca, en el predio Terminal Multimodal "Casa Amarilla", impulsada por una comisión de vecinos

---

[68] El análisis comparado de casos forma parte de una investigación doctoral mayor que, por razones de extensión ha sido obviado del presente artículo, arribando en su lugar directamente a las conclusiones por aquél arrojadas. Para acceder al estudio completo ver: Eberhardt, M. Laura Participación política "directa" en las democracias modernas "indirectas": incorporación y desempeño de los mecanismos "semi-directos" en la ciudad de Buenos Aires (1996-2008); Buenos Aires: UNSAM, Tesis doctoral aprobada julio de 2010. Mimeo

en 2000, primero como una propuesta ante el gobierno y luego, para aumentar sus posibilidades de éxito, como iniciativa popular. Tras el fracaso acumulado en la recolección de firmas obligatorias, el proyecto fue entonces rescatado por una legisladora local (apoyada por otros diputados) en 2002, quien lo impulsó como proyecto de ley tradicional, logrando tanto su aprobación legal como su exitosa construcción real en 2006.

Consulta popular. La consulta frustrada por el traspaso de la policía porteña

Convocatoria a consulta popular no vinculante sobre la creación de un cuerpo de seguridad propio para la ciudad, impulsada por el entonces jefe de gobierno en campaña por su reelección (Telerman) Planeada para el 24 de junio de 2007, fecha coincidente con la segunda ronda electoral por la renovación del ejecutivo local, la derrota del primer mandatario saliente culminó con la suspensión de la iniciativa, evidenciando sus reales intenciones estratégico-políticas subyacentes en el llamado inicial a la misma.

Revocatoria de mandato. Consulta por la destitución del jefe de gobierno Aníbal Ibarra

Convocatoria dirigida contra el entonces jefe de gobierno, Aníbal Ibarra, el 31 de enero de 2005 por la responsabilidad atribuida en la tragedia desatada el 30 de diciembre de 2004 en el local bailable República de Cromagnón. El pedido fue elevado por ONG sospechadas, paradójicamente, de responder a las órdenes del propio mandatario incriminado, en pos de sus fines estratégico políticos de supervivencia en el cargo. Ante la (previsible) imposibilidad de recolectar las firmas necesarias para la iniciativa popular habilitadora del *referéndum* vinculante, la consulta de revocatoria no fue concretada

Audiencia pública. Un caso emblemático: los debates sobre la reforma del Código Contravencional porteño

Audiencia convocada por el gobierno local para debatir con la población la reforma del Código Contravencional porteño, tema de relevancia general para la ciudadanía pero para el cual el jefe de gobierno no tenía presentado hasta entonces su proyecto legislativo propio. La audiencia fue realizada los días 22 y 23 de marzo de 2004, sobre la base de los proyectos legislativos presentados principalmente por la oposición. Si bien la audiencia se concretó, su final fue adelantado por la policía debido a conflictos desatados entre los participantes, al tiempo que las demandas populares no se vieron luego reflejadas en la ley finalmente aprobada.

Presupuesto participativo. El presupuesto participativo en la ciudad. Una aplicación "ad hoc"

Aplicado *"ad hoc"* por el gobierno de la ciudad desde 2002, con un declive notable hacia 2006 en el presupuesto asignado, en el grado de ejecución de las prioridades y, en forma concomitante, en la participación ciudadana

Consejo de Planeamiento Estratégico. El Consejo de Planeamiento Estratégico en la ciudad de Buenos Aires. Nacimiento, desarrollo y transformaciones

Creado y puesto en funcionamiento en 2001 por el mismo gobierno de Ibarra pero que, tras la destitución del primer mandatario por juicio político en 2005 y el desencanto popular ante los escasos resultados concretos alcanzados, decayera en participación y en dinamismo con el correr de los años

Estudio de casos comparado (1996-2008) El rol de los representantes y su influjo sobre el desempeño final de los mecanismos participativos

Realizado el correspondiente análisis horizontal de comparación entre los casos seleccionados, se estuvo en condiciones de aislar las variables que, según se evidenciara, actuaron en forma relevante en la determinación de los correspondientes resultados de la aplicación de los diversos mecanismos respecto del destino final de las demandas a través de ellos canalizadas, así como de su desempeño en tanto canales complementarios y/o alternativos a los partidos e instituciones indirectas para la participación ciudadana.

Tales variables influyeron, aunque en diverso grado, en las diferentes etapas del proceso de implementación de todos estos mecanismos, más allá de las especificidades de diseño y uso de cada uno de ellos, y resultan extrapolables a otros estudios comparados de desempeño de diferentes instrumentos participativos. Ellas son:

1. Reglamentación legal (si/no)
2. Origen de la convocatoria
3. Calidad vinculante/no vinculante de sus resultados
4. Requisitos formales: temas excluidos, plazos y avales
5. Difusión de la creación de los mecanismos y enseñanza de uso
6. Difusión de las convocatorias a participar
7. Urgencia, alcances y repercusión del tema involucrado
8. Mecánica de participación (presentación-discusión de propuestas-argumentos / voto individual y secreto)
9. Calidad individual u organizacional de los participantes
10. Cultura cívica (experiencia en la actividad participativa)
11. Ejecución de las demandas ciudadanas esbozadas
12. Garantías legales a la incorporación / ejecución de las demandas
13. Difusión de los resultados.

De estos trece factores que surgieron del análisis de casos como intervinientes en la puesta en práctica de las herramientas participativas, y que ejercieron una notable influencia en los resultados finales y en el destino de los pedidos a través de ellas canalizados, la gran mayoría puede agruparse en una variable síntesis, unificada en torno del agente colectivo responsable de las mismas: la "voluntad política participativa de los representantes", a cargo de gran parte de los procesos de los mecanismos, desde su creación y reglamentación legal hasta la implementación última de las demandas, pasando por su difusión y aplicación práctica. Dicho factor constituye, entonces, tanto el principal culpable del deficiente desempeño hasta el momento arrojado por los institutos participativos en la ciudad de Buenos Aires, como, por lo mismo, la mayor esperanza de subsanarlo.

En efecto, el actor de fondo detrás de la reglamentación legal, la determinación del origen de la convocatoria, la decisión sobre la calidad vinculante o no vinculante de sus resultados, la imposición de los requisitos formales (temas excluidos, plazos y avales), la difusión de la creación de los mecanismos, la difusión de las convocatorias a participar, el diseño de la mecánica de participación (presentación de argumentos/ voto), la ejecución de las demandas ciudadanas esbozadas, el otorgamiento de garantías legales a la consideración/ejecución de sus resultados, y la difusión de estos últimos, era uno y el mismo: la clase política, conformada por convencionales constituyentes, legisladores y funcionarios del poder ejecutivo, que intervinieron, aunque de diferentes maneras y en diverso grado, en las distintas etapas del proceso de vida de cada mecanismo (creación constitucional, reglamentación legal, difusión, convocatoria, implementación, ejecución de sus resultados).

A sabiendas de que no necesariamente los funcionarios responsables de cada momento específico de dicho proceso se repitieron en su persona, se consideró aquí a los diferentes mandatarios como un único grupo profesional, con intereses y pretensiones comunes asociadas a su función de gobernantes, independientemente de cuál haya sido el nombre, el origen partidario y el tipo de cargo desempeñado por cada uno de sus cambiantes integrantes en los distintos mandatos.

Así, fue posible agrupar esos elementos en la variable síntesis, antes mencionada, la "voluntad política participativa de los gobernantes", que surgiera como condicionante principal en la determinación de los resultados de aplicación de los mecanismos. La misma permitió sopesar la voluntad política, pobre por cierto, de los representantes considerados en su conjunto como "clase política", que, aunque de composición, ideología y proyección diversa, pudo unificarse en torno del interés común de permanecer en el cargo y de aumentar sus recursos de poder asociados.

Planteados muy nobles objetivos por los convencionales constituyentes allá por 1996 al momento de crearlos, los que ampliamente avalaban la incorporación de estos institutos como un medio de apalear la crisis representativa en evidente crecimiento, el grado de responsabilidad, voluntad, coherencia y compromiso demostrado por los gobernantes legislativos y ejecutivos respecto de su subsiguiente función de darles contenido, difusión y efectividad práctica, fue deficiente y hasta voluntaria y conscientemente contraproducente a los fines participativos.

Las bases constitucionales primeras y fundacionales de organización de la ciudad de Buenos Aires, definidas con la mira puesta en un futuro proyectado a una muy larga vida, fueron, a los pocos años, e incluso por muchos funcionarios que en ese entonces se habían desempeñado como "padres fundadores" constituyentes, ignoradas y hasta violentadas en lo que a mecanismos semidirectos se trataba. Meras voces altisonantes de trascendencia histórica cuyo efecto más evidente fue el demagógico o declamativo, pero sin un trasfondo real de continuidad y compromiso participativo sostenidos en el tiempo.

Tal abandono de la causa participativa tuvo que ver en parte con la superación del momento coyuntural de mayor gravedad de la crisis representativa y con la recuperación de una fuente mínima de estabilidad de la clase política en sus cargos, quedando en un segundo plano la preocupación por difundir e implementar los institutos semidirectos creados.

Efectivamente, si bien los convencionales coincidieron todos en la necesidad de incorporar mecanismos participativos como instancias semidirectas para una mayor participación ciudadana, estrategia apropiada en un escenario de crisis representativa, pronto los funcionarios ejecutivos y legislativos también coincidieron en una actitud de indiferencia y abandono de los mismos, en tanto que, aplacados los ánimos sociales más candentes desatados en 2001, mantuvieron sus facultades decisorias y hacedoras de políticas como exclusivas, al mayor resguardo posible de cualquier competencia o intromisión por parte de la ciudadanía. En este sentido, el grado de compromiso, responsabilidad y consistencia de los gobernantes con la participación ciudadana semidirecta fue claramente deficiente en la ciudad de Buenos Aires.

Asi, la incorporación de mecanismos semidirectos a nivel constitucional en la capital argentina se emplazó sobre dicho telón de fondo. A quince años de sancionada la constitución local, fue entonces provechoso realizar un balance general comparado entre los fines de creación de los mecanismos participativos y el resultado final obtenido de su aplicación práctica, habiendo tomado como eje articulador el accionar de los representantes.

Los resultados

Sobrepasada con creces la primera década desde aquel entusiasta momento fundacional de la Convencional Constituyente, plagado de auguriosos discursos para la adopción de estos mecanismos democratizadores, y frente a la completa reglamentación legal de los mismos (excepto en parte en el presupuesto participativo pero con enmiendas compensatorias), el escenario real encontrado en la Capital Federal se aleja en mucho de lo proclamado por los asambleístas, y el panorama de desarrollo de estos institutos no deja de ser desalentador.

La ciudad ha seguido, en este sentido, la tendencia inaugurada en el nivel nacional, donde, *"luego de haberse sancionado las respectivas normas reglamentarias, la incidencia de estos nuevos institutos en el escenario público ha sido casi nula"* (Sabsay, 2007: 5-6).

En vistas de tales deficientes desarrollos posteriores, la propia Asamblea Constituyente de 1996 lejos quedó de la confianza *habermasiana* en la búsqueda democrática y deliberativa de un juicio moral verdadero, que fuera *"unánimemente aceptado bajo condiciones de imparcialidad, racionalidad y conocimiento de los hechos relevantes"* (Nino, 2003: 156) Por el contrario, los pobres resultados acumulados por sus agentes creadores y ejecutores a cargo, la revelaron ahora como, máxime, la sede de una discusión que apenas había estado *"obligada a ser formalmente imparcial"* para ser aceptable a los ojos de los pares legisladores y, principalmente, de la ciudadanía, pero que *"no obliga a los miembros a volverse imparciales; sólo a parecerlo"* (Elster, 2001b: 134).

Una (aparente) "sustitución" del mero interés particular o de clase (en este caso de relegitimación social, demagogia y supervivencia) por el razonamiento imparcial ("profundización de la democracia"), *"incluso cuando todos los miembros de la asamblea se hallan —y se saben mutuamente— motivados sólo por intereses"* (:134-135).

Así como las grandes dimensiones de la asamblea facilitaron el libre discurrir de la mera demagogia, siendo que *"los públicos numerosos sirven de caja de resonancia para la retórica"*, al mismo tiempo, el carácter público de sus reuniones había actuado como una deseable *"fuerza civilizadora de la hipocresía"*, aunque sólo en la medida en que *"la publicidad no elimina los motivos deshonestos, pero obliga a esconderlos"* (:146).

Contrariando la *"visión del proceso democrático como un sucedáneo de la práctica informal de la discusión moral"* que *"requiere que todo participante, como sucede en esa práctica original, justifique sus propuestas frente a los demás"* de modo que *"si sus intereses son puestos sobre la mesa, ellos deben demostrar que son legítimos"* (Nino, 2003: 171), el comportamiento de los representantes porteños con posterioridad a la creación constitucional de los mecanismos, sintetizado en la variable "voluntad política participativa", demostró que, incluso los propios convencionales de 1996, se habían orientado mayormente por los intereses "corporativos" de supervivencia en situación de crisis, no habiéndose sostenido su mentado compromiso participativo, poco tiempo después, en los cargos asumidos en el gobierno.

Defraudando las creencias respecto de que el valor democrático del diálogo podría salvar el resultado del proceso al constituirse como *"el mecanismo a través del cual la democracia convierte las preferencias autointeresadas en preferencias imparciales"* (:202) a través de la deliberación democrática, lo ocurrido se pareció, más bien, al vaticinio según el cual los representantes, *"a fin de engañar a su auditorio, incluso pueden simular estar motivados por el interés público, suponiendo que tienen interés en la reelección y que los votantes castigan la apelación descarnada de los intereses"*, donde los móviles particulares o corporativos, *"por ejemplo, son habitualmente disfrazados con la fraseología del interés público"* (Elster, 2001b: 146).

Y esto fue posible en un marco deliberativo como el de una asamblea constituyente porque, *"como existen poderosas normas contra las apelaciones descarnadas al interés o al prejuicio, los oradores tienen que justificar sus propuestas de acuerdo con el interés público"* (:137-138), motivo por el cual *"las propuestas serán modificadas y también disfrazadas"* (:138).

Los escasos resultados conseguidos tras aquella primera fundación y posterior reglamentación e impulso de los diversos mecanismos semidirectos no hablan sólo ni necesariamente de una infértil apatía cívica, sino, primero y principalmente, de una consciente intención del sector gobernante, en defensa de sus funciones y poderes, de acotar el juego ciudadano, llegando al punto de desvirtuar su uso bajo el solo afán de servir a sus metas político estratégicas individuales.

En este sentido, se hizo evidente que la decisión de la reforma política en pos de una participación popular más "directa", orientada a revertir los efectos de la crisis representativa, no se agotó en meras cuestiones de técnica e ingeniería legislativa, sino que

> el principal obstáculo para llevar adelante estas iniciativas reside en la afección de tramas de intereses muy concretos. Por lo tanto, el gran desafío de cualquier iniciativa de reforma política es lograr que los actores políticos, enquistados en diferentes instancias del sistema político, no hagan uso de su poder de veto. Pero ello es muy difícil ya que ello implica que habrá algunos que ganarán y otros perderán poder (Pallares, 2009: 118).

En efecto, en tanto actores autointeresados con racionalidad estratégica, la estructura de costo-beneficio de los políticos se organiza en torno de la acumulación o preservación del poder, en el interés de minimizar el precio de una posible derrota o de maximizar las posibilidades de acumulación de poder ofrecidas por el contexto: *"es decir, que los partidos políticos impulsan y/o apoyan reformas que les permite hacerse o conservar la mayor porción de poder posible. Y en caso contrario, hacen uso de su poder de veto"* (:105).

Por tanto, no es casual que muchas de las medidas que en conjunto conformaron los distintos "paquetes de reforma política", incluyendo la que acometió este trabajo, surgieron o reflorecieron

> en momentos en que el sistema político se encontraba jaqueado por la movilización de vastos sectores de la sociedad. Fue esta presión, y no una súbita vocación reformista, lo que motorizó el acuerdo, a la vez que fue la descompresión de ese contexto político lo que permitió hacerlo naufragar (:119).

El establecimiento de mecanismos semidirectos en la ciudad de Buenos Aires ilustró la paradoja de la elaboración constitucional según la cual, *"por un lado, como se crean para un futuro indefinido, las constituciones deberían aprobarse en condiciones de máxima calma y ausencia de perturbación"*, pero, *"por otro lado, el reclamo de una nueva constitución surge a menudo en circunstancias turbulentas"*. Es decir, *"la tarea de redacción requiere de procedimientos basados en el argumento racional, pero las circunstancias externas generan pasiones e incitan al empleo de la fuerza"* (Elster, 2001b: 54).

Y es que, en ocasiones, el accionar del actor político,

en lugar de ser racional con relación a ciertos objetivos, lo es, por una parte, con relación a las oportunidades y a través de estas, al contexto que las
defina, y por otra, en relación con el comportamiento de los otros actores,
con el partido de los que lo toman y con el juego que se estableció entre
ellos (Crozier y Friedberg, 1990: 47).

Así, la incorporación de mecanismos de participación popular a las
constituciones nacional y de la ciudad de Buenos Aires y su subsiguiente
reglamentación legislativa y, en algunos casos, aplicación empírica,
constituyeron una respuesta intencional por parte de los dirigentes a
una concreta, visible y creciente queja proveniente de los ciudadanos,
descreídos de sus políticos y apáticos respecto de las instituciones representativas. Respuesta que resultó, no obstante, insuficiente como lo
evidenciarían luego las voces que estallaron en el reclamo unánime y
ampliamente difundido del "que se vayan todos".

Como no tenía por qué ser la excepción este caso ni demostró serlo,
*"en la mayoría de las asambleas constituyentes los individuos, los grupos y las
instituciones arguyen en favor de posturas que los benefician en forma notoria"* (Elster, 2001b: 150) De hecho, *"no existen buenas razones para creer
que los que tienen el poder tendrán incentivos para proteger los intereses de los
individuos comunes como si fueran propios"* (Gargarella, 2001: 335-336).

El carácter de la representación como *"un mal necesario"* radica justamente en el hecho de que *"la intermediación de un representante, como la
de un funcionario público, siempre conlleva la posibilidad de que éste antepon-
ga sus propios intereses al manejar un negocio que se les ha confiado"*. Dicha
intermediación *"debilita la conciencia y la consideración de los intereses de la
gente involucrada en diferentes conflictos"* (Nino, 2003: 184) No obstante,
bien sabido y compartido es que *"algún grado de representación es necesario en la comunidad política dada la imposibilidad de la discusión cara a cara
a nivel nacional, la complejidad de los asuntos políticos actuales y la necesidad
de respetar la autonomía personal"* (:205).

Si bien *"los partidos políticos pueden simplificar esta tarea enormemen-
te, ofreciendo al electorado un menú de posiciones ideológicas que tratan de
armonizar intereses en conflicto que puedan ser defendibles desde un punto de*

vista imparcial", al mismo tiempo, *"este servicio crucial se deteriora cuando las partes simplemente sirven como representantes obvios de grupos económicos o sociales y no hacen el más mínimo esfuerzo para tratar de justificar imparcialmente los intereses de esos grupos"* (:185).

La coyuntura crítica sobrevenida en 2001 con la explosión de la demanda ciudadana generó su propia oferta gubernamental, iniciando un amplio debate de reforma política en todo el país:

> En breve, hacia inicios del nuevo milenio el sistema político se encontraba fuertemente cuestionado respecto de sus actores principales: los partidos políticos y su dirigencia, quienes eran percibidos como los "grandes culpables" de la crisis que atravesaba por ese entonces el país. Entonces, si no se modificaban algunas cosas, la crisis acabaría con ellos. El mandato "que se vayan todos, que no quede ni uno solo" era muy fuerte para ser desafiado (Pallares, 2009: 117).

A comienzos del siglo xxi, *"la conflictividad del tema y la movilización activa de actores sociales influyó para que las autoridades consideraran como aceptable y atendible los temas que se exigían que fueran puestos bajo revisión"* (ídem).

Y es que,

> en un contexto de profunda crisis de representación y descrédito de la política, la sociedad en su conjunto reclamaba un cambio radical de las estructuras y su dirigencia. No abrir el debate significaba dirigirse hacia el abismo. El grado de hartazgo ciudadano parecía "devorarse" a la política. Hoy, ocho años después, esto resulta lejano y, quizá, no tan vivo en el recuerdo. Sin embargo, el clima que se vivía por aquellos tiempos era de un desprecio profundo por las estructuras políticas y la dirigencia (ídem).

La opción de abrir y poner en marcha nuevos accesos populares al gobierno y de corresponsabilizar a la población en la toma de decisiones políticas, constituyó una rápida respuesta de los gobernantes frente a la ventana de oportunidad que surgía con la presión ciudadana, en un intento por defender su estabilidad y supervivencia en adelante: "nos quedamos en el poder y, a cambio, lo abrimos y compartimos (aunque solo un poquito)".

En un contexto de crisis de representación y apatía, el margen de los partidos y líderes para intentar conquistar más poder era muy restringido. La estrategia óptima radicó entonces en tratar de conservar la mayor cantidad posible. La reforma política que las circunstancias exigían apareció como una salida elegante y relativamente poco costosa.

Frente a las crecientes distancias que separaban más y mas a representantes de representados, los primeros concentrados en sus propios intereses estratégicos y los segundos descreídos de la capacidad de aquéllos para hablar en su nombre y para representar sus demandas, la incorporación de los mecanismos participativos por parte de los gobernantes ofrecería a los ciudadanos nuevos espacios institucionales para expresarse por sí mismos, que funcionaran como válvulas de escape orientadas a aliviar al sistema político en crisis.

Tal reforma política significaba, en ese contexto, un accionar específico y racional de los políticos en función de previsibles costos-oportunidades-beneficios, para la defensa de su interés "corporativo" más inmediato de supervivencia en el cargo y de mantenimiento del poder en la mayor cuota posible. Asimismo, se sumaba a una corriente nacional e internacional favorable y creciente en tal sentido.

La aparente apertura de algunas facultades y funciones propias de los gobernantes a la intervención de los ciudadanos, que sustentara la incorporación de los institutos participativos, lejos de autocercenar y contradecir los intereses y ambiciones de la capa gobernante, se orientaba, por el contrario a defender, como fuese posible, la mayor parte de sus prerrogativas, a costa de perder sólo una porción mínima. Esta solución resultaba sumamente propicia y conveniente frente al riesgo de ser despojados del poder en forma completa. Siendo los actores políticos sujetos no propensos al riesgo, fácil era de suponer que *"preferirán una victoria parcial segura a una apuesta a una victoria total relativamente poco probable capaz de producir una derrota total"* (Colomer, 2001: 40).

Los objetivos diferentes de optimizar la representación, por un lado, y de fomentar la deliberación, por el otro, no necesariamente van de la mano, existiendo *"una ambigüedad en la idea de una democracia que se suponga a la vez representativa y deliberativa"*, de modo que *"si la deliberación es la clave de la toma de decisiones políticas, lo que importa es la plena representación de las opiniones más que la de los individuos"* (Elster, 2001a: 28) No obstante, en la ciudad de Buenos Aires, el impulso dado por los representantes a la deliberación ciudadana con la creación de canales semidirectos constituyó una decisión política intencional y consciente de los gobernantes en pos de la defensa de la representación política en situación crítica.

Lejos de la esperable necesidad de construir un *"acuerdo basado en diferencias de preferencias y diferencias de creencias que se compensan unas a otras"* (Elster, 2001b: 134), y donde *"la tarea de una asamblea política es elegir entre propuestas normativas"*, en la que sus miembros afrontarán *"esta tarea con un conjunto de preferencias sobre políticas, las cuales derivan de preferencias fundamentales y de un conjunto de creencias acerca de las relaciones entre fines y medios"* (:133), en la convencional constituyente porteña no existió una tan marcada diversidad de puntos de vista respecto de la conveniencia y oportunidad de adoptar mecanismos participativos, más allá de algunas divergencias menores registradas respecto de cuestiones técnicas específicas.

Aquí, oficialismo y oposición borraron sus diferencias y se aunaron en un común y masivo apoyo a la incorporación de estos mecanismos de salvataje (por otro lado difícilmente objetables a los fines demagógico-publicitarios), más allá de alguna diferencia menor surgida sobre definiciones institucionales puntuales.

Algo similar ocurriría también respecto de la reforma política a nivel nacional:

> En este escenario, el discurso público acabó suprimiendo las diferencias entre los partidos políticos tradicionales (el PJ y la UCR), los cuales pasaron a ser concebidos como "una clase" homogénea. La política fue concebida en términos de un "cartel partidario" (Katz y Mair, 1997), donde no se expresaban reales diferencias sino que los partidos estaban más preocupados y ocupados en su propia reproducción (Pallares, 2009: 42).

Modificado el escenario político, restablecida la rutina institucional electoral representativa, mejoradas las condiciones socioeconómicas y aquietadas las aguas de la protesta social, el impulso inicial participacionista de los políticos, demostrado en la creación de los diferentes mecanismos y en su relanzamiento y profundización ante la explosión de la crisis, se diluyó luego hasta casi desaparecer, en una ausencia expuesta de voluntad política, coherencia y compromiso, aparecida tanto en la escasa difusión, promoción, empleo, y fortalecimiento de los mismos, como en el deficiente y viciado uso oportunista ejercido en la gran mayoría de los casos empíricos recopilados y analizados.

Considerando que *"la política de la reforma política implica esencialmente la lucha por la modificación / mantenimiento de las instituciones a partir de las cuales se distribuye el poder político al interior de una sociedad"* (:21), y si las instituciones constituyen

> reglamentaciones que los individuos usan para determinar qué y a quién se incluye en las situaciones de toma de decisión, cómo se estructura la información, qué medidas pueden tomarse y en qué secuencia, y cómo se integrarán las acciones individuales a las decisiones colectivas (...) todo lo cual existe dentro de un lenguaje compartido por cierta comunidad de individuos, y no como partes físicas de un entorno externo" (Ostrom, 1982: 179 en Guy Peters, 2003: 85),

la consideración de los propios intereses de la capa política en la definición de las mismas no puede ser excluida del análisis de cualquier proceso de reforma política.

Y es que,

> es muy difícil implementar –y sobre todo mantener– la vigencia de políticas igualitarias en contextos no igualitarios como es ingenuo esperar que aquellos destinados a perder poder con determinadas políticas sean los encargados de crear o poner en práctica tales políticas (Gargarella, 2008: 59).

El *"transplante"* institucional de los mecanismos participativos en la ciudad de Buenos Aires reaccionó así al modo de *"un cuerpo extraño"*, *"un organismo no idéntico genéticamente"*, ante el cual *"el organismo se defiende y se esfuerza en rechazar al intruso o en disminuir los efectos patológicos de su presencia"* (citado en Gargarella, 2008: 60-61).

En ese caso, como ocurre

de modo habitual, dichas reformas se gestaron en respuesta a situaciones de creciente conflictividad y disconformidad social y –de modo consciente o no– procuraron aquietar dichas críticas apelando a soluciones afines a las que los constitucionalistas radicales habían sabido proponer, en siglos anteriores (:64).

En efecto,

aparecidas en un contexto de crisis de representatividad; descreimiento sobre la clase política; desconfianza en los gobiernos; corrupción en torno del Estado de Bienestar; manipulación de la justicia; y preservación o aumento de los niveles preexistentes de desigualdad económica, las nuevas reformas se dirigieron a varios flancos. La mayoría de ellas incluyeron cláusulas creando nuevas instancias participativas, como los plebiscitos y *referéndums* (:65).

La crisis de representación no implicaba un enojo esencial de la población con "la política", sino debido al descrédito acumulado por los representantes y sus organizaciones partidarias en función de un accionar que era ampliamente percibido como contrario a los intereses ciudadanos, favorables a sus posiciones privadas, y en total desacople con las promesas de campaña y con el noble espíritu vociferado en las medidas y legislaciones adoptadas.

El nefasto vaticinio de Rousseau se hizo tangible en esta ocasión: *"tan pronto como el servicio público deja de ser el principal asunto de los ciudadanos, y tan pronto como prefieren servir con su bolsa antes que con su persona, el Estado está ya cerca de su ruina"*. *"Nombran diputados y se quedan en sus casas. A fuerza de pereza y de dinero, tienen en última instancia soldados para sojuzgar a la patria y representantes para venderla"* (1998: 118).

La gente reclama una reforma que vuelva a instalar en la actividad política los compromisos que se asumen en las plataformas durante las campañas electorales. La gente no está en contra de la actividad política, porque hace política todos los días. Tampoco está en contra de que la política sea el medio por el cual se transforme la sociedad y se busque solución a los problemas. Está en contra de que el sistema político no cumpla con los compromisos que asume[69].

Por otro lado, surgía una segunda cara de la cuestión que era el necesario fortalecimiento de la ciudadanía. En medio del clima de exclusión existente se asomaba, sin embargo, un camino de acceso para la ciudadanía, que podían ser aprovechados para plantear las demandas y opiniones y para desarrollar las propias identidades y capacidades de los grupos sociales más desfavorecidos. De este modo, la distribución por parte de los políticos de las posibilidades de uso y adquisición de tales medios y mecanismos debía formar parte de una política equitativa del Estado, y no limitarse a la acción desigualitaria del mercado (CEPAL, 2000: 305).

Además, ocurre que si bien los institutos semidirectos pueden disminuir la influencia de los intereses particulares, *"aquellos intereses siguen presentes y aun puede afrontar el costo de lobbistas muy bien pagos y de alto nivel"*:

los mecanismos de democracia directa han permitido algunas veces que los intereses menos representativos puedan presentar sus mensajes al público mientras que aquellos individuos que no desean ser parte de grupos y formar coaliciones se vean imposibilitados de aprovechar los procesos de democracia directa (Nino, 2003: 208).

En efecto, si bien se reconoce que los diferentes mecanismos pueden proveer válvulas de escape frente al descontento popular, posibilitar un mejor control de funcionarios corruptos y permitir que voces que no son normalmente tomadas en cuenta sean escuchadas, *"sin embargo, estos méritos no cambian dramáticamente la naturaleza del proceso político ni aumentan su valor epistémico hasta el nivel de lograr prevenir injusticias de importancia"* (:209).

Por otro lado, las instituciones existentes (ciertas deficiencias y trabas reglamentarias de los propios mecanismos participativos y las deri-

---

[69] Argumento de Francisco Gutiérrez, diputado nacional por la provincia de Buenos Aires, en ocasión de los debates desarrollados durante el primer semestre de 2002 (17 de abril) con motivo del tratamiento de la ley de financiamiento político correspondiente al "paquete de reforma política". Dicho argumento es igualmente ilustrativo para lo ocurrido en el caso de la ciudad de Buenos Aires.

vadas del ámbito representativo), contribuyen en parte también a limitar la participación activa.

En una era marcada por las dificultades de la ciudadanía para alcanzar la acción colectiva que nivele el poder de aquellos que poseen recursos organizativos para imponerse en el juego político, la construcción de instituciones democráticas aparece como uno de los pocos caminos posibles para saldar esta desigualdad (Tonelli y Aznar, 1993: 136).

Por lo mismo,

las instituciones políticas son absolutos "relativamente" absolutos en términos de Buchanan, o sea, ellas presentan dos tendencias siempre en tensión: por un lado, para que las instituciones sean algo más que arreglos formales necesitan ser respetadas por los actores políticos y gozar de estabilidad. Por el otro, el proyecto democrático supone una reforma permanente de las instituciones para que realicen de mejor manera el ideal que las inspira. Esta tensión no puede resolverse de otra manera que políticamente, pero una democracia permite que este proceso se dé en términos pacíficos, a través de los arreglos institucionales vigentes (ídem).

Y aquí sí, el valor constructivo de las investigaciones y de la ciencia:

una ciencia política concebida de esta manera reconcilia la teoría política (tal como se la ha practicado en términos clásicos, en su dimensión normativa y deontológico) con las consideraciones para su realización en términos de mecanismos institucionales, la evaluación de las circunstancias que permiten o impiden su funcionamiento y consolidación en el plano real, los efectos secundarios que producen y el grado en que realizan valores (:137)

En este sentido,

un exitoso proceso de reforma política será aquel que contribuya al reencuentro de la gente con la política, donde los conceptos de "representante" y "representado" vuelvan a llenarse de sentido político y democrático. Así, la reforma política será el camino para revertir la crisis de representación (Pallares, 2009: 119).

Concluyendo, si se acepta una cosmovisón deliberativa de la democracia, que ve a la representación como *"un mal necesario"* en estados complejos, diversificados y de enormes dimensiones, *"como una delegación para continuar la discusión a partir del punto alcanzado por los electores durante el debate que condujo a la elección de los representantes"* (Nino, 2003: 184), es admisible que *"algunas veces puede ser necesario revocar el mandato de los representantes de modo que la gente común pueda discutir los asuntos públicos en forma directa y decidir por sí mismos qué es lo que debería hacerse"*. Para ello, *"resulta ser imperativo buscar formas de democracia directa bajo la concepción deliberativa de democracia"* (:185). Dicha *"democracia directa debe ser obligatoria siempre que sea posible"*, ya que *"incrementa la calidad epistémica de la democracia y colabora en lograr que la constitución histórica se aproxime a la ideal"* (:205).

Así, frente a la crisis de representación que se desata, entre otras cosas, *"cuando las partes simplemente sirven como representantes obvios de grupos económicos o sociales y no hacen el más mínimo esfuerzo para tratar de justificar imparcialmente los intereses de esos grupos"*, una de las formas de *"transferir el valor epistémico del proceso informal de discusión moral al procedimiento democrático institucionalizado"* (:198) consiste, como se ha visto en este capítulo, en incorporar arreglos institucionales que maximicen el valor de la democracia deliberativa, como los *"muchos métodos de participación directa de los ciudadanos en comunidades políticas de gran extensión"* (:205).

Sin embargo, tras el estudio aquí realizado respecto del funcionamiento de los mecanismos participativos en la ciudad de Buenos Aires, pretender que *"el debate y el ejercicio de la democracia directa muestran que es probable que su uso se intensifique y se extienda en el tiempo"* (Lissidini, 2008:130) es, aún, altamente incierto en consideración de los escasos resultados positivos acumulados en términos participativos, al menos en el corto plazo, y de grandes reservas en un tiempo más prolongado. Sus mejores pronósticos dependerán, fundamentalmente, de un poco esperable y altamente arbitrario cambio de actitud y compromiso de los gobernantes (principales agentes y responsables de la amplia mayoría de los factores involucrados en el resultado final de aplicación de los mismos) respecto de un óptimo empleo e impulso de los institutos semidirectos.

Sobre esta última tenue luz de esperanza aún se puede entender que, no siendo el modelo normativo de la democracia deliberativa por su propia esencia y función como tal, completamente traducible a la práctica, no obstante *"describe un ideal regulativo hacia el que debemos tender"*. Si la legitimidad política de las decisiones adoptadas no constituye *"un asunto de todo o nada, sino gradual"*, habrá entonces que apostar a *"que cuanto más democrático y deliberativo sea el procedimiento de toma de decisiones utilizado, tanto más legítimas serán dichas decisiones resultantes"* (Martí, 2006: 23).

Pero como *"ningún modelo político normativo, ni siquiera un ideal regulativo, está completo hasta que proporciona al menos unas claves generales para su implementación en el mundo real"*, hay que volver a la concepción "empírica" de tal república deliberativa, *"en el sentido de que es un objetivo que aspira a verse realizado en la práctica"*, que depende *"necesariamente de las circunstancias reales de cada momento y de cada comunidad"*, y que impone *"obligaciones concretas y actuales que no podemos ignorar, deberes de reforma de las instituciones insuficientemente deliberativas que no podemos posponer"* (:277).

Por eso, habiéndose *"renunciado a la utopía de que todos los ciudadanos puedan participar directamente en todos los procesos de toma de decisiones"* (:215), los mecanismos estudiados de participación ciudadana han sido diseñados, construidos y de hecho han podido (en mayor o menor medida) contribuir; vale ahora con conocimiento de causa aclarar, siempre y cuando exista una firme y sostenida voluntad, en primer lugar y de modo indispensable de los representantes en términos de utilizarlos y de difundir y fomentar su empleo, que haga luego carne en los propios ciudadanos a los que en efecto se dirige; a reducir la enojosa distancia asentada entre gobernantes y gobernados, a estimular la participación popular en la gestión del "interés bien entendido", y a complementar, de ese modo apuntalando, las instituciones tradicionales hoy criticadas de la democracia representativa.

Así, frente al pobre escenario planteado por los resultados finales arrojados tras esta investigación respecto de la implementación de los mecanismos societales de participación en la ciudad de Buenos Aires, cabe aún la expectativa, al menos en los términos en que lo plantean las distintas versiones de la democracia participativa y/o deliberativa, de que, siendo las principales causas de tan infortunado desempeño, agrupables en términos de una voluntad política poco propicia, por acción u omisión, al desarrollo exitoso de los mismos y a su enraizamiento institucional y social, es también de naturaleza política su solución, ya sea en las manos de los actuales representantes a partir de un radical cambio de accionar y compromiso por parte de los mismos, o depositando tales ilusiones en las generaciones venideras de dirigentes, cualquiera sea su extracción partidaria, no habiendo marcado ésta diferencias respecto de las decepciones acumuladas.

En definitiva, si el panorama participativo institucional en la ciudad capital de los argentinos resulta a todas luces desalentador en cuanto a los logros sumados desde su nacimiento a esta parte, al ser sus mayores obstáculos y defectos reducibles a los humores e intereses de la voluntad política a cargo, el antes impensable optimismo hacia el futuro participativo queda ahora implicado en la exigencia ciudadana de "abajo hacia arriba" (al menos de los minoritarios individuos, sectores y agrupaciones enterados) y, por qué no también política "de arriba hacia abajo" (aunque más no fuese a partir de un nuevo cuadro coyuntural que le de cabida y/o así lo demande), de una voluntad política nueva o renovada, decidida y sostenidamente proclive a reimpulsarlos y afianzarlos: donde la política se ha convertido en el problema, la política también alberga una posible y fundamental solución.

Estudios de casos

Desnacionalización y competencia partidaria en la Ciudad de Buenos Aires

Martín Astarita[70]

1. Desnacionalización del sistema de partidos

A partir de la reinstauración democrática en 1983 el sistema de partidos en la Argentina ha sufrido profundas transformaciones (Abal Medina y Suárez Cao, 2002; Calvo y Escolar, 2005). Una de ellas reside en el fenómeno conocido como desnacionalización o territorialización, esto es, un proceso mediante el cual el comportamiento de los partidos y el de sus votantes se vuelven más distintivamente locales, y, en paralelo, se debilitan las agendas programáticas nacionales (Calvo y Escolar, 2005).

Este proceso ha sido evaluado empíricamente de distintas maneras[71]. En lo que aquí interesa, cabe destacar dos formas principales. La primera de ellas, propuesta por Jones y Mainwaring (2003), estima la distribución geográfica del apoyo electoral que reciben los partidos políticos a lo largo del país. En esta perspectiva, un sistema de partidos se encuentra nacionalizado si los principales partidos obtienen similares porcentajes de votos en las distintas unidades electorales (en el caso argentino, en las provincias). Por el contrario, un sistema de baja nacionalización indica que el apoyo electoral partidario recibido en cada distrito resulta heterogéneo y dispar (Jones y Mainwaring, 2003).

Los autores usan el Coeficiente de Gini, que permite calcular la diferencia de votos que obtiene un partido a nivel nacional y en el resto de las jurisdicciones. Si el Coeficiente da 1 significa que el partido recibió la misma porción de votos en todas las unidades subnacionales (se habla de

---

[70] mastarita@hotmail.com
[71] Un buen detalle de las distintas formas de medición lo ofrece Marcelo Leiras (2006).

un partido nacionalizado), mientras que si da 0, es que obtuvo el 100% de sus votos en una unidad subnacional y 0 % en todo el resto (es un partido poco nacionalizado). Una vez obtenido este índice para partidos individuales, denominado "Resultado de la Nacionalización Partidaria" (PNS, por sus siglas en inglés), es posible construir una medida de la nacionalización del sistema de partidos (Resultado de la Nacionalización del Sistema de Partidos –PSNS, por sus siglas en inglés–). Para ello, hay que multiplicar el resultado de la nacionalización para cada partido por la cantidad de los votos válidos nacionales, y luego sumar este producto para todos los partidos. La contribución de cada partido al PSNS es proporcional a la cantidad de votos obtenidos. Por esa razón, en la elaboración del índice se contabilizan únicamente los partidos o alianzas con mayor caudal electoral, pues las fuerzas políticas con baja *performance* tienen una incidencia marginal en el PSNS.

Finalmente, este índice permite medir el nivel de nacionalización para cargos nacionales (presidente, diputados y senadores) y para cargos provinciales o municipales (gobernadores e intendentes, y legislaturas provinciales y municipales).

Una segunda manera de medir la nacionalización, distinta de la anterior, es la propuesta por Gibson y Suárez Cao (2008). Al estudiar las características de lo que ellos llaman *"sistema de partidos federalizado"*[72] han centrado su atención en analizar las variaciones en la competencia partidaria entre elecciones para cargos nacionales y subnacionales.

Básicamente, comparan el número efectivo de partidos[73] que compiten en dos niveles jurisdiccionales distintos: para presidente a nivel nacional y para gobernador en cada provincia. El índice refleja las diferencias existentes entre el nivel nacional y las unidades subnacionales, y entre éstas entre sí. Hay congruencia, según los autores, cuando se registra un número similar de partidos a nivel nacional y en las provincias, y ello sirve como una medida de la nacionalización. De modo inverso, la incongruencia se encuentra asociada con la desnacionalización.

Las diferencias entre los dos índices aquí presentados se pueden resumir de la siguiente manera: Jones y Mainwaring evalúan la

---

[72] Definido como un sistema compuesto por un subsistema de partidos nacionales y un subsistema de partidos subnacionales (Gibson y Suárez Cao, 2006: 2).

[73] Elaborado por Laakso y Taagepera (1979), el índice estima la cantidad de partidos relevantes.

desnacionalización en un solo nivel jurisdiccional (diputados nacionales), y para ello consideran a partidos específicos. En tanto, Gibson y Suárez Cao efectúan una comparación interjurisdiccional, y toman como referencia el número efectivo de partidos, independientemente de la identidad de los mismos (Gibson y Suárez Cao, 2008).

Al margen de las diferencias, con ambos índices se arriba a similares resultados: el sistema partidario en la Argentina ha atravesado en los últimos años un marcado proceso de desnacionalización. A continuación, se presentan los resultados obtenidos para el período 1983-2007, en la categoría Diputados nacionales, al aplicar el Coeficiente de Gini[74].

Cuadro Nº 1: Resultado de la Nacionalización del Sistema de Partidos (PSNS). Diputados nacionales. 1983-2005

Año	PSNS	Votos obtenidos (%)	Etiquetas partidarias nacionales
1983	0,78	86	PJ y UCR
1985	0,64	85	PJ, UCR, Partido Intransigente, Partido Renovador
1987	0,71	84	PJ, UCR y UCD
1989	0,69	83	PJ, UCR y UCD
1991	0,56	74	PJ, UCR y UCD
1993	0,64	79	PJ, UCR y MODIN
1995	0,68	86	PJ, UCR y FREPASO
1997	0,65	80	PJ, Alianza
1999	0,67	84	PJ, Alianza y Acción por la República
2001	0,50	66	PJ, Alianza y ARI
2003	0,35	55	PJ, UCR y ARI
2005	0,37	61	Frente para la Victoria, UCR y ARI
2007	0,36	60	Frente para la Victoria, UCR y ARI

Fuente: Elaboración propia sobre la base de Del Cogliano y Bonifacio (2010).

---

[74] Para un análisis en detalle de los aspectos metodológicos véase en este mismo libro "Un acercamiento a la comprensión de las relaciones fiscales intergubernamentales. Aporte para el estudio del proceso de nacionalización/desnacionalización partidaria".

Al considerar los años extremos del período analizado, se observa una merma significativa en los niveles de nacionalización del sistema partidario argentino: entre 1983 y 2007 hay una diferencia de 42 puntos porcentuales en el PSNS. Aunque constante durante prácticamente toda la etapa, la tendencia a la desnacionalización se profundiza a partir de 2001. Cabe agregar, además, que, en consonancia con este proceso se produce una significativa pérdida de caudal electoral por parte de las etiquetas partidarias nacionales (en adelante, EPN).

El índice propuesto por Gibson y Suárez Cao también registra, desde principios de siglo, una merma significativa en los niveles de nacionalización, o de otra manera, un incremento en la incongruencia entre los patrones de competencia partidaria para elecciones a presidente y gobernadores. En efecto, en el cuadro N° 2 se observa que en 2003 y 2007 se registran los mayores niveles de incongruencia de toda la serie.

Cuadro N° 2. Nivel de congruencia. Número efectivo de partidos. Presidente y gobernadores. 1983-2007

Año	Nivel de congruencia
1983	0,31
1987	0,45
1991	0,41
1995	0,34
1999	1,12
2003	7,13
2007	5,38

Fuente: Elaboración propia sobre la base de Gibson y Suárez Cao (2008).

La literatura especializada ha señalado diversos factores para explicar el curso de este proceso: la descentralización (Chhibber y Kollman, 2004) y el consecuente protagonismo que asumen las unidades subnacionales, la crisis fiscal del Estado nacional hacia fines de la década del '90 (Abal Medina, 2007), el cambio en las propias estructuras partidarias (Mustapic,

2004), entre otros. Sin embargo, teniendo en cuenta las tendencias que arrojan los índices presentados debe subrayarse otro factor de vital importancia: la crisis política y de representación de 2001-2002 (Abal Medina, 2007), que tiene como puntos álgidos las elecciones legislativas de octubre de 2001 ("voto bronca"), el estallido social de diciembre de ese mismo año (con el lema "que se vayan todos"), y la caída del gobierno de la Alianza.

Por otra parte, no debería llamar la atención que, a pesar de sus diferencias, ambos índices presenten resultados similares. En efecto, si la distribución geográfica del apoyo electoral partidario es heterogénea, es factible, tal como sostiene Leiras (2006), que en cada distrito los votos (tanto para cargos nacionales como provinciales) se distribuyan entre conjuntos integrados por distintos partidos. Ello tiene un doble efecto: la fragmentación en el agregado nacional y la autonomización de los patrones de competencia partidaria provinciales. En un escenario de tales características, en definitiva, es probable que aumenten los niveles de incongruencia entre los sistemas partidarios provinciales y entre éstos y el nivel nacional.

Por lo dicho, ambas dimensiones de desnacionalización se encuentran asociadas entre sí, y éstas a su vez se vinculan con la fragmentación de la competencia electoral. Ello es lo que ocurrió a partir de 2001: la desnacionalización se produjo en paralelo al quiebre definitivo del formato bipartidista que la Argentina ostentaba desde el retorno de la democracia: "La imagen de un sistema político bipartidista representando a dos electorados claramente definidos, peronistas y radicales, ha ido resquebrajándose en los últimos veinte años (Calvo y Escolar, 2005:21)". Mientras que en 1983, en la categoría de diputados nacionales, el número efectivo de partidos era de 2,69, en 2007 se elevó a 4,3.

El derrumbe del bipartidismo hizo evidente que las pautas de articulación y coordinación de la dinámica política argentina escapaban a una única dimensión nacional (Abal Medina, 2007). En efecto, la progresiva fragmentación del sistema partidario nacional no se replicó en forma automática en el resto de los distritos subnacionales, que adquirieron rasgos propios e incluso distintos entre sí. En definitiva, estas tendencias se encuentran comprendidas en la propia definición de desnacionalización, entendida como un proceso en el cual el comportamiento de los partidos y el de sus votantes se vuelve más distintivamente local y se independiza en parte de la política nacional.

En este contexto de profundas e importantes transformaciones en el sistema partidario argentino, que a su vez impactan y son acompañadas de modificaciones en las pautas de competencia subnacionales, cobra sentido indagar en las características y la dinámica que asume la competencia partidaria en la Ciudad de Buenos Aires a partir de 2001.

2. La Ciudad de Buenos Aires, ¿un distrito particular?

La desnacionalización amerita el estudio en profundidad de los sistemas partidarios subnacionales. Empero, el interrogante que pretendemos responder en este acápite es otro, ¿por qué tomar como caso de estudio a la Ciudad de Buenos Aires? A continuación se dará una serie de razones que estuvieron presentes en los albores de este estudio.

La primera de ellas reside en su significación política. Es la Capital de la República, uno de los distritos más poblados del país (sólo superado por la provincia de Buenos Aires), y sede de residencia de las autoridades políticas nacionales y de los grandes medios de comunicación, características que en conjunto convierten a la Ciudad de Buenos Aires en un punto neurálgico de la política argentina.

La segunda razón es que uno de los determinantes de la desnacionalización, la crisis de representación política y el estallido social de diciembre de 2001, tuvo como epicentro al distrito porteño. Ello permitía entrever la posibilidad de que las transformaciones del sistema partidario nacional impactaran de forma particular en la configuración del sistema de partidos de la ciudad.

Esta hipótesis preliminar adquirió sustento empírico al desagregar la información contenida en los dos índices presentados anteriormente. Ello, como se verá a continuación, permitió conocer en forma aproximada la influencia que tiene cada distrito –y en particular, la Ciudad de Buenos Aires– sobre la desnacionalización.

2.1. El peso de las etiquetas partidarias nacionales en los distritos

La desnacionalización, medida por el Coeficiente de Gini, tuvo como uno de sus efectos centrales la pérdida de peso electoral de las EPN. Al respecto, en las elecciones para diputados nacionales de 1983, la UCR y el PJ obtuvieron entre ambos el 86% de los votos, mientras que, en 2007, el Frente para la Victoria, la UCR y el ARI, alcanzaron en forma conjunta solo el 60% (véase cuadro Nº 1 para mayores referencias). Sin embargo, tal como indica el cuadro Nº 3, esta diáspora de votos no fue homogénea para todos los distritos.

Cuadro Nº 3. Votos de las EPN, por distrito. Diputados nacionales (2003-2005-2007)

Promedio nacional	Distrito	2003 Votos (%)	2005 Votos (%)	2007 Votos (%)	Promedio Votos (%)
Por debajo de la media nacional	Corrientes	1	5	28	11
	Neuquén	24	0	22	15
	Capital	3	44	34	27
	Misiones	24	41	33	33
	San Luis	82	23	18	41
	Salta	67	19	45	44
	Tierra del Fuego	76	51	36	54
	San Juan	58	49	65	57
	Córdoba	57	62	57	59
	Santa Fe	61	82	41	61
	Tucumán	33	71	83	62
	Santiago del Estero	40	88	59	62
Media nacional		68	61	60	63
Por encima de la media nacional	Buenos Aires	61	60	72	64
	Catamarca	93	69	62	75
	Mendoza	119	68	39	75
	Río Negro	82	89	57	76
	Jujuy	90	78	61	76
	Entre Ríos	97	82	66	82
	La Rioja	96	61	95	84

Promedio nacional	Distrito	2003 Votos (%)	2005 Votos (%)	2007 Votos (%)	Promedio Votos (%)
	Chubut	84	86	83	84
	La Pampa	94	80	92	89
	Santa Cruz	96	79	96	90
	Chaco	90	91	94	92
	Formosa	96	90	97	94

Fuente: Elaboración propia sobre la base de Del Cogliano y Bonifacio (2010).

Del cuadro Nº 3 se desprende una idea aproximada de la influencia que tiene cada provincia sobre los niveles de desnacionalización partidaria. En tal sentido, la Ciudad de Buenos Aires aparece como uno de los distritos con peor desempeño electoral de las EPN.

Tras las elecciones de 2001, el escenario electoral porteño estuvo dominado por agrupaciones con nula o escasa inserción en el resto del país.

Cuadro Nº 4. Partido o Alianza que obtiene mayoría de bancas en diputados nacionales (2003-2005-2007)

Año	Partido o alianza	¿En cuántos distritos compitió?	¿Ganó en algún otro distrito?
2003	Compromiso para el Cambio	Ciudad de Buenos Aires	No
2005	Alianza Propuesta Republicana	Ciudad de Buenos Aires, Buenos Aires, Santa Fe	No
2007	Alianza Coalición Cívica	Ciudad de Buenos Aires, Buenos Aires, Corrientes, Chubut, La Pampa, Mendoza, Salta, San Luis, Tucumán	No

Fuente: elaboración propia sobre la base de datos de <www.andytowsa.com>.

2.2. Los niveles de incongruencia, por distrito

Considerada en su segunda dimensión (los niveles de congruencia), la desnacionalización supone una diferenciación creciente de los sistemas partidarios subnacionales entre sí y de éstos y el nacional. En tal sentido, la fragmentación a nivel nacional no se ha replicado de manera automática sino que coexiste con una mayor concentración y estabilidad de la competencia partidaria en la mayoría de los sistemas políticos provinciales (Calvo y Micozzi, 2004; Calvo y Escolar, 2005; Leiras, 2006). En ese marco, resulta peculiar la dinámica del sistema partidario porteño.

Cuadro N° 5. Número efectivo de partidos. Presidente, jefe de Gobierno, gobernadores (2003-2007)

Nivel/Cargo	2003	2007	Promedio
Nacional/Presidente	5,65	3,41	4,53
Ciudad de Buenos Aires/ Jefe de Gobierno	3,59	3,22	3,40
Media provincial/ Gobernadores	2,75	2,58	2,67

Fuente: elaboración propia sobre la base de <www.andy.towsa.com>.

El cuadro N° 5 refleja, en forma desagregada, la desnacionalización del sistema partidario argentino en el sentido de su incongruencia: los niveles de fragmentación para la elección a presidente, tanto en 2003 como en 2007, son superiores al promedio que ostenta la elección para gobernadores. En segundo lugar, aunque la tendencia predominante en las provincias es la concentración en el número efectivo de partidos, la Ciudad de Buenos Aires emerge como un distrito particular, con valores de dispersión partidaria superiores claramente a la media provincial y acercándose a las cifras que ostenta el nivel nacional.

Cabe agregar que la mayor fragmentación en la ciudad también se replica cuando se analiza el número efectivo de partidos en las legislaturas provinciales.

Cuadro Nº 6. Número efectivo de partidos. Legislaturas provinciales (2003-2007)

Distrito	2003	2007	Promedio
Ciudad de Buenos Aires	10,3	4,0	7,2
Tierra del Fuego	6,0	7,9	7,0
Córdoba*	4,6	4,7	4,7
Salta	4,5	4,7	4,6
Neuquén	4,9	3,9	4,4
Buenos Aires	5,2	3,5	4,4
Tucumán	2,5	5,7	4,1
Río Negro*	4,8	3,2	4,0
San Juan*	4,0	3,2	3,6
Corrientes	3,0	4,2	3,6
San Luis	3,1	3,9	3,5
Misiones	2,9	3,8	3,4
Jujuy	2,4	4,1	3,3
Entre Ríos	2,8	3,3	3,0
Chaco	2,9	3,0	3,0
Chubut	2,8	2,8	2,8
Santa Fe	2,6	2,3	2,4
Catamarca	2,5	2,4	2,4
Santa Cruz*	2,1	2,2	2,2
Mendoza	4,2	S/D	2,1
Formosa	1,7	1,6	1,7
La Pampa	S/D	2,5	1,2
La Rioja	2,1	S/D	1,0
Santiago del Estero	No eligió	No eligió	

* El sistema electoral para diputados provinciales es mixto: se eligen por departamento (municipio o región) y por distrito único. El número efectivo de partidos es el resultado de promediar el número efectivo de partidos que compiten en cada categoría.

Fuente: elaboración propia sobre la base de <www.andy.towsa.com>.

En definitiva, resulta evidente que la desnacionalización afectó de manera especial la competencia partidaria en la Ciudad de Buenos Aires: las EPN muestran un pobre desempeño electoral y se registran altos niveles de fragmentación. Esta situación corrobora entonces que el ámbito porteño posee una serie de rasgos particulares que lo distinguen de las tendencias predominantes en el resto de las unidades subnacionales.

3. Razones de una trayectoria particular

3.1. La importancia del sistema electoral

Según Bardi y Mair (2008), si un nivel de gobierno (en este caso el nacional) es más relevante que el resto, los patrones de competencia partidaria en todos los niveles de un país serán similares pues estarán estructurados por aquél. De tal forma, puede inferirse que la fragmentación partidaria en la Ciudad de Buenos Aires es un reflejo de lo acaecido a nivel nacional.

El problema en ese caso reside en explicar por qué muchas provincias mantienen aislados sus patrones de competencia. Abal Medina y Ratto (2010) responden a tal interrogante: "(…) the possibility of the national party system to filter influences to subnational party systems respond to the endogenous features of the sub-national party systems. Only when the electoral rules are sufficiently permissive at the sub-national level, the national party system could filter ids influence to the provincial party systems. Thus, in the Argentinean party system it is not the dominance of national logic that imposes its logic on sub-national levels. It is the sub-national dynamics that allow or denies the national influence over the sub-national party systems" (Abal Medina y Ratto, 2010:4).

En definitiva, la fragmentación a nivel nacional no se replicó en forma automática en el resto de las unidades subnacionales. Merced a sistemas electorales mayoritarios, muchas provincias lograron aislar sus patrones de competencia partidaria, mostrando niveles de fragmentación sensiblemente menores a los del nivel nacional. En esa misma línea argumentativa, Calvo y Micozzi (2004) vinculan tal desenlace con la implementación de reformas institucionales que muchas provincias llevaron adelante a fin de morigerar o atenuar el impacto de la fragmentación que se estaba dando a nivel nacional. También resulta coincidente con este planteo el análisis de Gibson y Suárez Cao (2008), quienes remarcan el tránsito que recorrieron algunas provincias desde un sistema competitivo a otro hegemónico. Dentro de este marco analítico, la fragmentación del sistema partidario nacional repercute solamente en aquellos distritos que poseen sistemas electorales proporcionales, como es el caso de la Ciudad de Buenos Aires.

Al respecto, los legisladores porteños se eligen mediante la fórmula proporcional D'Hont, en circunscripciones de tamaño grande: cada dos años se renuevan 30 bancas. Asimismo, no hay barrera legal. Estas características en conjunto generan claros efectos proporcionales, y alimentan o al menos no morigeran la fragmentación del sistema de partidos. Por su parte, la elección del jefe de Gobierno contempla la instancia de *ballotage* o segunda vuelta en caso que ningún candidato alcance el cincuenta por ciento más uno de los votos. Si bien este sistema ejerce un efecto reductor en la segunda vuelta, pues solamente compiten los dos candidatos más votados, en la primera ronda, por el contrario, el votante se comporta igual que en un sistema proporcional, esto es, puede expresar libremente su primera preferencia.

En síntesis, según el argumento esbozado hasta aquí, la fragmentación del sistema partidario de la Ciudad de Buenos Aires se encuentra motivada por la fragmentación a nivel nacional. Dicha influencia es posible, asimismo, por los efectos proporcionales del sistema electoral porteño.

Ahora bien, dentro de este marco explicativo, un nuevo interrogante se abre al analizar los niveles de fragmentación partidaria que ostenta cada distrito en las elecciones a diputados nacionales. Pues para este nivel, la Ciudad de Buenos Aires nuevamente presenta los mayores niveles de fragmentación. Cabe mencionar que el único elemento del sistema electoral para diputados nacionales que varía por provincia es la magnitud de distrito (según el tamaño poblacional); el resto es idéntico (fórmula electoral proporcional D'Hont; barrera legal del 3%). En virtud de ello, para evaluar empíricamente este fenómeno tomamos como indicador el número efectivo de partidos electorales en los distritos más grandes del país (diez o más bancas), pues es en ellos donde se manifiestan los efectos proporcionales del sistema electoral.

Cuadro N° 7. Número efectivo de partidos, por distrito.
Diputados nacionales (2003-2005-2007)

Distrito	Cantidad de Bancas	2003 NEP	2005 NEP	2007 NEP	Prome-dio NEP
Ciudad de Buenos Aires	25	5,36	4,52	10,05	6,64
Mendoza	10	4,39	5,43	9,62	6,48
Córdoba	18	4,63	4,11	7,50	5,41
Buenos Aires	70	4,83	3,78	3,70	4,10
Santa Fe	19	2,62	3,29	3,88	3,26
Nacional		3,45	3,23	4,3	3,65

Fuente: elaboración propia sobre la base de la información proporcionada por <www.andy.towsa.com>.

El cuadro N° 7 parece corroborar la relación entre la magnitud de distrito y el grado de proporcionalidad: con excepción de Santa Fe, en promedio, el número efectivo de partidos en los distritos considerados grandes es superior a la media nacional.

Dicha relación, sin embargo, muestra no ser mecánica ni lineal, pues la Ciudad de Buenos Aires presenta los mayores niveles de fragmentación en todo el período considerado, a pesar de que en la comparación se consideran distritos similares en tamaño (Córdoba y Santa Fe) e incluso sensiblemente mayores (Buenos Aires). Algo similar ocurre con Mendoza, que ostenta el segundo lugar en el ranking a pesar de ser el distrito más pequeño de los cinco considerados. Aunque importante, el sistema electoral indudablemente no oficia como el determinante exclusivo en los niveles de fragmentación partidaria.

3.2. Pérdida de peso de las etiquetas nacionales

La trayectoria particular de la competencia partidaria porteña, evidenciada en sus altos niveles de fragmentación (para jefe de Gobierno, legisladores locales y nacionales) se produce en el marco del proceso de desnacionalización y por ende debe ser explicado a partir de considerar las características específicas del sistema político porteño. Dar cuenta de la influencia del sistema electoral de la ciudad, aunque se orienta en dicha dirección, se ha mostrado insuficiente. En tal sentido, cobra relevancia analizar el desempeño electoral de las EPN en las elecciones a jefe de Gobierno de la ciudad. Cabe recordar que la primera votación popular para este cargo se dio recién a partir de 1996, tras la autonomía adquirida con la reforma de la Constitución Nacional en 1994.

**Cuadro N° 8. Porcentaje de votos.
Categoría jefe de Gobierno: 1996-2007**

Año	EPN	Cantidad de Votos (%)
1996	UCR, FREPASO, Justicialista	85
2000	Alianza por el Trabajo, la Justicia y la Educación; Justicialista, Acción por la República	84
2003	PJ, UCR, ARI	2
2007	FPV, UCR, CC	44

Fuente: Elaboración propia sobre la base de <www.andy.towsa.com>.

El cuadro N° 8 refleja con nitidez el fenómeno de la desnacionalización de la competencia partidaria argentina al que se ha hecho referencia anteriormente y que se expresa fuertemente a partir de 2001. En efecto, mientras que en las primeras dos elecciones (1996 y 2000), las EPN obtienen la mayoría de los votos (con pisos superiores al 80%), en 2003 y 2007, por el contrario, exhiben un pobre desempeño. Aunque esta situación se replica en algunas otras provincias, no es la tendencia predominante y en el distrito porteño alcanza una particular intensidad.

Cuadro N° 9. Porcentaje de votos de las EPN.
Categoría jefe de Gobierno y gobernadores

Distrito	2003 Cantidad de votos (%) EPN	2007 Cantidad de votos (%) EPN	2003 - 2007 Promedio cantidad de votos (%)
Neuquén	30	6	18
Capital	2	44	23
Misiones	18	33	25
Santa Fe	43	45	44
Catamarca	96	0	48
Salta	67	48	58
Córdoba	89	37	63
San Juan	61	66	63
Tucumán	44	84	64
La Rioja	99	33	66
Mendoza	83	54	68
Buenos Aires	60	80	70
Jujuy	91	57	74
Formosa	73	80	77
Entre Ríos	97	67	82
Tierra del Fuego	71	100	86
San Luis	90	86	88
Río Negro	83	94	89
Chubut	87	95	91
La Pampa	94	94	94
Chaco	96	97	97
Santa Cruz	99	97	98

* Corrientes y Santiago del Estero no se contabilizan porque no eligieron gobernador ni en 2003 ni en 2007.

Fuente: elaboración propia sobre la base de <www.andy.towsa.com>.

Los datos que se agrupan en el cuadro N° 9 constituyen un modo de aproximarse al nivel de nacionalización en las elecciones a gobernador en 2003 y 2007. En él queda reflejado el heterogéneo apoyo electoral que reciben en cada provincia las EPN. Puede apreciarse que, con excepción de cinco distritos (Neuquén, Ciudad de Buenos Aires, Misiones Santa Fe, y Catamarca), en el resto existe un claro dominio electoral de las EPN (alcanzan en conjunto porcentajes de votos superiores al 50%). En ese marco, y en términos comparativos, la Ciudad de Buenos Aires emerge como un distrito particular, pues las EPN reciben en promedio, entre 2003 y 2007, el apoyo electoral más bajo, sólo superado por Neuquén.

Conviene ahora desagregar el desempeño electoral en la Ciudad de Buenos Aires de las fuerzas políticas consideradas hasta aquí.

Cuadro N° 10. Desempeño electoral en la Ciudad de Buenos Aires. Elección a jefe de Gobierno.
UCR, PJ/Frente Para la Victoria y tercer partido. 1983-2007

Año/Partido político	Cantidad de votos (%) UCR	Cantidad de votos (%) PJ	Cantidad de votos (%) Tercer partido	Total de votos (%)
1996	40	19	27	86
2000	49	2	33	84
2003	2	0	0	2
2007	0	24	21	45

Fuente: elaboración propia sobre la base de <www.andy.towsa.com>.

El cuadro N° 10 indica dos momentos claramente diferenciados. En el primero, que comprende a las elecciones a jefe de Gobierno de 1996 y 2000 (antes de la desnacionalización), se pueden observar tres tendencias:

- El dominio radical, que obtiene sendos triunfos.
- El magro rendimiento electoral del PJ.
- El buen desempeño del "tercer partido" a nivel nacional (el FREPASO en 1996, y Acción por la República en 2000).

Dichas tendencias marcan una diferencia con lo que ocurre en el nivel nacional, pues como fuera dicho anteriormente, hasta 1999 la Argentina ostentaba un formato bipartidista (PJ y UCR). Las elecciones en la ciudad para jefe de Gobierno, previo a la desnacionalización muestran, por el contrario, que el tercer partido a nivel nacional en verdad es el segundo partido en la ciudad, desplazando de ese sitial al PJ.

El segundo momento engloba a las elecciones de 2003 y 2007 y se observa que, las tres fuerzas consideradas, obtienen bajos rendimientos electorales. Esta etapa marca el fin del dominio radical, y ni el Frente para la Victoria ni el "tercer partido" a nivel nacional (ARI y Coalición Cívica) pueden canalizar esos votos a su favor.

Este desenlace resulta peculiar y diferente a lo ocurrido en muchas otras provincias. Hay que tener en cuenta que el fin del bipartidismo, o de otra manera, el declive en el apoyo electoral de los votos obtenidos por el PJ y la UCR en forma conjunta, a partir de 2001, esconde en verdad realidades sumamente disímiles para una y otra fuerza. Por ejemplo, en diputados nacionales el PJ/Frente para la Victoria, entre 1983 y 2007, perdió solamente dos puntos porcentuales (pasó del 38% al 36%); en tanto, la UCR, principal afectada, fue del 48% al 11%. Una situación similar ocurrió para los gobernadores. En 2003 y 2007 el PJ/Frente para la Victoria obtuvieron las gobernaciones de 14 provincias, en tanto la UCR obtuvo 5 en 2003 y tan solo 1 en 2007. En líneas generales, entonces, puede afirmarse que, en la mayoría de las provincias, la crisis del radicalismo significó un fortalecimiento del Partido Justicialista, que canalizó gran parte de los votos perdidos por aquél. En definitiva, el PJ/Frente para la Victoria logró sobrevivir a la crisis y actuó como elemento de contención y canalización de votos (Levitsky y Murillo, 2003).

Por el contrario, en la Ciudad de Buenos Aires la crisis del radicalismo se tradujo en una dispersión de votos hacia diversos partidos, pues en este caso el PJ no actuó como contención. Dos razones históricas se conjugan en el curso de este proceso. En primer lugar, el peronismo se ha caracterizado por tener un bajo arraigo en el ámbito porteño, ya evidenciado cuando se analizó su rendimiento electoral para jefe de Gobierno. La misma tendencia se observa en diputados nacionales. Entre 1983 y 2007, solamente en dos ocasiones (1989 y 1993, el auge del menemismo) pudo superar apenas el 30% de los votos. A ello se agrega una segunda razón, que se vincula con que la UCR ostenta una situación totalmente inversa: este distrito es uno de sus bastiones históricos. Calvo y Escolar (2005:294) describen de forma similar estas tendencias (La ciudad es) "(…) un distrito en donde el Peronismo nunca cosechó grandes adhesiones. Esta tendencia no se vio alterada a partir del momento en que los porteños contaron con la posibilidad de elegir a su Jefe de Gobierno, sucediéndose mandatarios ajenos al PJ en el Ejecutivo local" (ídem). Y a continuación, sostienen: "Por lo tanto, como continuidades políticas pueden reconocerse en la Ciudad una baja performance electoral del PJ, grandes adhesiones al Radicalismo y FREPASO y la presencia de pequeños partidos de diverso origen en la labor legislativa" (ídem).

El interrogante abierto, entonces, reside en indagar cuáles son los partidos que pasaron a dominar el escenario electoral porteño en las elecciones a jefe de Gobierno en 2003 y 2007.

Cuadro N° 11. Partidos o Alianzas que ganaron las elecciones 2003-2007. Primera vuelta

Año	Partidos o Alianzas	¿En cuántos distritos compitió?	¿Ganó en algún otro distrito?
2003	Compromiso para el Cambio	En ninguno	No
2007	Alianza Propuesta Republicana	Buenos Aires, Entre Ríos, San Juan	No

Fuente: elaboración propia sobre la base de datos del Ministerio del Interior.

Tal como se indica en el cuadro N° 11, en las elecciones para jefe de Gobierno de 2003 y 2007 resultaron ganadoras en la primera vuelta[75] fuerzas políticas con escasa proyección a nivel nacional. De hecho, Compromiso para el Cambio, creado en 2003, fue el partido con el que

---

[75] El sistema electoral porteño establece el ballotage o segunda vuelta entre los dos principales contendientes cuando ninguna fórmula alcanza la mayoría absoluta de los votos (50% más uno de los votos).

compitió Mauricio Macri por la jefatura de Gobierno y ese año no presentó candidaturas para gobernador en ningún otro distrito. Cabe agregar que la fórmula finalmente electa en 2003 fue la de Ibarra-Telerman, que se impuso en el ballotage contra el binomio Macri-Rodríguez Larreta. Este triunfo, no obstante, se solventó con el apoyo de tres fuerzas políticas con una clara impronta local. El Partido de la Ciudad y el Partido de la Revolución Democrática compitieron solamente en el ámbito porteño. En cuanto a la Alianza Fuerza Porteña también se la ha considerado como una fuerza local, pues aunque el Partido de la Victoria y Afirmación por una República Igualitaria formen parte de ella, éste constituye un acuerdo peculiar que no se replica en ningún otro distrito. Es decir, se trata de una unión partidaria-electoral específica de la Ciudad de Buenos Aires.

Por su parte, en 2007, Alianza Propuesta Republicana también llevó como candidato a jefe de Gobierno a Mauricio Macri (finalmente electo tras resultar ganador en el ballotage), y presentó candidatos a gobernador en solamente otras tres provincias.

En definitiva, en las elecciones a jefe de Gobierno de 2003 y 2007 se evidencia que las fuerzas políticas mayoritarias tienen una clara impronta local.

4. Conclusiones

A través de diversos indicadores se ha podido comprobar que en el marco de la desnacionalización y fragmentación del sistema partidario argentino acaecido fundamentalmente a partir de 2001, la competencia partidaria en la Ciudad de Buenos Aires adquirió una dinámica propia y distinta de la nacional y de la del resto de las provincias.

Los altos niveles de fragmentación partidaria porteña contrastan con la concentración que predomina en la mayoría de las provincias. Se ha planteado que esta situación puede estar motivada por la fragmentación a nivel nacional. Merced a un sistema electoral con efectos claramente proporcionales, la Ciudad de Buenos Aires es susceptible a las tendencias nacionales predominantes.

Sin embargo, considerar las características del sistema electoral como único determinante del sistema partidario resulta insuficiente. Se ha probado, por ejemplo, que la Ciudad de Buenos Aires también presenta los mayores niveles de fragmentación en la categoría de diputados nacionales, tomando incluso como referencia a distritos de similar o superior magnitud.

EL desempeño electoral de las EPN en el ámbito porteño, fundamentalmente el PJ y la UCR, se convierte entonces en un factor explicativo fundamental. A diferencia de lo ocurrido en muchas otras provincias, en la ciudad el PJ no actuó como elemento de contención frente a la crisis del radicalismo. Ello explica en gran medida la situación particular de la Ciudad de Buenos Aires al desagregar la información de los dos índices de nacionalización presentados en este trabajo. Estos resultados, como se dijo anteriormente, expresan de manera aproximada la contribución de cada distrito al proceso de desnacionalización. En tal sentido, en nuestro trabajo se puede observar que la ciudad ejerce una influencia determinante en dicho proceso, pues mientras en la mayoría de las provincias las EPN (fundamentalmente el PJ) han podido conservar el dominio electoral, en la ciudad las fuerzas predominantes tienen una clara impronta local.

En conclusión, en el marco del proceso de desnacionalización del sistema partidario argentino, nuestro trabajo apuntó en un principio a dilucidar la dinámica partidaria en la Ciudad de Buenos Aires. Su trayectoria peculiar invita a postular la idea de que las características del sistema de partidos a nivel nacional se explican en gran medida por lo acaecido a nivel local. En tal sentido, la desnacionalización partidaria puede ser vista como el resultado, entre otras razones, de la dificultad que tienen las principales etiquetas partidarias nacionales para obtener apoyo electoral en el ámbito porteño.

El fenómeno de nacionalización - desnacionalización partidaria: los casos de Tucumán y Formosa

Alejandro Gandulfo[76]

Resumen

En el presente capítulo analizamos los cambios que se produjeron en los sistemas partidarios provinciales de la Argentina, poniendo particular atención sobre los procesos de desnacionalización y nacionalización partidaria. Nos centramos en el estudio de las provincias de Tucumán y Formosa, analizando sus historias electorales y partidarias, y relacionándolas con sus recursos económicos y políticos.

1. Introducción

En el marco de las intensas transformaciones sufridas por el sistema partidario argentino en los años recientes, el presente trabajo se propone analizar los cambios que se produjeron en los sistemas partidarios provinciales, poniendo particular atención sobre los procesos de desnacionalización y nacionalización partidaria que han tenido lugar desde el retorno de la democracia en los años ochenta hasta las elecciones presidenciales de 2007. A la hora de estudiar dichos procesos, creemos necesario indagar en los postulados vertidos por Chhibber y Kollman (2004), acerca de que los movimientos de descentralización generan un mayor protagonismo de los actores centrados en políticas públicas locales. Desde nuestro punto de vista, dichos procesos de territorialización y desnacionalización partidaria están vinculados no sólo con la descentralización administrativa, fiscal y política (Falleti, 2005), sino también con la posibilidad de las elites provinciales de separar la competencia nacional de la provincial y así construir organizaciones partidarias autónomas (Alessandro, 2009).

En línea con lo planteado por Alessandro (2009), nos preguntamos sobre el grado de importancia que poseen los recursos económicos propios y los recursos políticos de los gobernadores argentinos, a la hora de analizar el nivel de nacionalización/desnacionalización de un sistema partidario provincial. Dicho de otro modo, creemos necesario examinar los distintos comportamientos que tuvieron los sistemas partidarios provinciales a la luz de los recursos que cada distrito posee. En este sentido, consideramos que las provincias con mayores recursos propios cuentan con más posibilidades de generar estructuras partidarias autónomas de los líderes nacionales que aquellas que sufren una mayor dependencia económica y poseen menores recursos políticos. Por recursos económicos propios entendemos los ingresos que no están atados a la coparticipación y a los fluctuantes aportes discrecionales del gobierno nacional; los recursos propios son generados en la provincia y, por lo tanto, brindan mayor libertad de movimiento a los gobernadores. Para medirlos, observaremos tanto el nivel de recaudación tributaria provincial y su impacto en el gasto público provincial, como los recursos nacionales disponibles. Por recursos políticos concebimos las distintas posibilidades que tienen los gobernadores de influir en la política nacional, ya sea mediante los diputados y senadores nacionales, como por razón del propio peso político de sus cargos ejecutivos. Particularmente, examinaremos la representación legislativa de las provincias y su peso electoral en la contienda nacional.

Nos centraremos en el estudio de unidades subnacionales dado que consideramos fundamental explicar el sistema partidario argentino como un sistema multinivel, con diversas arenas de competencia y con una interrelación que hace imposible comprender el complejo armado partidario nacional sin tener en cuenta la importancia de la política provincial y municipal (Malamud y De Luca, 2005). Específicamente, realizaremos un estudio comparado de dos provincias cuyos sistemas partidarios han mostrado comportamientos notoriamente disímiles a lo largo del período, culminando, no obstante, en sistemas con marcadas similitudes. Los casos seleccionados son los de la provincia de Tucumán, cuyo sistema partidario ha sufrido considerables modificaciones; y Formosa que, en contraste, ha experimentado una estabilidad sostenida. Las provincias bajo estudio exhiben un importante número de variables similares, aunque presentan, a su vez, significativas variaciones en su capacidad de generar recursos propios no condicionados desde la nación[77]. En este contexto, intentaremos dilucidar qué grado de relevancia presentan los recursos propios al momento de explicar los desiguales recorridos históricos de los sistemas partidarios de Tucumán y de Formosa.

En los apartados siguientes profundizaremos en los conceptos que se han presentado en esta primera aproximación a nuestra materia. En primer lugar, realizaremos un breve *racconto* de la literatura que ha abordado las diversas aristas de la temática. En segunda instancia, ahondaremos en los casos provinciales escogidos; repasaremos tanto su historia partidaria y electoral reciente, como su distinta evolución y relación con el sistema partidario nacional. Luego, estudiaremos las similitudes y diferencias socioeconómicas de Tucumán y Formosa; para finalizar con el análisis de los diversos recursos provinciales y su correlación con los sistemas partidarios.

2. El Sistema partidario argentino

Al comienzo del período estudiado, en 1983, el sistema partidario argentino presentaba una clara competencia bipartidista y centrípeta. Los principales partidos nacionales, la Unión Cívica Radical (UCR) y el Partido Justicialista (PJ), dominaban la escena política en todos los niveles. Sin embargo, unos pocos años después, el sistema habría de sufrir cambios sustanciales. La entrada en escena de una tercera fuerza colocó al centenario Partido Radical en un deslucido tercer lugar en las

---

[77] Realizaremos un estudio comparativo mediante la utilización de la llamada técnica de casos similares. Dicha técnica consiste en la eliminación de variables o, más precisamente, en la selección de sistemas con numerosas variables similares o idénticas, para así poder centrarse en las características fundamentales y diferenciadas del fenómeno bajo estudio (Cais, 1997).

elecciones presidenciales de 1995. En 2001, la crisis de representación política, junto a las crisis económica, social y fiscal, sacudió a nuestro país, siendo causa determinante de la implosión del sistema partidario y del consiguiente aumento exponencial del número de partidos.

Al analizar la historia reciente del sistema partidario argentino es factible afirmar que, desde 1983 a la fecha, nuestro país ha logrado asegurar una democracia competitiva pero no ha conseguido acompañar ese éxito con una consolidación de su sistema de partidos (Abal Medina y Suárez Cao, 2003; Calvo y Escolar, 2005). En otras palabras, puede observarse cómo el sistema partidario argentino ha pasado, a lo largo de los años de consolidación democrática, de ser un sistema cerrado y previsible a otro abierto e impredecible (Abal Medina y Suárez Cao, 2003).

En el presente apartado abordaremos algunas de las características centrales del sistema partidario argentino. Prestaremos particular atención a los procesos de desnacionalización y nacionalización del sistema partidario nacional; así como también a la relación existente entre los sistemas partidarios provinciales y los procesos de descentralización administrativa, política y fiscal (Falleti, 2005).

2.1. La territorialización del voto

Diversos estudios señalan un considerable aumento del número efectivo de partidos (NEP) a nivel nacional desde el año 1983 a la fecha, hecho que, sin embargo, no se replica con tanta claridad en el ámbito provincial. En numerosas provincias se han mantenido y, en ocasiones, consolidado los partidos tradicionales (el PJ y la UCR), lográndose una significativa estabilidad y un menor número efectivo de partidos en comparación con la esfera nacional (Calvo y Escolar, 2005). Dicha tendencia parece mantenerse hasta las elecciones del año 2005, momento en el cual la misma sufre algunas modificaciones (Abal Medina y Ratto, 2006).

Los sesgos partidarios, las diferencias en las magnitudes entre las provincias metropolitanas y las periféricas, la incorporación de importantes componentes mayoritarios en numerosos sistemas electorales provinciales, son algunas de las causas que señalan los investigadores a la hora de explicar el mencionado equilibrio subnacional (Calvo y Escolar, 2005; Malamud y De Luca, 2005; Leiras, 2007). En este sentido, es insoslayable que las recurrentes reformas electorales en los ámbitos provinciales han llevado a una concentración del voto y, principalmente, a una fuerte acumulación del reparto de las bancas a favor de los dos grandes partidos nacionales, especialmente en el caso de los distritos más pequeños de nuestro país (Calvo y Escolar, 2005; Malamud y De Luca, 2005). Paradójicamente, dicha concentración se vio reforzada y profundizada con la crisis de representación política de 2001 (Calvo y Escolar, 2005). Como explica Leiras: *"La fragmentación reciente de los votos nacionales afectó en mucha menor medida a las elecciones de ejecutivos provinciales. Éste es un primer indicador de que la lógica de competencia electoral obedece distintos patrones en el plano nacional y en el provincial."* (Leiras, 2007: 26).

Como se desprende del párrafo precedente, al estudiar el complejo armado político y partidario argentino pueden observarse distintas realidades. Las transformaciones no fueron semejantes en todas las provincias y tampoco para los distintos partidos políticos. En determinados distritos encontramos fuertes modificaciones en la estructura de competencia política, mientras que en otros hallamos una considerable estabilidad. Es comúnmente aceptado que aquellas provincias con mayor concentración poblacional son las que han sufrido los cambios más notables en sus escenarios electorales, mientras que las de poblaciones más pequeñas han logrado mantener sus sistemas partidarios y el consiguiente predominio de los partidos tradicionales (Leiras, 2007). Es en este punto donde la siguiente afirmación cobra relevancia: *"Una creciente diferenciación del voto en las distintas provincias (volatilidad regional), una mayor diferenciación del voto entre elecciones (volatilidad temporal) y la virtual desaparición del bipartidismo argentino (fragmentación) tenían como contracara el fortalecimiento electoral e institucional de los aparatos políticos locales y provinciales"* (Calvo y Escolar, 2005: 98).

A partir de dichas observaciones es que numerosos autores han definido al sistema partidario argentino como un sistema con tendencias a la territorialización del voto (Calvo y Escolar, 2005; Leiras, 2007). Los procesos de territorialización o "provincialización" de la política producen una mayor relevancia de lo local, un aumento de la *"importancia de las políticas públicas locales, llevando a una creciente diferenciación de los sistemas políticos nacionales y provinciales"* (Calvo y Escolar, 2005: 45). A su vez, generan que el voto pierda parte de su peso en la definición de las políticas públicas del nivel nacional; y, al mismo tiempo, dificultan la "accountability" entre representados y representantes, la cual se vuelve más opaca y difusa. Leiras es esclarecedor al respecto: *"En un sistema político territorializado, la dimensión partidaria de la política nacional se debilita, la interpretación y el juicio de las políticas se dificulta y las desigualdades geográficas pueden hacerse más pronunciadas"* (Leiras, 2007: 28).

La territorialización de un sistema partidario tiene dos efectos centrales, dos manifestaciones que creemos oportuno resaltar. El primero de ellos es la disgregación, entendida como la variación del número de partidos de provincia a provincia. Así, en ciertas provincias los votos son repartidos entre pocos partidos y en otras entre numerosas agrupaciones políticas. De esta forma se constituyen sistemas partidarios provinciales muy distintos entre sí y con respecto al sistema partidario nacional. El segundo efecto observado es la desnacionalización de un sistema partidario. Por ella entendemos las notables diferencias entre la proporción de votos que cosecha un partido en los diversos distritos provinciales (Leiras, 2007).

La mencionada territorialización, o su opuesto, la nacionalización, son factores primordiales al momento de observar el funcionamiento de un sistema partidario. El grado de nacionalización es fundamental a la hora de examinar las características de las políticas públicas, el funcionamiento de las legislaturas tanto nacionales como provinciales y, especialmente, las modalidades de redistribución de los recursos económicos por parte del gobierno nacional hacia los gobiernos provinciales (Alessandro, 2009). En países con sistemas territorializados, la política gira en torno a problemáticas y políticas públicas propias de los niveles subnacionales, siendo ellas centrales en las negociaciones en el Congreso de la Nación, en los ejecutivos provinciales y en el Ejecutivo nacional. Como lo expresa Alessandro: *"En sistemas poco nacionalizados, los legisladores guían su comportamiento principalmente por cuestiones propias de su distrito, y por lo tanto la dirección partidaria nacional tiene menores recursos para disciplinar su voto en el recinto. Por lo tanto, los ejecutivos tendrían mayores dificultades para construir coaliciones duraderas y aprobar políticas en el Congreso"* (Alessandro, 2009: 2) En otras palabras, en sistemas territorializados los ejecutivos nacionales deberán destinar mayores recursos políticos y económicos para lograr mayorías parlamentarias, aumentando la complejidad y los costos de las negociaciones.

2. 2. *Los efectos de la descentralización sobre los sistemas partidarios*

Para comprender cabalmente las implicancias y las consecuencias de las transformaciones que se produjeron en el sistema partidario argentino, juzgamos necesario analizar las diversas causas que influyeron sobre aquéllas. Entre las múltiples fuentes de la desnacionalización partidaria que ha vivido nuestro país, los procesos de descentralización administrativa, fiscal y política, ocuparían un lugar central (Falleti, 2005). Consideramos que la implementación de políticas de reforma del Estado y el traspaso de numerosas competencias estatales del nivel nacional al nivel provincial, han impactado sobre los partidos políticos argentinos. Los procesos de descentralización se iniciaron con la transferencia de la educación primaria desde el Estado nacional hacia los gobiernos provinciales en 1978. Estos procesos se ampliaron con la Ley de Coparticipación Federal de 1988 y sus sucesivas modificaciones, así como también con las profundas reformas (servicios, pactos fiscales, traspaso de la educación secundaria, etc.) que se llevaron a cabo durante la década del noventa. La delegación de las mencionadas atribuciones a las provincias generó un reforzamiento del peso de los gobernadores, principalmente en lo político, tanto en sus distritos como por fuera de éstos.

Según Falleti (2004), la mayor relevancia política se pronunció a partir del año 1991, primordialmente debido a los procesos de descentralización administrativa. En contrapartida dichos cambios incrementaron las dificultades económicas de numerosas provincias, ya que los procesos de descentralización administrativa no han sido acompañados, generalmente, por los consiguientes procesos de descentralización fiscal (Falleti, 2004). En nuestro país, los movimientos de descentralización comenzaron y se centraron en los aspectos administrativos, los cuales fueron mucho más pronunciados que la descentralización fiscal y política (Falleti, 2005).

Entre los múltiples análisis en torno del impacto de la descentralización sobre los sistemas partidarios, creemos oportuno resaltar el aporte de Chhibber y Kollman (2004), quienes sostienen que los procesos de descentralización como los sucedidos en nuestro país tienden a producir equivalentes procesos de desnacionalización partidaria. Los autores argumentan que al contar los gobiernos provinciales y locales con mayores competencias y recursos, los votantes tienden a centrar sus preferencias en los candidatos de dichas arenas, dejando en un segundo plano los ámbitos nacionales. Debido a ello, durante los períodos de territorialización aumentan las tendencias localistas y con ellas el número de partidos. En cambio, en los períodos de centralización el número de partidos disminuye, al igual que las estrategias políticas localistas y las incongruencias entre los sistemas partidarios nacionales y provinciales. De este modo, los autores concluyen que la descentralización de la década del noventa sería una de las causas principales de los cambios que ha sufrido nuestro sistema partidario.

En este sentido, resulta de interés recoger la adaptación que ha realizado Alessandro (2009) a la teoría propuesta por Chhibber y Kollman (2004). Dicho autor sostiene que es necesario analizar los efectos de la descentralización sobre el sistema de partidos nacional, pero no centrándose en cómo dichos cambios repercuten en las percepciones de los votantes y en la forma en que ellos redireccionan sus votos; sino en cómo los gobernadores son capaces de construir organizaciones partidarias autónomas de las nacionales y en la manera en que logran utilizar sus recursos económicos y políticos para dicho fin. A su vez, afirma que si *"la descentralización de competencias y gasto es acompañada de una descentralización de los ingresos habrá incentivos para una desnacionalización de la competencia partidaria. En cambio, mientras las provincias dependan de recursos que la Nación puede o no remitirles con cierta discrecionalidad, el sistema de partidos seguirá estructurado nacionalmente. (…) Según la respuesta que acabamos de sugerir, un actor provincial que cuenta con competencias propias se someterá a una organización partidaria nacional si depende de las decisiones tomadas en la arena nacional para financiar el ejercicio de esas competencias"* (Alessandro, 2009: 16).

En concordancia con dichos argumentos, creemos que las transferencias de atribuciones administrativas, económicas y políticas del Estado central a las provincias generan un mayor dominio de los gobernadores sobre sus territorios y un mayor peso político de los mismos en la arena nacional. A su vez, como lo expresan Calvo y Escolar: *"Un mayor control político-electoral de los territorios también ha garantizado un flujo más estable de recursos desde el orden nacional así como el mantenimiento de mayores niveles de empleo público para sostener las máquinas políticas provinciales"* (Calvo y Escolar, 2005: 35).

En otras palabras, la descentralización, principalmente administrativa en nuestro país, genera un férreo control de los gobernadores sobre sus territorios, control que se ve sostenido por las transferencias estables de la coparticipación federal[78], por su poder para negociar diversos tipos de transferencias (i.e. Aportes del Tesoro Nacional, adelanto de coparticipación, obras públicas, etc.), y por su habilidad para generar maquinarias políticas a través del patronazgo.

Sin embargo, es posible observar como la mera descentralización de funciones produce, en muchos casos, una necesidad constante de recursos que no son satisfechos por las transferencias de la coparticipación federal ni por los recursos propios que pueda generar una provincia. Sostenemos que dicha problemática es fundamental para comprender los comportamientos disímiles de los sistemas partidarios provinciales. Los gobernadores que reciben múltiples funciones con la descentralización administrativa, acrecientan su dominio y poder provincial, y logran construir importantes maquinarias políticas basadas en el dominio del territorio y en el aumento del empleo público provincial. No obstante, se ven, en la necesidad de solicitar cuantiosas sumas extra coparticipables a los gobiernos nacionales para lograr cerrar sus balances presupuestarios. Consideramos que esta situación se constituye en una variable fundante de los desiguales grados de fortaleza de los gobernadores en las distintas provincias y en distintos momentos históricos.

Para concluir, es necesario remarcar que los diversos cambios partidarios atravesados por las unidades subnacionales de nuestro país pueden y deben ser explicados desde múltiples ópticas. No le quitamos relevancia a las reformas electorales y constitucionales puestas en práctica desde el retorno de la democracia en 1983 hasta la fecha, sino que consideramos indispensable analizar dichos cambios institucionales a la luz de los procesos de descentralización en general, y de descentralización administrativa en particular. Más específicamente, entendemos que los distintos caminos que recorrieron las provincias argentinas pueden explicarse por las diversas estructuras socioeconómicas provinciales y por la consiguiente necesidad de aportes extracoparticipables provenientes de la nación para solventar

---

[78] Tras la sanción de la Ley 23.548.

las nuevas atribuciones recibidas por medio de la descentralización administrativa.

3. Los sistemas partidarios de Tucumán y Formosa[79]

Consideramos sumamente relevante estudiar la historia partidaria de Tucumán y de Formosa a la luz de las transformaciones del sistema partidario nacional y de su relación con los procesos de descentralización mencionados en el apartado precedente. Por ese motivo, a continuación realizaremos un seguimiento de los resultados electorales en ambas provincias desde 1983 hasta el año 2007, centrándonos en las elecciones a cargos ejecutivos. Asimismo analizaremos los principales efectos de los cambios constitucionales y trataremos de conocer las singularidades de los sistemas partidarios provinciales y su relación con el sistema partidario nacional. Estos datos nos permitirán identificar las particularidades del juego político en nuestros casos de estudio, así como también su evolución y sus principales transformaciones a lo largo de los años.

Tucumán y Formosa presentan *a priori* numerosas similitudes socioeconómicas, históricas y geográficas. No obstante, al examinar su historia política y electoral se observan recorridos disímiles. Tucumán posee un sistema partidario que ha sufrido fuertes modificaciones y oscilaciones a lo largo de las últimas décadas. Al comienzo del periodo encontramos un claro bipartidismo entre fuerzas nacionales; luego observamos el surgimiento, consolidación y declinación de una fuerza provincial; y, finalmente, culminamos con un probable sistema de partido predominante. A dichas transformaciones partidarias se le suman dos modificaciones constitucionales que, a pesar de no ser el eje de nuestro estudio, creemos que deben ser analizadas habida cuenta de que produjeron cambios significativos en las instituciones políticas provinciales y por consiguiente influyeron en el sistema de partidos políticos.

En contraposición, el sistema partidario de la provincia de Formosa mostró una notable estabilidad desde el año 1983. Estabilidad que tiene

---

[79] Seguiremos la clasificación de sistemas partidarios realizada por Giovanni Sartori (1976) y su definición de bipartidismo, pluralismo, partido predominante y partido hegemónico.

como máximo protagonista al PJ, fuerza política vencedora en todos los comicios electorales. Durante los primeros años, la disputa entre el PJ y la UCR configuraba un sistema bipartidista, con predominio del PJ pero con altas probabilidades de alternancia en el poder. Con el transcurso de los años se viró hacia un sistema de partido predominante, donde el PJ obtiene amplias mayorías y la UCR mantiene un lejano pero constante segundo puesto. El sistema formoseño pareciera no haber sido alterado por los procesos de descentralización administrativa.

3.1. Tucumán: De Fuerza Republicana al Frente para la Victoria

3.1.1. El bipartidismo

En 1983, la Constitución de la provincia de Tucumán databa de 1907 y establecía un Poder Ejecutivo unipersonal elegido de forma indirecta por un Colegio Electoral, y un Congreso Provincial compuesto de una Cámara de Senadores y otra de Diputados (Suárez Cao, 2001: 4). A nivel nacional, la provincia elegía dos senadores de forma indirecta[80] y contaba con una representación de nueve diputados en la Cámara Baja. Bajo este formato institucional se realizaron las primeras elecciones tras el retorno de la democracia.

La lectura de dichos comicios nos lleva a concluir que el sistema partidario tucumano estaba claramente estructurado como un bipartidismo. El PJ y la UCR acumulaban en conjunto más del 85% de los votos en la totalidad de los niveles electorales, no existían terceras fuerzas nacionales o provinciales de relevancia y la alternancia en el poder era probable. La congruencia con el sistema partidario nacional era elevada (Gibson y Suárez Cao, 2007): el NEP (Laakso y Taagepera, 1979) a nivel nacional se ubicaba en 2,32; mientras que en la provincia ese número se elevaba mínimamente a 2,43. Esta situación será inédita y no se observará durante el resto del período.

Como se puede apreciar en los resultados del cuadro 1, en la primera elección a gobernador, el PJ obtuvo un cómodo triunfo, aventajando a

---

[80] Los senadores nacionales serán elegidos de forma indirecta hasta la implementación de la reforma constitucional de 1994 en el año 2001.

la UCR por más de 14 puntos. Valores similares se presentaron en todos los cargos legislativos provinciales, achicándose la brecha únicamente a la hora de votar para diputados nacionales. El mencionado carácter bipartidista del sistema provincial se reforzó en las elecciones legislativas nacionales de 1985. Las mismas fueron ganadas por la UCR, en sintonía con la buena imagen ante la opinión pública con la que contaba por entonces el presidente Raúl Alfonsín. Dichos resultados parecían fortalecer las posibilidades de una victoria de la UCR en las futuras elecciones a la gobernación y la concreción de la alternancia en el poder.

Cuadro 1

Tucumán. Elecciones a gobernador: 1983-2007							
Partido	1983	1987	1991	1995	1999	2003	2007
P.J.	51,89%	24,81%	50,55%	32,08%[1]	36,45%[2]	44,40%[2]	78,08%[4]
U.C.R	37,17%	33,57%	4,16%	19,21%		25,76%[3]	2,25%
FrePaSo	-	-	-	1,05%		-	-
Alianza	-	-	-	-	22,43%	-	-
Coalición Cívica	-	-	-	-	-	-	3,72%
Fuerza Republicana	-	-	44,03%	47,20%	35,77%	20,00%	5,25%
Acción Provinciana	-	19,80%	-	-	-	-	-
Bandera Blanca	-	18,61%	-	-	-	-	-
Otros		3,24%	1,26%	0,46%	5,35%	9,84%	10,7%

[1] Frente de la Esperanza; [2] Frente Fundacional de Tucumán; [3] Frente Unión por Tucumán (Demócrata Cristiano - Socialista - Afirmación para una República Igualitaria - Movimiento de Participación Ciudadana - Unión Cívica Radical - Movimiento de Integración y Desarrollo - Pueblo Unido - Nuevo Partido - Frente Grande - Ciudadanos Independientes - Unión Vecinal de las Talitas - Movimiento Cívico Municipal); [4] Frente para la Victoria.

Fuente: Elaboración propia sobre la base de datos del Ministerio del Interior.

Sin embrago, hacia 1987 comenzaron a percibirse cambios en el sistema partidario tucumano. En primer lugar, se produjo la división del PJ. Dicha separación respondía a los enfrentamientos internos a nivel nacional entre "ortodoxos" y "renovadores", los cuales se materializaron en la presentación de dos listas enfrentadas. Una segunda modificación que introdujo la elección del año 1987 fue la aparición de Defensa Popular Bandera Blanca (DPBB), una fuerza provincial que cosechó un importante caudal de votos, posicionándose por debajo de la UCR y de las listas peronistas. Dicha fuerza era un antiguo y tradicional partido de corte conservador que se vio revitalizado al llevar como candidato a gobernador al general (RE) Antonio Bussi, ex interventor militar y máximo responsable de la represión ilegal en Tucumán durante la última dictadura militar. Bussi obtuvo el 18,61% de los votos, una banca en la Cámara de Diputados de la Nación y una importante representación en las cámaras provinciales.

La división electoral del peronismo fue capitalizada por la UCR que se agenció el triunfo en todos los niveles electorales provinciales así como también en la contienda nacional[81]. El radicalismo, aun alzándose con la victoria, no alcanzó la mayoría absoluta de los representantes en el Colegio Electoral, número requerido para proclamarse ganador del principal cargo ejecutivo de la provincia. En esta instancia empezó a cobrar visibilidad una situación que el radicalismo sufriría en mayor medida en futuras elecciones: el crecimiento electoral del bussismo, el que se produjo principalmente sobre el electorado tradicional del radicalismo, localizado fundamentalmente en la capital provincial, San Miguel de Tucumán.

La mayor dispersión electoral, la existencia de cuatro listas con porcentajes superiores al 15% y diversos enfrentamientos políticos, produjeron la dilatación del nombramiento del gobernador por el Colegio Electoral. Desde un principio la disputa principal en dicha institución giró en torno de las dos listas justicialistas, ya que la UCR no consiguió sumar apoyos que consolidaran su victoria en los comicios y el partido de Bussi decidió mantenerse alejado de los dos grandes partidos

---

[81] Es necesario aclarar que a pesar de la victoria electoral de 1987, dichos comicios mostraron una reducción del voto radical en comparación a 1985.

nacionales. De esta forma, luego de varios intentos fallidos, intervenciones judiciales y hasta fuertes presiones de la cúpula partidaria nacional para que se formalizara un acuerdo y se lograra conservar la provincia bajo la órbita justicialista, las dos facciones del PJ llegaron a un acuerdo que catapultó al candidato oficialista, José Domato, a la Casa de Gobierno de la provincia.

Sin embargo, es válido afirmar que el justicialismo, encabezado por Domato, no fue el único ganador en 1987. Bussi obtuvo un importante caudal de votos y la seguridad de que futuros éxitos electorales se avecinaban. Consciente de esto, y en discrepancia con la conducción del partido que lo había llevado como máximo candidato, Bussi decidió organizar su propia fuerza política. En 1988 fundó Fuerza Republicana (FR), partido que se constituiría en un actor clave en los próximos años de la vida política tucumana.

3.1.2. El derrumbe radical, el crecimiento de Fuerza Republicana

Luego de la enorme dificultad que acarreó la elección del gobernador en los comicios de 1987, se instaló en la clase dirigente tucumana y en la opinión pública toda, la necesidad de implementar reformas electorales y constitucionales que efectuaran cambios de fondo en las instituciones provinciales.

La modificación de la ley electoral fue fogoneada, fundamentalmente, por el PJ. El justicialismo buscaba implementar el sistema de doble voto acumulativo y simultáneo, más conocido como Ley de Lemas, utilizado en varias provincias argentinas y principalmente en la República Oriental del Uruguay (Tula, 1997). En palabras de Julieta Suárez Cao: *"Es un doble voto simultáneo porque el votante manifiesta, en el mismo acto, una doble voluntad, a favor de un partido y de un candidato o de las listas de candidatos; y acumulativo porque los votos obtenidos por las distintas listas de candidatos de un partido se suman para determinar el partido ganador"* (Suárez Cao, 2001: 15). El partido gobernante conseguiría, de ese modo, solucionar sus conflictos internos, disminuir los enfrentamientos entre sus diversas facciones y asegurarse gran parte del éxito en las venideras elecciones provinciales. Finalmente, y luego de largos debates, la nueva ley electoral fue aprobada en 1988.

La reforma de la ley electoral no acalló los reclamos por una modificación de la histórica Constitución provincial de 1907. En ese contexto, el PJ, con el apoyo de la UCR, decidió llamar a elecciones de convencionales constituyentes junto a los comicios del año 1989. Los aspectos nodales a tratarse serían la eliminación del Colegio Electoral, considerado el máximo responsable de los conflictos en la elección de 1987; y la modificación o supresión de la Cámara de Senadores provinciales, tenida por costosa y burocrática.

Con anterioridad a las trascendentes elecciones provinciales de 1989, se llevaron a cabo los comicios nacionales, obteniendo el PJ una victoria traccionada por la candidatura presidencial de Carlos Menem. En dicha elección, FR realizó su debut electoral con una excepcional *performance*, ganando dos diputados nacionales y relegando a la UCR a un tercer lugar con un magro 15% de los votos.

El 5 de noviembre de 1989 se llevó a cabo la contienda electoral que, entre otros cargos locales, definiría los convencionales constituyentes de cada partido. El bussismo sorprendió y obtuvo una aplastante victoria en todos los niveles, ganando la mayoría de los representantes en la Convención Constituyente y confirmando su ascendente carrera política. Peculiarmente, el oficialismo que había propulsado la iniciativa quedó con fuerzas minoritarias y sin ningún control sobre la reforma. Dicha conformación de la Asamblea Constituyente, produjo diversos enfrentamientos entre la mayoría bussista en la Convención y la mayoría peronista en el Congreso y en el Ejecutivo provincial. Los conflictos giraban en torno de la ley electoral que regiría al momento de elegir gobernador en el año 1991 y a la caducidad de los mandatos legislativos provinciales. Finalmente, luego de meses de enfrentamientos, la situación se destrabó con la intervención federal de todos los poderes de la provincia, decretándose al poco tiempo la promulgación de la nueva Constitución y su vigencia en las elecciones de ese año (Suárez Cao, 2001). De esta manera se imposibilitaba la utilización de la Ley de Lemas para la elección a gobernador pero quedaba habilitada para la selección de los representantes en la legislatura de la provincia.

Aun sin "ley de lemas" el candidato a gobernador propuesto por el presidente Menem, Ramón Ortega, logró amalgamar las distintas facciones justicialistas y el voto antibussista, conquistando el 8 de septiembre de 1991 la victoria en la carrera por la gobernación. Resultados similares se presentaron en las listas de diputados nacionales y provinciales, donde el justicialismo se erigió vencedor sobre el bussismo por más del 5% de los votos. En los comicios provinciales, el PJ sí se vio favorecido por la implementación de la Ley de Lemas, lo que le permitió mantener su unidad y consiguientemente su electorado. La consolidación electoral de FR se produjo en un contexto de declive electoral del radicalismo. Sin lugar a dudas, la crisis económica del gobierno alfonsinista y la salida anticipada del presidente, golpearon duramente al centenario partido disminuyendo sus posibilidades electorales. Ante una crisis económica a nivel nacional, el electorado tucumano buscó opciones en el ámbito provincial, y encontró dos armados políticos que escucharon dicho reclamo, el PJ liderado por Ortega y la FR conducida por Bussi.

A pesar de no haber ganado la gobernación en 1991, Fuerza Republicana consiguió en pocos años erigirse como un partido de referencia en la provincia de Tucumán. Manejó la reforma constitucional de 1990, se convirtió en un actor de veto en la legislatura provincial y se hizo de una interesante representación en el Congreso Nacional. Asimismo, a pesar de haber sido derrotada en 1993, FR continúo en una senda de crecimiento político y electoral; posicionándose de manera excelente para disputar la gobernación en 1995, luego de su victoria en las elecciones a convencionales constituyentes nacionales de 1994.

En ese contexto de avance de FR se llevaron adelante las elecciones de 1995. En mayo se votó para presidente y diputados nacionales, resultando vencedor el PJ sobre el bussismo. En esta contienda electoral cosecharon un importante caudal de votos los candidatos del Frepaso, que alcanzaron el segundo lugar para presidente y el tercero en la lista para diputados nacionales[82]. Dos meses después de las elecciones nacionales se realizaron los comicios provinciales que consagraron como gobernador a Antonio Bussi. El éxito de FR culminó un proceso de rápido y continuo crecimiento político. Sin lugar a dudas, el sistema partidario provincial se había modificado fuertemente. El bipartidismo que

---

[82] Dicha elección es la única en la totalidad del período que presenta una inserción de terceras fuerzas de presencia nacional en la provincia. El Frepaso tendrá serias dificultades en extender su buena actuación en las elecciones nacionales a la contienda provincial.

había caracterizado a la provincia, tanto en las elecciones locales como en los comicios nacionales, había desaparecido. La UCR fue testigo de la pérdida de parte de su electorado en manos del bussismo y sufrió estrepitosas derrotas. De aquí en adelante el radicalismo no recuperaría la posición central que lo había caracterizado. El PJ, por su parte, mantuvo un peso muy importante en la provincia, siendo el máximo competidor del oficialismo bussista, y seguiría dominando políticamente al interior provincial.

3.1.3. *El gobierno de Bussi: victoria y ocaso*

El triunfo electoral del bussismo se dio en el marco del proceso de descentralización administrativa y desregulación económica que caracterizó a la gestión menemista. Creemos que ante dicha circunstancia, no sólo el electorado tucumano centró sus preferencias en los candidatos que representaban al ámbito subnacional, sino que, principalmente, el bussismo logró construir una organización partidaria autónoma de los partidos nacionales y conservarla gracias a los recursos económicos y políticos de la provincia de Tucumán.

Transcurridos dos años de haber accedido al ejecutivo de la provincia, FR realizó una excelente elección, tanto a diputados nacionales, donde aventajó por más del 15% a la lista del PJ, como a legisladores provinciales. Los resultados mostraron un fuerte respaldo a la gestión de Bussi y significaron una consolidación del poder del gobernador. Las dificultades internas de las fuerzas opositoras dejaron el campo abierto para el cómodo éxito oficialista. El peronismo tucumano no logró recomponerse del cimbronazo tras la pérdida de la gobernación, situación que se vio magnificada con las fuertes disputas internas producidas por la futura sucesión presidencial. Por otro lado, el todavía reciente armado de la UCR con el Frepaso no lograba consolidarse. Es necesario aclarar que Tucumán fue el último distrito del país en donde se formó la Alianza, situación que se vio reflejada en el pobre 16% que obtuvo su fórmula[83].

---

[83] El acuerdo se formalizó solamente diez días antes de las elecciones, renunciando a su postulación por el Frepaso el por entonces diputado nacional José Vitar (*Clarín*, 27/10/97).

Como suele suceder, en 1999 las elecciones nacionales marcaron el ritmo de la política tucumana. Consciente de que la polarización entre los candidatos del PJ y de la Alianza perjudicaría su *performance* en la contienda por la gobernación, el gobierno de Bussi adelantó las elecciones para el mes de junio. Asimismo, ante la imposibilidad de Antonio Bussi de presentarse a la reelección, se decidió lanzar la candidatura de su hijo Ricardo. Durante las semanas previas a la elección se descontaba la victoria del partido oficialista. Tanto las encuestas como los propios protagonistas creían que el oficialismo provincial se iba a imponer de manera sencilla, creencia que se extendió hasta la misma noche del recuento de votos. Sin embargo y para sorpresa de muchos, el PJ logró una ajustadísima victoria. El bussismo perdió la provincia a pesar de contar con todo el aparato estatal y de haber realizado una excelente elección en 1997[84].

Los resultados de las elecciones de 1999 fueron percibidos por muchos periodistas y analistas políticos como el fin del bussismo. Se vaticinaba el regreso del bipartidismo a la provincia y la mayoría creía que el ciclo de Fuerza Republicana estaba acabado. Los hechos parecían confirmar dichas teorías; en las elecciones de octubre de ese año FR fue relegada a un pobre tercer puesto, consiguiendo el porcentaje más bajo de votos desde su creación. Pocos meses después, el rechazo de la Cámara de Diputados a la asunción de Bussi y las acusaciones sobre malversación de fondos durante su gobernación, fueron vistos como el golpe final a la carrera política del ex gobernador.

Pese a dicho escenario, la crisis de representación política, la crisis económica y el progresivo derrumbe del gobierno de la Alianza, generaron las condiciones necesarias para el renacer de FR. Como observamos en anteriores elecciones, la disminución de los votos obtenidos por el radicalismo provocó un nuevo crecimiento electoral de la fuerza política provincial liderada por Bussi. En octubre de 2001, FR obtuvo el segundo lugar en la elección a diputados nacionales y consiguió un senador

---

[84] Creemos que dicho resultado puede entenderse en el marco de la nacionalización y fuerte polarización entre la Alianza y el PJ que vivió el sistema partidario argentino. Dicha situación, junto a la imposibilidad de la máxima carta electoral de FR, Antonio Bussi, de presentarse para la reelección, generaron un cóctel fulminante para las ambiciones políticas del por entonces oficialismo provincial.

nacional por minoría en la primera elección directa para dicho cargo. La Alianza, por su parte, sufrió una dura derrota y fue relegada a la cuarta posición. Es posible afirmar que la crisis política que vivió el gobierno nacional fue uno de los causales del renovado protagonismo del partido de Antonio Bussi, el cual logró recomponerse de una discutida gobernación y de duras derrotas electorales y políticas.

3.1.4. El predominio del Frente para la Victoria

A partir del año 2003 la estrella política de FR comenzó a apagarse. El sistema partidario tucumano atravesó una nueva transformación de la mano de un impresionante crecimiento del PJ. Crecimiento que se vio impulsado por la enorme popularidad del presidente Kirchner y el nuevo rol asumido por el Estado durante su mandato. En dicho contexto de centralización administrativa y fiscal, el gobernador Alperovich se alineó con el Ejecutivo nacional y emprendió un continuado ascenso político.

En las elecciones del año 2003 los resultados fueron oscilantes y demostraron que el sistema partidario tucumano se encontraba en un proceso inconcluso de transformación. El PJ obtuvo una cómoda victoria en la elección a gobernador dejando como segunda fuerza provincial a una alianza encabezada por la UCR y relegando a un lejano tercer puesto a FR. No obstante, cuatro meses más tarde, contra todos los pronósticos, el PJ sufrió una contundente derrota en las elecciones a legisladores nacionales en manos de FR. El bussismo se recuperó de la dura caída del mes de junio ganando las elecciones legislativas en medio de unos comicios marcados por la apatía ciudadana y la dispersión electoral.

Aquella sería la última elección destacada de la mencionada agrupación provincial. En el año 2005 se realizaron elecciones intermedias y por primera vez desde el regreso de la democracia se produjo un resultado de las características y magnitudes del triunfo del Frente para la Victoria (FpV). El justicialismo alcanzó más del 60% de los votos y de esta forma se adjudicó todos los diputados puestos en juego. Ninguna fuerza de oposición, ni nacional ni provincial, logró un resultado que superara el 10% de los votos. Fuerza Republicana cayó estrepitosamente a un 6%.

Otro suceso que evidenció el dominio político del oficialismo provincial fue la Reforma Constituyente del año 2006. En este caso, y a diferencia de la reforma de 1990, la misma fue impulsada y controlada por el gobernador José Alperovich. El oficialismo consiguió una abrumadora mayoría en las elecciones a constituyentes provinciales[85] y logró habilitar la reelección del Ejecutivo, principal preocupación del gobernador. La nueva Constitución también establecía la autarquía municipal y creaba el Consejo de la Magistratura, la Defensoría del Pueblo y el Tribunal de Cuentas[86].

Las elecciones del año 2007 se mantuvieron dentro del patrón observado en las últimas contiendas electorales. El FpV acrecentó su predominio y consiguió triunfos abrumadores en todos los niveles electorales. El gobernador Alperovich fue reelecto con el porcentaje de votos más alto de la historia reciente de Tucumán, el 78% de los tucumanos votó por su continuidad en el Ejecutivo, relegando así al resto de la fuerzas a porcentajes ínfimos.

El sistema partidario tucumano parece haber seguido el patrón de descentralización/desnacionalización y territorialización comentado anteriormente. Su sistema partidario se desnacionalizó durante los años más representativos de la descentralización estatal y realizó el proceso inverso en los últimos años del período estudiado. El bussismo logró construir autónomamente su fuerza partidaria sin dejar de negociar continuamente por más recursos para su provincia con el menemismo. A su vez, durante el gobierno de la Alianza, Miranda logró autonomizarse de un gobierno central con poco para ofrecer. Finalmente, desde 2003 a la fecha el sistema se ha ido nacionalizando. Consideramos que los mayores recursos fiscales que poseía el gobierno central y su rol político protagónico, fueron fundamentales para el encolumnamiento del gobernador Alperovich detrás del proyecto político del presidente Néstor Kirchner y la consiguiente transformación del sistema partidario provincial.

---

[85] 32 de los 40 constituyentes se encolumnaban detrás de la lista del Frente para la Victoria. A esto se le deben sumar 4 constituyentes de una escisión radical aliada al gobernador.

[86] Otra discutida modificación fue la habilitación de un nuevo sistema electoral que permite a un mismo candidato figurar en múltiples listas. Práctica que favorece a los candidatos justicialistas.

3.2. Formosa: El predominio del PJ

3.2.1. Del bipartidismo al predominio del PJ

En Formosa las elecciones de 1983 se realizaron bajo la Constitución de 1957, dictada después de la provincialización del por entonces Territorio Nacional. La misma establecía un Poder Ejecutivo elegido en forma directa y un Congreso Provincial unicameral. La provincia, a su vez, elegía dos senadores nacionales de forma indirecta y cinco diputados nacionales[87].

En dichos comicios, el PJ obtuvo un cómodo triunfo en todos los niveles electorales, cosechando más del 40% de los votos en la elección a gobernador y relegando a un lejano segundo puesto a la UCR y al Movimiento de Integración y Desarrollo (MID). De esta forma, la provincia revalidaba su tradición de bastión peronista. Otro aspecto a destacar de la mencionada elección es que presentó un NEP de 3,17; pico máximo del período en la provincia. En adelante el sistema partidario formoseño sufriría un proceso de concentración que se vería reflejado en una marcada disminución del NEP.

En 1985, el justicialismo volvió a alzarse con la victoria en las elecciones a diputados nacionales, imponiéndose esta vez por sólo doscientos votos en medio de un escenario de fuerte polarización con la UCR. Estos resultados mostraban la configuración de un sistema bipartidista, con dos grandes partidos de índole nacional que penetraban en todo el territorio provincial. Sin embargo, la tendencia empezaría a cambiar a partir del año 1987. En dichas elecciones, el PJ logró imponer la Ley de Lemas en la provincia; mecanismo mediante el cual pudo solucionar sus conflictos internos, consolidar su dominio en la provincia y mantener el control del Ejecutivo provincial. De allí en más las disputas internas del peronismo se solucionarían en las elecciones generales, evitando de esa forma poner en riesgo la victoria y disminuyendo las posibilidades de la UCR de ocupar el Ejecutivo provincial. (Tula, 1997). El radicalismo no podría repetir las *performances* electorales que supo conseguir en la

---

[87] Por disposición de la última dictadura militar, el número mínimo de representantes en la Cámara Baja es de cinco diputados.

provincia durante el mandato de Alfonsín. Como puede observarse en el cuadro 2, en 1987 el PJ liderado por Vicente Joga se adjudicó una cómoda victoria, logrando mantener tanto la gobernación provincial como la mayoría de los diputados nacionales.

Las contiendas electorales de 1989, 1991 y 1993 confirmaron la consolidación electoral del PJ. En sendos comicios el justicialismo alcanzó la victoria, separándose por más de diez puntos porcentuales de la segunda fuerza, el radicalismo. Lo distintivo de la elección de 1991 fue la aparición en escena de una fuerza provincial de filiación peronista que obtuvo alrededor del 20% de los votos. Dicha fuerza se dio por llamar Partido Auténtico Formoseño; agrupación que pasó a formar parte de los sublemas justicialistas en elecciones posteriores. Éste es un ejemplo de cómo el sistema de lemas concentra al electorado peronista, minimizando las posibles rupturas internas.

Cuadro 2

Formosa. Elecciones a gobernador: 1983-2007							
Partido	1983	1987*	1991	1995	1999	2003	2007
P.J.	42,85%	52,94%	44,25%	59,34%	73,71%	71,79%	76,39%
U.C.R.	27,58%	46,38%	33,51%	40,29%		24,41%[2]	18,86%
FrePaSo	-	-	-	2,08%[1]		-	-
Alianza	-	-	-	-	26,06%	-	-
M.I.D.	23,11%	-	-	-	-	1,89%	-
Auténtico	-	-	19,25%	-	-	-	-
Formoseño							
A.R.I.	-	-	-	-	-	1,54%	3,91%
Otros	6,46%	0,68%	2,99%	0,37%	0,23%	0,36%	0,84%

* Comienza a utilizarse el sistema de Lemas en la provincia.
[1] El Frepaso se presenta como un sublema de la U.C.R.
[2] Confederación Formoseña Frente de Todos.
Fuente: Elaboración propia sobre la base de datos del Ministerio del Interior.

Las elecciones a convencionales constituyentes nacionales de 1994 fueron un claro ejemplo del dominio del PJ en Formosa y del férreo sistema partidario provincial. El Frepaso realizó una excelente *performance* en la región metropolitana, pero no logró expandirse al resto del país y mucho menos a la provincia de Formosa, donde ni siquiera presentó candidatos. Esta tendencia cambió en la elección nacional de 1995. El Frepaso se posicionó en el tercer puesto promediando el 15% de los votos, tanto en las candidaturas para presidente como para diputados nacionales. Sin embargo, no presentó candidatos en las elecciones provinciales, las cuales continuaron siendo hegemonizadas por el PJ y la UCR. En dichas elecciones, se presentó como candidato a gobernador de la provincia, el por entonces vicegobernador Gildo Insfrán. Bajo su conducción el PJ obtuvo la más holgada victoria desde el retorno de la democracia a la fecha, dando así comienzo a su prolongado dominio político de la provincia.

Durante el mandato de Carlos Menem, el gobierno formoseño estuvo encolumnado detrás de su figura, consiguiendo amplias victorias en los comicios nacionales y más sólidos triunfos aun en las contiendas provinciales. Por su parte, la UCR logró mantener su posición de segundo partido provincial, aunque sufriendo una considerable disminución de su caudal electoral. El proceso de descentralización administrativa parecería no haber generado, en el caso de Formosa, un proceso de desnacionalización partidaria. No surgieron partidos provinciales de importancia y permanencia histórica, como tampoco lograron penetrar terceras fuerzas de índole nacional.

3.2.2. Formosa durante el gobierno de la Alianza

Luego de otro cómodo triunfo en las elecciones legislativas de 1997, en 1999 se produjo un cambio en la estabilidad electoral formoseña. El candidato justicialista a la presidencia de la nación, Eduardo Duhalde, consiguió una ajustada victoria en la provincia y su lista a diputados nacionales fue derrotada por la Alianza, resultado único en todo el período estudiado. Sin embargo, y luego de diversas disputas legales, la junta electoral de la provincia aceptó que se sumaran dos listas que llevaban iguales candidatos y consagró de ese modo al PJ. Por el contrario, en

1999 los comicios provinciales mostraron una asombrosa victoria del PJ liderado por Insfrán, quien ganó su reelección con el 73% de los votos y consiguió un control casi absoluto de la legislatura de la provincia, comenzando a configurarse un sistema de partido predominante.

En el año 2001, en el contexto de la crisis de representación política que afectaba a todo el país, se llevaron a cabo las elecciones legislativas en la provincia de Formosa. Por primera vez en la historia se elegirían senadores nacionales de forma directa. El PJ ganó con aproximadamente el 45% de los votos y la UCR obtuvo 35% de los mismos. Resultados similares arrojaron las urnas en la elección para diputados nacionales. Se produjo un aumento de la dispersión electoral, aunque considerablemente menor que en otras provincias y que en la región metropolitana. En contraste con la desafección política que primaba en numerosos distritos del país, en Formosa se dio una elección relativamente competitiva y los partidos tradicionales no sufrieron grandes mermas electorales.

3.2.3. ¿La hegemonía del PJ?

A partir del año 2003 presenciamos una notable superioridad electoral y política del PJ en la provincia. La UCR, por su parte, vio disminuir su caudal de votantes, manteniendo, sin embargo, una representación electoral que rondaba el 20% de los votos.

En la elección para presidente de la nación en el año 2003, Gildo Insfrán fue uno de los primeros gobernadores en adherirse a la candidatura de Néstor Kirchner. La boleta del FpV cosechó un 40% de los votos en Formosa, relegando a Carlos Menem a un segundo lugar con el 20%. Los restantes contendientes obtuvieron pobres resultados y no lograron superar el 10% de los sufragios. Es necesario remarcar que en el mes de junio de ese mismo año se realizaron elecciones a constituyentes provinciales, consagrándose el oficialismo peronista. La posterior reforma habilitó la reelección indefinida del gobernador, permitiendo de esa forma un tercer mandato consecutivo a Insfrán.

A fines de dicho año se realizaron las elecciones a gobernador y a cargos legislativos nacionales y provinciales. El PJ se presentó unido en dichas elecciones y consiguió un apabullante 70% en todas las categorías. Por primera vez desde el retorno de la democracia el PJ acaparó la totalidad de la representación legislativa en la Cámara Baja de la nación. Por su parte, los comicios de 2005 y de 2007 reafirmaron el amplio predominio peronista en la provincia. El gobernador consiguió una nueva reelección en el año 2007 con un porcentaje que superó el 70% del electorado. La UCR, por su parte, mantuvo el apoyo del 25% de los sufragantes, porcentaje que no le permitió obtener más representación parlamentaria a nivel nacional que el senador por la minoría.

Las últimas elecciones del período parecen confirmar la configuración de un sistema de partido predominante en la provincia de Formosa, sistema que, según la definición de Giovanni Sartori: *"(...) es de hecho un sistema de más de un partido en el que la rotación no ocurre en la práctica"* (Sartori, 1976: 249). En Formosa el PJ controlaba ampliamente la disputa política, mientras que la UCR mantenía un lejano segundo lugar con pocas posibilidades de acceder al Ejecutivo provincial. En otras palabras, existía un partido que había obtenido amplias mayorías en sucesivas elecciones, pero que coexistía con otros partidos en la competencia electoral; partidos que no eran meros satélites como los que encontramos en los sistemas hegemónicos, sino que resultaban *"antagonistas verdaderamente independientes del partido predominante"* (Sartori, 1976: 249)[88].

4. ¿Cómo afectan los recursos provinciales a los sistemas partidarios?

Creemos necesario examinar los distintos comportamientos que tuvieron los sistemas partidarios a la luz de los recursos de cada distrito. Al comienzo del presente trabajo remarcamos la importancia de los recursos propios de una provincia para comprender la estructuración partidaria provincial y su relación con la arena nacional. En este sentido, consideramos que las provincias con mayores recursos propios contarían con más grandes posibilidades de generar estructuras partidarias autónomas de los líderes nacionales que aquéllas que poseen menores recursos económicos y políticos. Bajo dichos principios nos propusimos estudiar los casos de Tucumán y de Formosa, provincias que forman parte del deno-

---

[88] Por supuesto existen notorios casos de clientelismo, presiones y de manipulación a la hora de votar, pero consideramos que los comicios son en general transparentes.

minado "Norte Grande Argentino"[89] y, por lo tanto, comparten múltiples características geográficas, demográficas y socioeconómicas. No obstante, observamos que sus recursos son dispares, tanto desde el punto de vista económico como político, generando, de esta forma una diferente relación con el gobierno nacional que, desde nuestra perspectiva, sería un factor explicativo central de la disímil evolución de sus respectivos sistemas partidarios, tal como observamos en el apartado anterior.

Partiendo del mencionado supuesto, analizaremos a continuación la estructura socioeconómica de nuestros casos de estudio, sus recursos económicos propios, el caudal de recursos obtenidos por coparticipación, los recursos extracoparticipables que son girados a la provincia y el rol que juega el empleo público en sus economías. En una segunda instancia, estudiaremos el papel de los legisladores nacionales y de los gobernadores, y el modo en que dichos actores influyen en los sistemas políticos provinciales.

4.1. Semejanzas y diferencias socioeconómicas

La lectura de los principales indicadores socioeconómicos y demográficos de Tucumán y Formosa nos indica que ambas se ubican entre las provincias con los índices de pobreza, indigencia, mortalidad infantil y necesidades básicas insatisfechas (NBI) más altos del país. Hacia el primer semestre del año 2007, fin del período estudiado, el porcentaje de habitantes bajo la línea de pobreza alcanzaba el 35,4% en Tucumán y el 39,5% en Formosa. Asimismo, una importante franja de la población se encontraba en estado de indigencia, representando el 10,8% de los tucumanos y el 8,7% de los formoseños. De esta forma, el porcentaje de población pobre de ambas provincias superaba considerablemente al promedio nacional. Similares guarismos presentaban los índices de NBI y de mortalidad infantil, según datos del Censo de población del año 2001[90].

---

[89] La Región Norte Grande Argentino es un tratado interprovincial suscripto en 1999 entre las provincias del Noroeste Argentino (NOA) y del Noreste Argentino (NEA). El mismo incluye a Catamarca, Corrientes, Chaco, Formosa, Jujuy, Misiones, Tucumán, Salta y Santiago del Estero.

[90] Dichos indicadores sociales, sin embargo, han mejorado notablemente desde el año 2003 a la fecha.

Cuadro 3

Análisis socioeconómico y demográfico. Tucumán - Formosa		
	Tucumán	Formosa
Población Censo 2001	1.353.541	489.663
Población que reside en principal conglomerado urbano (2001)	57,73%	40,72%
Mortalidad infantil cada mil nacidos (2001)	24,50%	28,90%
Población con N.B.I. (2001)	23,90%	33.60%
Población bajo la línea de la pobreza (2007)	35,4%	39,5%
Población bajo la línea de la indigencia (2007)	10,8%	8,7%
Planes Jefes y Jefas de Hogar a diciembre de 2007	27.484	36.244
Empleados públicos (2007)	63.253	39.204
Empleados públicos cada mil habitantes (2007)	43,30	73,66
PBG per cápita (2003-2004)	$5.416,0	$4.518,3
Participación del PBG en el total nacional (2003-2004)	1,8%	0,6%
Participación de las exportaciones provinciales en el total nacional (2003-2004)	1,3%	0,1%
Deuda total sin deuda flotante (2007)	$3.735.953	$3.509.135
Desempleo (2007)	8,2%	3,2%

Fuente: Elaboración propia sobre la base de datos del Ministerio del Interior, del Ministerio de Economía, del Ministerio de Educación y del INDEC.

Las economías tucumana y formoseña fueron duramente golpeadas por la desregulación y la apertura comercial de los años noventa (Bolsi y Meichtry, 2006), ya que las mismas se basan en la producción de bienes primarios destinados, principalmente, al consumo en el mercado interno. Sin embargo, a diferencia de las similitudes sociodemográficas mencionadas, sus economías presentan diferencias relevantes.

Un primer acercamiento al análisis del Producto Bruto Geográfico (PBG), nos permite apreciar algunas diferencias existentes entre Tucumán y Formosa. El PBG per cápita tucumano es de $5.416, mientras que el de Formosa desciende a $4.518. A su vez, la contribución de la economía tucumana al PBI nacional ronda el 1,8%, siendo tres veces superior a la formoseña, que se ubica alrededor del 0,6%. Un tercer indicador económico a tener en cuenta es la participación de las exportaciones provinciales en el total nacional, donde Tucumán aporta un 1,3% ante la casi nula presencia formoseña que apenas alcanza el 0,1%.

Al comparar las provincias puede observarse un desarrollo económico superior en Tucumán que en Formosa. Tucumán posee una economía más diversificada, dentro de los límites propios de un modelo que se basa en la producción primaria. Asimismo, al examinar la composición de las respectivas producciones provinciales se aprecia que Tucumán posee una significativa agroindustria, siendo el mayor productor de azúcar del país[91] y uno de los más importantes productores de limones del mundo. A su vez, gracias al alto porcentaje de habitantes del conglomerado más grande del norte argentino, la ciudad de San Miguel, Tucumán ha podido desarrollar un importante sector terciario. En cambio, Formosa se caracteriza por la producción algodonera, la frutícola, la cría de ganado y la industria maderera. Todas ellas en pequeña escala, siendo el gobierno provincial el agente económico más relevante. Su población es casi un tercio de la tucumana y su número de habitantes en zona urbana es inferior, generando un sector terciario considerablemente más modesto que el tucumano.

---

[91] Para el mantenimiento de la competitividad de la industria azucarera fue fundamental la protección paraarancelaria que se le brindó en el Mercosur ante la competencia de la superior industria azucarera brasileña.

En síntesis, los comportamientos análogos de las variables sociode-mográficas de ambos distritos nos permiten descartar que dichas variables sean los factores explicativos principales de los disímiles grados de autonomía que presentaron históricamente las provincias. En cambio, las variables macroeconómicas de Tucumán muestran un sector productivo y comercial mucho más desarrollado, hecho que, creemos, se encuentra relacionado de manera decisiva con los índices que trataremos a continuación.

4.2. Recursos económicos propios, recursos provenientes de la nación y gasto

Al cotejar las cifras tributarias generales de ambas provincias podremos conocer el grado de dependencia financiera, la relevancia de los ingresos propios en sus cuentas fiscales y cómo dichas variables económicas se relacionan con el gasto y el empleo público provincial.

En primer lugar, realizaremos un análisis de los ingresos tributarios desde 1991, año central del proceso de descentralización argentino, hasta 2007, que cierra nuestro período de estudio. Si comparamos los ingresos tributarios del período, se evidencia una significativa diferencia en el porcentaje de recursos propios de cada provincia. Como se observa en el cuadro 4, Tucumán, en promedio desde el año 1991 hasta 2007, recaudó un 19,24% de sus ingresos, mientras que Formosa generó solamente el 4,57% de sus recursos tributarios. Esa diferencia cuantitativa en la recaudación de cada provincia, sumada al mayor porcentaje sobre el total del presupuesto que significan en Formosa las transferencias discrecionales provenientes del Estado nacional, son desde nuestro punto de vista centrales a la hora de explicar sus desiguales estructuras político-partidarias.

Cuadro 4

Promedios de ingresos según origen. Tucumán - Formosa (1991-2007)		
	Tucumán	Formosa
Ingresos Tributarios de Origen Provincial	19,24%	4,57%
Ingresos Tributarios de Origen Nacional	73,09%	87,88%
Transferencias Corrientes	4,18%	5,16%

Fuente: Elaboración propia sobre la base de datos del Ministerio del Interior y del Ministerio de Economía.

Al hablar de transferencias discrecionales del gobierno nacional nos referimos a los distintos mecanismos que posee la administración central para hacer llegar fondos adicionales a las provincias más allá de lo que les corresponden según la Ley 23.548 de coparticipación federal sancionada y promulgada en 1988. Entre dichos mecanismos encontramos las transferencias corrientes, los Aportes del Tesoro Nacional (ATN) y las diversas inversiones en obra pública que pueda desarrollar el gobierno nacional.

Las transferencias corrientes se refieren a remesas otorgadas por el gobierno nacional sin contraprestación. Las mismas son destinadas, principalmente, a planes sociales del Ministerio de Desarrollo Social, así como también a diversos programas del Ministerio de Salud, del Ministerio de Educación, entre otros. A su vez, la Ley de Coparticipación Federal, establece en su artículo 5 los ATN, fondos que deben destinarse a atender situaciones de emergencia y desequilibrios financieros de los gobiernos provinciales, pero que históricamente fueron utilizados con discrecionalidad y según necesidades políticas por todos los gobiernos centrales.

Por último, el gobierno nacional puede girar fondos provenientes de impuestos no coparticipables a las provincias a través de obras públicas, favoreciéndolas de forma variada, dado que generan puestos de trabajo, brindan nueva infraestructura y permiten un mayor crecimiento y desarrollo provincial. Sin lugar a dudas, dichas transferencias son fundamentales para las economías de ambas provincias, pero cuantitativamente poseen una mayor relevancia para las cuentas fiscales formoseñas. Para una economía tan reducida como la de Formosa, y ante la falta de recursos tributarios propios, los aportes extracoparticipables son trascendentales para financiar el gran peso del Estado y del empleo público provincial. Dicha necesidad fiscal, sumada a la discrecionalidad en la asignación de los recursos por parte de los gobiernos centrales, genera mayores posibilidades de presión por parte de los mismos.

Asimismo, consideramos enriquecedor el análisis de la relación existente entre el gasto de cada gobierno provincial y su propia recaudación tributaria. Dicho indicador nos permite medir el peso de los recursos nacionales en las cuentas provinciales. Tal como lo demuestran los gráficos que se presentan a continuación, en todo el período puede observarse una diferencia considerable entre ambas provincias, siendo Formosa, tanto en 1991 como en 2007, una de las provincias con menor porcentaje de ingresos tributarios propios de todo el país; mientras que Tucumán se coloca entre las provincias con mayor recaudación propia, posición que ha ido mejorando a lo largo de los años.

Gráfico 1

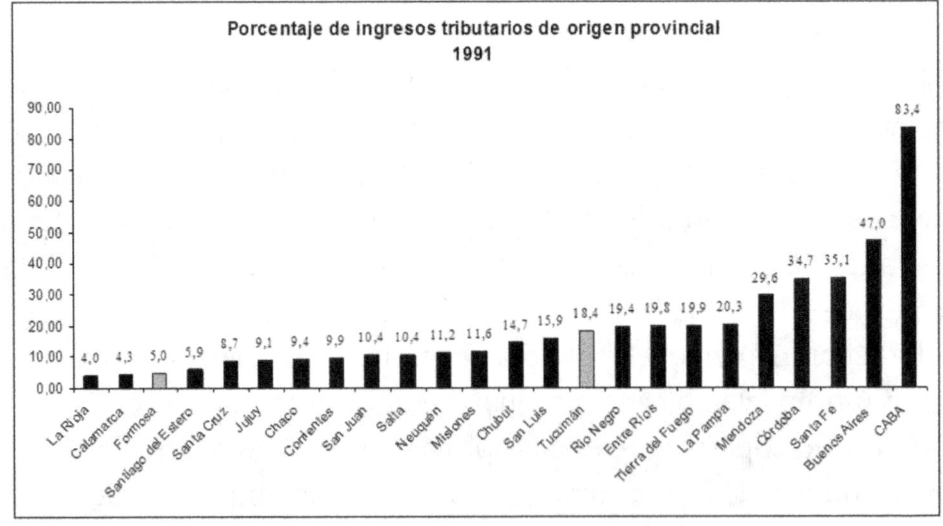

Fuente: Elaboración propia sobre la base de datos del Ministerio del Interior y del Ministerio de Economía.

Gráfico 2

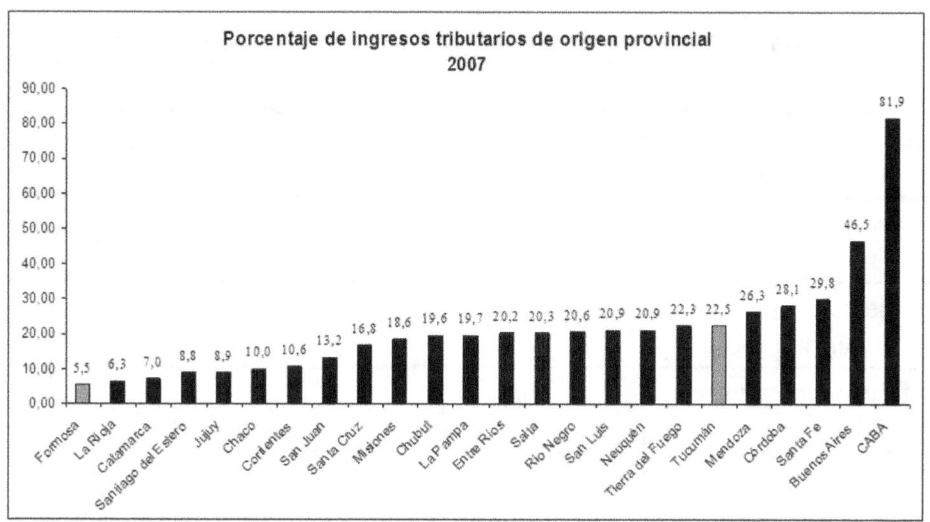

Fuente: Elaboración propia sobre la base de datos del Ministerio del Interior y del Ministerio de Economía.

La tendencia puede apreciarse con mayor nitidez al comparar el gasto público de cada provincia por habitante, viendo cómo financia el gasto y cuánto de dicho gasto es costeado por sus propios recursos. El cuadro 5 es muy ilustrativo al respecto, mientras que Tucumán gastó en el año 2007 $2422,50 por habitante, Formosa gastó casi el doble, $4436,20. Esa diferencia cobra mayor relevancia al analizar cuánto de dicho gasto pudo financiar cada provincia con sus recursos tributarios. Tucumán recaudó $566,10 por habitante, teniendo un excedente de gasto de $1861,50. Por su parte Formosa recaudó $227,10 por habitante, y tuvo un excedente de gasto de $4209,10. Dichos números demuestran nuevamente la mayor necesidad y relevancia que tienen para la economía formoseña los fondos que le brinda la administración central.

Cuadro 5

Gasto provincial y recaudación. Tucumán - Formosa (2007)		
	Tucumán	**Formosa**
Gasto provincial en millones de pesos	3616,86	2426,59
Gasto público por persona	2422,50	4436,20
Recaudación tributaria en millones de pesos	837,79	124,20
Recaudación tributaria por persona	566,10	227,10
Gasto por persona por encima de la recaudación tributaria	1861,50	4209,10

Fuente: Elaboración propia sobre la base de datos del Ministerio del Interior y del Ministerio de Economía.

Finalmente, es oportuno señalar algunas características económicas relevantes de nuestros casos de estudio, entre ellas el stock de deuda pública de cada provincia y el rol de empleo público en cada una de ellas.

En primer lugar, observamos similares caudales de deuda pública en los dos casos de estudio. Según datos del Ministerio del Interior de la Nación, al año 2007 la deuda tucumana ascendía a 3.735.953 de pesos, mientras que la formoseña se ubicaba en los 3.509.135 de pesos. Dichos datos dan cuenta de una mayor debilidad de la economía formoseña, dado que su deuda por producto bruto es considerablemente mayor. Por último, un indicador fundamental para comprender las diferencias entre las provincias de Tucumán y Formosa es el peso que posee el empleo público en sus economías. Al finalizar nuestro período de estudio Tucumán contaba con 43,30 empleados públicos cada mil habitantes, en tanto que Formosa tenía 73,66. Esto vuelve a indicar la enorme relevancia que ostenta esta variable en Formosa, distrito que se ubica entre los que más empleados públicos por habitantes posee. Más allá de la centralidad que cobra el empleo público en Formosa, el gráfico 3 nos permite observar que dicha característica ha sido una constante en ambas provincias, desde el año 1990 hasta 2007.

Gráfico 3

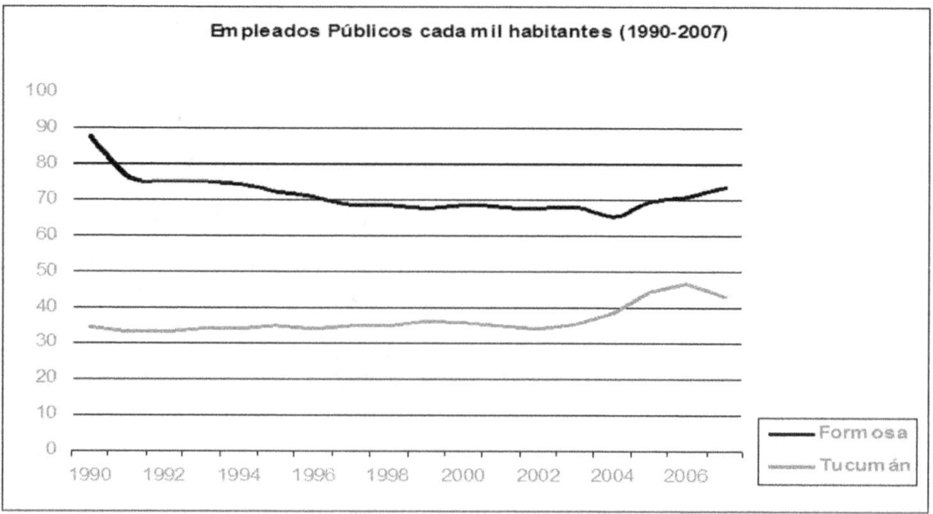

Fuente: Elaboración propia sobre la base de datos del Ministerio del Interior.

Los datos examinados hasta aquí nos permitirían sostener que Formosa exhibe una mayor dependencia debido a su ínfima recaudación propia y a la necesidad de financiar a un sector público de considerable envergadura y central en términos económicos. Por su parte, Tucumán presenta mejores números fiscales, lo que le otorga un mayor margen de negociación con el gobierno nacional. Por supuesto, no afirmamos que Tucumán pueda prescindir de fondos nacionales, simplemente entendemos que su nivel de recaudación propia le proporciona más movilidad, mayor margen de acción y mayores posibilidades de generar estructuras partidarias autónomas, especialmente en momentos en que los gobiernos centrales no poseen recursos fiscales abundantes.

A continuación veremos qué efectos imprimen los recursos políticos de cada provincia sobre sus recursos económicos.

4.3. El impacto de los recursos políticos sobre los recursos económicos

Consideramos necesario profundizar en el rol que juegan los gobernadores en la política argentina. Comúnmente se afirma que las provincias son dependientes de los recursos económicos provenientes del gobierno central. Sin embargo, creemos oportuno resaltar la contracara de dicha relación, es decir los recursos políticos que poseen los mandatarios provinciales a los cuales los presidentes deben acudir en numerosas ocasiones para sostener políticamente sus gobiernos. Entendemos por recursos políticos las diversas posibilidades que detentan los gobiernos provinciales de influir en la arena nacional, desde el condicionamiento del voto de sus legisladores en el Congreso Nacional hasta el sostén de la figura del gobernador a las políticas presidenciales, pasando por el apoyo de sus votantes en las elecciones nacionales.

La República Argentina posee principios federales históricamente muy arraigados; desde los orígenes mismos de nuestro país se han otorgado a las provincias amplias facultades y por consiguiente grandes responsabilidades. Como afirma Benton: *"Las instituciones federales fuertes le dan a los gobiernos de las provincias una considerable autoridad en materia de políticas públicas, recursos fiscales e independencia electoral de su contraparte nacional"* (Benton, 2002: 105). En dicho contexto, los gobernadores han ejercido un rol central en la política argentina. Rol y preponderancia que, según numerosos especialistas, se habría acentuado con las reformas descentralizadoras que se efectuaron en los años setenta y se profundizaron en los noventa (Calvo y Escolar, 2005; Falleti, 2005; Leiras, 2007).

Desde el retorno democrático, los ejecutivos provinciales han jugado un papel destacado como sostén político, y por consiguiente, como garantes de gobernabilidad. Diversas causas podrían haber potenciado dicho proceso: desde la descentralización administrativa que posicionó a los gobernadores como administradores de aspectos fundamentales para el futuro de un país (salud, educación, etc.), hasta las reformas electorales de los sistemas partidarios y políticos subnacionales que reforzaron el predominio de los jefes provinciales. Finalmente, la crisis de representación política del año 2001 profundizó las tendencias hacia la desnacionalización y la territorialización del sistema partidario nacional, aumentando consecuentemente el poder de los gobernadores (Abal Medina y Suárez Cao, 2003; Calvo y Escolar, 2005; Leiras, 2007). Como fuera mencionado en los primeros apartados del presente trabajo, a través de dichas reformas, los gobiernos provinciales recibieron numerosas atribuciones y responsabilidades de gestión, acrecentando su poder y su peso político en el ámbito nacional, pero comprometiendo, generalmente, sus cuentas fiscales.

En la presente sección analizaremos el poder de veto sobre las políticas públicas nacionales de las provincias bajo estudio, y la manera en que dichas prerrogativas les permitirían, al momento de negociar con el gobierno nacional, contar con mayores o menores oportunidades de obtener recursos para sus provincias.

4.3.1. *Los recursos políticos de los gobernadores argentinos*

A la hora de negociar con el gobierno central, múltiples son los atributos que los gobernadores argentinos exhiben. Sus recursos pueden dividirse en dos grandes grupos: aquellos asociados con su rol en las elecciones, y aquellos relacionados con su influencia sobre la gobernabilidad. En el primer grupo incluimos la capacidad de asegurar grandes caudales electorales a través de sus aceitadas máquinas partidarias, de apoyar electoralmente a los candidatos nacionales y de fijar las fechas de las elecciones. En el segundo grupo ubicamos el papel que juegan los gobernadores condicionando el voto de los legisladores en el Congreso Nacional, al igual que su capital político para sostener las decisiones de los mandatarios nacionales.

Como mencionamos anteriormente, los gobernadores poseen un peso político relevante, gracias a su fuerte autonomía sobre las políticas públicas locales y en asuntos electorales. Es por ello que las elites provinciales se constituyen en aliadas necesarias durante las contiendas presidenciales, particularmente en las provincias de menor concentración territorial y con electorados más estables. Los candidatos a ocupar el cargo de presidente requieren del apoyo de los gobernadores para así agenciarse sus poderosos aparatos políticos y electorales. En palabras de Benton: "(...) *los políticos que aspiran a la presidencia nacional deben buscar el respaldo de las elites políticas y de las máquinas provinciales de su partido a fin de volverse contendientes viables para ese puesto"* (Benton, 2002: 111). Es de esperar que los líderes provinciales que garanticen mayores apoyos electorales serán aquellos que tengan recursos políticos más amplios y por lo tanto más poder de negociación con los candidatos y líderes nacionales.

Otro atributo relevante es la capacidad que poseen los mandatarios provinciales argentinos de fijar las fechas de los comicios subnacionales. Al hacerlo, los líderes provinciales pueden influir en el resultado de las elecciones a nivel nacional. La práctica de adelantar o retrasar una elección para no llevarla a cabo concurrentemente con los comicios nacionales es habitual en nuestro país y suele realizarse cuando los líderes partidarios nacionales no poseen altas posibilidades de obtener un triunfo o cuando los gobernadores no apoyan al candidato oficial de su partido. A través de dichas prácticas los gobernadores retacean su apoyo a los candidatos nacionales, tratando de no verse perjudicados por la *performance* del candidato a un cargo superior.

Dentro del segundo grupo de recursos políticos ubicamos aquellos que pueden condicionar la gobernabilidad del Ejecutivo nacional. En particular, resaltamos el poder de los gobernadores para influir mediante sus legisladores en el proceso legislativo. Diversos autores han sostenido la importancia que presenta la nominación de las candidaturas para lograr la disciplina de los legisladores (De Luca, Jones y Tula, 2002; Morgenstern, 2004; De Luca, 2004). En nuestro país, los gobernadores cumplen una función central en la confección de las listas a diputados y senadores nacionales, depositándose en sus manos gran parte de las carreras políticas de los legisladores[92] (Morgenstern, 2004). Esas prerrogativas posibilitarían cierto grado de control sobre numerosos miembros de las cámaras por parte de los gobernadores, brindándoles la posibilidad de condicionar la agenda legislativa de los presidentes (Tchintian, 2009).

---

[92] Los gobernadores argentinos vieron disminuido su poder en este aspecto con la reforma constitucional de 1994. Sin lugar a dudas, la elección directa de los senadores nacionales les quitó una importante atribución.

4.3.2. Los recursos políticos de Tucumán y Formosa

A continuación analizaremos los recursos políticos de las provincias de Tucumán y Formosa. En primer lugar nos centraremos en el peso electoral que poseen, para pasar luego a la representación legislativa de cada provincia.

Al analizar el caudal electoral de las provincias argentinas, se observa que Tucumán se encuentra entre los seis distritos más importantes del país. Según el censo poblacional del año 2001 la provincia cuenta con 1.353.541 habitantes, dicho guarismo constituye el 3,73 % de la población nacional. Por su parte, Formosa posee 489.663 habitantes, significando aproximadamente el 1,35% de los habitantes del país. Como puede observarse, Tucumán es un actor de peso en la contienda nacional, teniendo una importancia electoral significativamente superior. Creemos que un gobernador tucumano que pueda asegurar un caudal importante de votos en las elecciones, tendrá una fuerte carta de negociación para la obtención de mayores recursos para su provincia.

Una segunda característica que destacamos es el peso de los representantes provinciales en las cámaras legislativas nacionales. En este punto creemos necesario resaltar algunas de las particularidades del sistema político argentino. Tanto la Cámara de Senadores como la de Diputados presentan una marcada desproporcionalidad que beneficia a las provincias menos pobladas. Dichas provincias presentan un mayor número de diputados por habitante en comparación con los distritos más poblados. En este sentido, Tucumán posee nueve diputados en la Cámara Baja del Congreso Nacional siendo, como ya mencionamos, el sexto distrito electoral del país. Dicho número de diputados la encuentra bien representada, ya que el cociente entre electores y escaños otorga a Tucumán 8,81 diputados (Reynoso, 2004). En cambio, Formosa ostenta una representación de cinco diputados nacionales, encontrándose ligeramente sobrerrepresentada (Reynoso, 2004). Esta característica redunda en que los legisladores de las provincias pequeñas, como es el caso de Formosa, posean mayor importancia relativa en el dictado de leyes y que sus gobernadores utilicen dichas instancias como medios para la obtención de recursos extras provenientes del gobierno central. No obstante la mencionada desproporcionalidad, y las ventajas que puede conllevar dicha característica a las provincias pequeñas, creemos que el mayor número de diputados tucumanos sigue otorgándole superiores recursos políticos a la hora de negociar con el Ejecutivo nacional.

Al comparar nuestros casos de estudio, podría afirmarse que la provincia de Tucumán supera a Formosa en recursos. Es de suponer que el gobernador de Tucumán, a la hora de establecer negociaciones con el presidente de la nación, no sólo tendrá un mayor respaldo económico, sino también más importantes recursos políticos para poner en juego. En primera instancia, creemos que un gobernador tucumano con buena imagen en su provincia podrá arrastrar sus votos hacia la contienda electoral nacional y de esta manera condicionar, en buena medida, ciertos aportes nacionales. En segunda instancia, contará generalmente con más diputados que pueden actuar como actores de veto (Tsebelis, 2002) en el Congreso, principalmente cuando las elecciones son reñidas y los votos realmente cotizan.

5. Conclusión

A lo largo de este trabajo hemos estudiado la relación existente entre los procesos de desnacionalización/nacionalización partidaria y los recursos de los gobiernos subnacionales. Para ello abordamos los casos de las provincias de Tucumán y Formosa, dado que ofrecen historias partidarias encontradas pero, a su vez, múltiples características similares.

Desde la perspectiva de los aportes teóricos analizados, el grado de centralización estatal a nivel nacional se relaciona con la posibilidad o no de los ejecutivos provinciales de edificar organizaciones partidarias autónomas de los partidos nacionales, supeditándose dicha posibilidad al grado de dependencia de los recursos nacionales y al caudal de recursos propios de cada provincia. Podría afirmarse que al concentrarse las competencias en el Estado nacional, los gobernadores tenderán a encolumnarse detrás de los líderes partidarios nacionales; mientras que durante procesos de descentralización administrativa o crisis fiscales, los gobernadores tenderán a construir opciones autónomas, siempre y cuando posean los recursos necesarios para alcanzar dicho objetivo.

Esta idea se corresponde con los postulados vertidos por Benton, quien relaciona la capacidad de los líderes nacionales para construir apoyos en los ámbitos subnacionales, con su posibilidad de acceder a recursos económicos (Benton, 2002).

Los gobernadores fiscalmente dependientes de los recursos otorgados por la nación tendrán grandes incentivos para alinearse con la fuerza nacional en el gobierno o con alguna que esté pronta a serlo, aun teniendo importantes competencias sobre las políticas públicas de sus provincias. En cambio, consideramos que el sistema partidario logrará desnacionalizarse o ganar cierta autonomía cuando los gobiernos provinciales posean los recursos propios necesarios y, por lo tanto, un menor nivel de dependencia del gobierno central. Entendemos que una fuerte dependencia producirá mayores limitaciones para el desarrollo de posibles opciones electorales subnacionales. En este sentido, se pretendió observar la relación entre dependencia, tanto económica como política, y el desarrollo de opciones electorales alternativas. Es menester aclarar que el presente trabajo no soslaya la vital importancia que presentan los actores, sus trayectorias y su carisma en la política nacional y provincial, sino que se concentra en las condiciones que podrían haber permitido o limitado el desarrollo de dichas carreras políticas.

Al estudiar la historia partidaria de Tucumán, observamos cómo, durante los momentos más álgidos de la descentralización administrativa en nuestro país, se produjo un proceso de territorialización en la provincia. Una tercera fuerza de origen provincial logró hacerse con el Ejecutivo y una vez en él consiguió mantener importantes grados de autonomía respecto del gobierno nacional[93]. En cambio, la historia partidaria de Formosa nos muestra que, aun durante un fuerte proceso de descentralización administrativa, los gobernadores no lograron o no quisieron llevar a cabo construcciones autónomas de los partidos nacionales.

---

[93] Al analizar el comportamiento del gobierno de FR y el de sus representantes en el Congreso Nacional, se observan procesos de negociación y acuerdos puntuales, pero no un encolumnamiento de los partidarios de FR detrás de las fuerzas del por entonces presidente Menem.

Creemos que esos comportamientos disímiles pueden explicarse por los diferentes recursos que cada provincia posee[94]. En dicho sentido, analizamos los recursos económicos de nuestros casos de estudio. Observamos que Tucumán presenta un ingreso tributario de origen provincial considerablemente mayor al de Formosa, quien recibe por fondos coparticipables y extracoparticipables más del 90% de sus ingresos, con los cuales debe financiar al motor de su economía: el estado provincial y el empleo público. Dicha característica da cuenta de una mayor dependencia presupuestaria de Formosa con respecto a los fondos discrecionales provenientes del gobierno nacional. En cambio, como se demostró en el cuarto apartado, la economía tucumana muestra un grado de diversificación mayor, superiores ingresos fiscales propios y una deuda pública comparativamente menor. Dichos atributos le permitirían tener mayor poder de negociación frente a las autoridades nacionales y crear o mantener estructuras autónomas respecto de los líderes nacionales. En este sentido, consideramos que con el análisis del origen de los fondos fiscales es posible apreciar las capacidades de los gobiernos provinciales para llevar adelante estrategias políticas contrarias a la de los ejecutivos nacionales (Leiras, 2007).

En segundo lugar, analizamos los distintos recursos políticos que presentan las provincias de Tucumán y de Formosa. En dicha sección, destacamos dos grandes grupos de recursos políticos, aquellos asociados al rol de los líderes provinciales en las elecciones, léase, su capacidad de fijar las fechas de los comicios y de influir en ellas mediante sus maquinarias electorales; y un segundo grupo que se centra en los recursos que poseen los gobernadores para influir sobre la gobernabilidad en la esfera nacional, particularmente, su capacidad de condicionar el voto de los legisladores en el Congreso Nacional. En ambos casos constatamos una mayor posibilidad de los políticos tucumanos de ejercer peso en la política nacional, y, mediante dicha práctica, obtener mayores recursos económicos para su provincia[95].

---

[94] Consideramos necesario investigar cómo diversos aspectos históricos, políticos y carismáticos han influido en las historias provinciales, pudiendo contribuir a explicar su disímil estructura partidaria. Sin embargo, a los efectos de la investigación, hemos decidido centrarnos en las condiciones que permiten o no el desarrollo de dichas experiencias políticas.
[95] Dicha práctica se comprueba al analizar los ATN percibidos por el gobierno de Bussi, los cuales mostraron un sostenido crecimiento a lo largo de su mandato.

En conclusión, a lo largo de estas páginas estudiamos los recorridos electorales de Tucumán y de Formosa, relacionándolos con los diferentes recursos económicos y políticos de que disponen. En esta instancia, podemos hipotetizar que dicha diferencia es un factor explicativo central de las distintas historias partidarias investigadas. Así, podríamos afirmar que en la provincia de Tucumán los mayores recursos generaron las condiciones de posibilidad para que una figura provincial, diferenciada de los dos grandes partidos nacionales, llegara a convertirse en un actor central de la política vernácula[96]. En cambio, la provincia de Formosa, al carecer de recursos, no contó con las condiciones necesarias para el surgimiento de un partido diferenciado de la UCR y del PJ; ambas fuerzas con una fuerte penetración nacional y un importante caudal de recursos.

---

[96] Creemos que en Tucumán se desarrolló un doble proceso: la existencia de una figura atrayente electoralmente, junto al establecimiento de condiciones para que dicho liderazgo se desarrollara.

Cambios y continuidades en un escenario de partido predominante. Una mirada sobre la competencia partidaria en la provincia de Neuquén[*]

Lisandro Gallucci[97]

Desde la restauración de la institucionalidad democrática en 1983, el Movimiento Popular Neuquino (MPN) ha logrado mantenerse al frente del Ejecutivo provincial, consolidando así su carácter de actor predominante en el sistema de partidos de esa provincia. Esta situación se muestra distante de la que puede observarse en otros escenarios provinciales en los que se produjo alternancia en la conducción de los ejecutivos (Russo, 2003; Calvo y Escolar, 2005). En tal sentido, Neuquén constituye uno de los distritos en los que, desde 1983, no ha tenido lugar ningún cambio partidario en la titularidad del gobierno provincial[98]. Dentro de ese conjunto, destaca junto a Río Negro como los únicos escenarios en los que partidos diferentes al peronismo han sido los que lograron mantenerse en el gobierno a lo largo de todo el período (Escolar y Villarino, 2004; Rafart y Camino Vela, 2009). Sin embargo, a diferencia de lo que ocurre en el caso rionegrino, el de Neuquén constituye el único distrito en el que ese predominio ha favorecido a un partido de carácter estrictamente provincial[99]. En efecto, el MPN es el único de los partidos

[*] Una versión previa de este trabajo fue presentada en el V Congreso Latinoamericano de Ciencia Política, desarrollado en Buenos Aires en julio de 2010. Agradezco los comentarios que Arturo Fernández hiciera en esa oportunidad.

[96] lisandrogallucci@gmail.com, CONICET-UNSAM

[98] Las otras provincias que muestran similar condición son Formosa, Jujuy, Santa Cruz, La Rioja, La Pampa, San Luis y Río Negro.

[99] De acuerdo con algunos autores (Calvo y Escolar, 2005), la situación del radicalismo rionegrino da cuenta de un proceso de efectiva "provincialización" de la UCR en aquel distrito. Sin embargo, entendemos que más allá de las transformaciones experimentadas

provinciales que logró retener un lugar destacado en su distrito, a diferencia de lo experimentado en las últimas décadas por muchas fuerzas provinciales que conocieron un progresivo retroceso de posiciones[100].

Sin embargo, la capacidad de dicho partido de retener el control del Ejecutivo provincial a lo largo de los últimos veinticinco años, no debe hacer perder de vista las derrotas electorales experimentadas por el MPN, tanto en lo relativo a cargos legislativos nacionales como en la competencia por diferentes gobiernos municipales. En este sentido, cualquier intento por abordar las transformaciones operadas en el caso neuquino debe dar cuenta, entre otros aspectos, de las fluctuaciones en los rendimientos electorales de aquel partido y de las situaciones de gobierno dividido que dicha fuerza ha enfrentado de forma recurrente en los últimos períodos. El propósito de este capítulo es atender a dichos fenómenos y de tal forma ofrecer un cuadro algo más detallado acerca de las transformaciones experimentadas en el sistema de partidos provincial a partir de 1983. De este modo, el análisis pretende demostrar que los rasgos que caracterizan al sistema de partidos provincial no responden exclusivamente al peso electoral del MPN —que está muy lejos de haber sido constante—, sino a una serie más amplia de factores entre los que cabe mencionar especialmente las consecuencias que sobre la competencia partidaria tuvieron las modificaciones introducidas en el sistema electoral provincial. En este sentido, revisar la pretendida "excepcionalidad" neuquina (Favaro e Iuorno, 2005) constituye una estrategia posible para identificar en ella cambios similares a los experimentados en otras arenas políticas provinciales desde 1983.

Uno de los rasgos que la literatura ha destacado en relación con las transformaciones experimentadas por la democracia argentina desde esa fecha, consiste en la "territorialización" del sistema de partidos, entendida como resultante de su simultánea desnacionalización y disgregación

---

por los partidos en términos de sus estrategias político-electorales, dicha situación sigue siendo diferente a la del MPN en Neuquén en la medida que en este último caso la toma de decisiones no involucra ninguna estructura institucional allende el ámbito estrictamente provincial.

[99] Entre algunas de esas fuerzas provinciales que por largo tiempo gozaron de un importante apoyo electoral en sus respectivos distritos, cabe mencionar al Partido Demócrata mendocino, el Bloquismo sanjuanino, el Partido Renovador de Salta y el Partido Autonomista Liberal de Corrientes (Mansilla, 1983).

(Leiras, 2007:29). Ello significa, en términos generales, que los sistemas de partidos provinciales tendieron a distanciarse cada vez más de las configuraciones partidarias y de la distribución electoral observadas en la arena política nacional. Este proceso se habría visto favorecido con los cambios institucionales operados en las provincias, los que habrían ido "aislando progresivamente los sistemas políticos provinciales de la competencia nacional" (Calvo y Escolar, 2005:17). A partir de estas interpretaciones, un conjunto creciente de trabajos aportó evidencia que parece confirmar ese distanciamiento entre el sistema de partidos nacional y los provinciales. Así, la dinámica reciente de la democracia argentina se caracterizaría tanto por una creciente pérdida de gravitación de lo nacional como por un mayor peso de lo subnacional. En este sentido, Neuquén constituye uno de aquellos distritos donde dichos fenómenos se manifestaron con especial claridad, siendo que el predominio del MPN confirió al sistema de partidos provincial una marcada distancia con la configuración de la competencia partidaria a nivel nacional[101]. Sin embargo, aun cuando Neuquén parece constituir un caso temprano de "desnacionalización" de la competencia de partidos, se vuelve necesario relativizar esa caracterización a partir del reconocimiento de algunas de las transformaciones que en los últimos años se produjeron en dicho distrito, las cuales lo orientaron en dirección de una mayor convergencia con otras dimensiones de la vida política nacional.

Fluctuaciones electorales y gobiernos divididos

Uno de los principales desafíos que el MPN debió enfrentar en tiempos recientes fue el de la reducción de su peso electoral. En efecto, las elecciones para gobernador de 1999, 2003 y 2007 muestran una progresiva disminución de los rendimientos electorales de dicho partido,

---

[101] Si bien en este trabajo nos limitamos a explorar el período abierto en 1983, es importante recordar que la permanencia del MPN al frente del gobierno provincial se remonta hasta comienzos de la década de 1960. Luego de los triunfos de 1962 y 1963, el partido volvió a ocupar el primer lugar en las elecciones de 1973, tras vencer en segunda vuelta a la fórmula local del FREJULI. Además, entre 1970 y 1972, su líder Felipe Sapag fue interventor federal en tiempos de la Revolución Argentina.

que alcanzó el triunfo con el 44,2%, el 41,6% y el 38,5% en cada uno de los turnos mencionados. Estas tendencias, no del todo favorables al MPN, pueden también advertirse al comparar las tasas de crecimiento del voto a dicho partido en elecciones a gobernador con las que exhibe el padrón electoral provincial durante el mismo período. Como el cuadro 1 permite observar, aun cuando el nivel de aumento del electorado tendió a estabilizarse en la última década, el MPN encontró crecientes dificultades para mantener un incremento similar en su cantidad de votantes, llegando inclusive a registrar tasas negativas en dos de las últimas tres elecciones a gobernador.

Por otra parte, tradicionalmente, el MPN desarrolló su gobierno contando con mayoría propia en la legislatura. Así, lo favorecía que dicho cuerpo fuera unicameral, que se renovara por completo una vez cada cuatro años y que las elecciones celebradas para definir los ocupantes de los cargos fueran siempre simultáneas con las del Ejecutivo provincial. Entre 1983 y 1995, el MPN había contado siempre con quince bancas que resultaban suficientes para superar las diez que quedaban para el principal contendiente de turno[102]. Pero desde 1999 el partido provincial tuvo que lidiar con la existencia de un gobierno dividido, situación hasta entonces inédita en el historial del partido y que parece haberse consolidado en los últimos dos períodos de gobierno.

No obstante estas dificultades, el MPN fue capaz de retener el control del ejecutivo provincial en cada una de las coyunturas electorales. En efecto, excepto en las elecciones de 1999, en las otras seis oportunidades el MPN obtuvo más votos que la segunda y tercera fuerza juntas, es decir que el PJ y la UCR en 1983, 1987, 1991 y 1995, que el PJ y el ARI en 2003 y que la Concertación y Alternativa Neuquina en 2007. La recurrente baja capacidad de las segundas y terceras fuerzas para concentrar el voto, alerta sobre la necesidad de contemplar el nivel de fragmentación de la oferta partidaria. Si se observan los datos que ofrece el cuadro 2, es posible notar que el número efectivo de partidos se ha mantenido relativamente estable en el distrito, al mismo tiempo que no

---

[102] De acuerdo con lo establecido por la Constitución provincial de 1958, la legislatura se componía de 25 bancas, distribuidas según un formato de lista incompleta en 3/5 para el partido vencedor y la porción restante para el que obtuviera el segundo lugar.

acusa diferencias significativas con la media relativa al conjunto de las unidades subnacionales del país. Esto muestra que cuando se trató de elegir gobernador, el sistema de partidos no exhibió una fragmentación notoria, como en cambio sí es posible reconocer en algunas de las elecciones para diputados provinciales.

Los resultados tampoco han sido tan adversos al MPN en lo que refiere a las elecciones a diputados nacionales, ya que obtuvo 17 de los 35 cargos que hubo en juego en todo el período, mientras que el PJ consiguió 8[103], la UCR 7[104], 2 fueron para coaliciones integradas por ambos partidos[105] y uno para el Frepaso en 1997. Menos marcado ha sido el predominio del MPN en cuanto a senadores nacionales luego de iniciado el ciclo de renovación de estos cargos por elecciones directas. En las elecciones de 2001, el MPN obtuvo dos de las tres bancas en disputa, mientras que el PJ se hizo con la restante. Pero en 2007 dos bancas fueron para el Frente Cívico Para la Victoria y la restante quedó para el MPN. No obstante, la reducida cantidad de estos cargos legislativos nacionales hace del mismo un indicador algo deficiente para calibrar los cambios operados en la competencia partidaria, ya que el sistema de asignación de dichos escaños encierra una notoria desproporcionalidad.

Ahora bien, luego de dar rápida cuenta de algunas de estas modificaciones, como la disminución del rendimiento electoral del MPN o la recurrencia de gobiernos divididos, cabe preguntarse: ¿qué factores permiten entender que el sistema de partidos provincial continúe registrando el predominio de la misma fuerza política? Sin duda podría señalarse una multiplicidad de aspectos, pero aquí interesa destacar algunos de ellos en particular, sobre todo porque permiten advertir similitudes con ciertas transformaciones identificadas en estudios sobre otros distritos. Uno de los factores que debe tenerse en cuenta en tal sentido reside en las variaciones producidas en los niveles de concurrencia electoral, siendo de todos modos necesario advertir que el incremento del

---

[103] Las ocho diputaciones nacionales incluyen aquellas en las que el PJ formó parte de coaliciones electorales, como en 1991 (1).

[104] Las siete diputaciones nacionales incluyen aquellas en las que la UCR formó parte de coaliciones electorales, como en 1999 (1).

[105] Se trata de las bancas obtenidas por el Frente Cívico Para la Victoria en 2005 (1) y el Frente Para la Victoria en 2007 (1).

universo potencial de electores no implica por sí solo un aumento de la misma magnitud en la cantidad de votantes. En este sentido, es posible señalar que la concurrencia electoral ha mostrado una tendencia hacia la baja, situándose regularmente por debajo del 80% a partir de 1999 (gráfico 1). Desde ese año, y al menos hasta 2007, hubo un progresivo alejamiento de los electores respecto de las urnas, aumentando significativamente el abstencionismo desde el 18% registrado en 1999 al 26% en las últimas elecciones para gobernador. Este incremento de los niveles de ausentismo puede ser contemplado como una dimensión en la que, más allá de las particularidades de su competencia partidaria, Neuquén muestra tendencias convergentes con las de otros distritos provinciales del país, especialmente en cuanto a lo que algunos especialistas identificaron como expresión de cierta desafección de los ciudadanos hacia las elecciones (Cheresky y Pousadela, 2004; Cheresky, 2009).

Por otra parte, también es posible advertir un significativo incremento del voto en blanco (gráfico 2) y del voto nulo (gráfico 3), si bien éstos no siguieron una misma evolución a lo largo del período. Mientras que el voto nulo exhibe una misma trayectoria en cuanto a elecciones de gobernador y de diputados provinciales, el voto en blanco ha sido más habitual en relación con estas últimas, mostrando valores menores en las elecciones a gobernador que en las de legisladores provinciales. Todo lo cual parece confirmar la extendida presunción de que el voto para el Ejecutivo provincial es considerado por los propios electores como más relevante que aquel que define la distribución de cargos legislativos.

Asimismo, al menos desde 1995, los valores más elevados de voto en blanco coinciden con los mejores rendimientos electorales del MPN en el período (1995 y 2003), mientras que las reducciones en el voto en blanco guardan cierta correspondencia con los peores rendimientos de aquel partido (1999 y 2007). Esto sugiere que el MPN es el actor que más se beneficia del voto en blanco y, en un sentido más general, que existe cierta relación entre el nivel de concurrencia electoral y el grado de competitividad partidaria. En rigor, resulta difícil establecer si es el incremento en la concurrencia electoral lo que conduce a una mayor competitividad o si bien, en forma inversa, si esta última alienta una mayor participación de los ciudadanos en las elecciones. Aun cuando en este trabajo no se abordará en detalle ese problema, existen algunos indicios –sobre los que se pasará revista más adelante– que permiten pensar que la concurrencia electoral se incrementa con la existencia de partidos opositores que logran ser visualizados por los ciudadanos como competidores reales del partido predominante.

Sin embargo, los comportamientos de los electores no resultan suficientes para comprender la falta de alternancia en el Ejecutivo provincial. En tal sentido, también es necesario tener en cuenta las estrategias adoptadas por el propio MPN en los últimos turnos electorales, especialmente en lo que se refiere a la formación de coaliciones con partidos surgidos como consecuencia de escisiones de otras fuerzas políticas. La apelación a esos partidos como colectores de votos por parte del partido predominante constituye una nueva dimensión en la que es posible advertir similitudes con lo ocurrido en otros distritos del país. En el caso de Neuquén, los partidos que operaron como socios electorales del MPN han sido desprendimientos locales del Partido Justicialista (PJ). En las elecciones para gobernador de 2003 éstos fueron: Apertura Popular de Neuquén (APN) y Opción Federal (OF), que aportaron a la fórmula del MPN el 14,4% de los votos totales, representando ambos partidos la fuente del 34,7% de los votos obtenidos por la fórmula de este último. En las elecciones por el mismo cargo en 2007, los dos partidos mencionados aportaron –junto a Servicio y Comunidad (SyC)– el 9,7% de los sufragios totales y el 25,2% de los votos obtenidos por los candidatos del MPN.

La relevancia de estos socios menores del MPN podría ponerse en duda señalando su condición de partidos colectores del oficialismo. De acuerdo con esa mirada, las coaliciones establecidas en las dos últimas elecciones provinciales parecen responder más a la estrategia del MPN que a la capacidad de sus socios de negociar alianzas electorales con este último. De aquí que parecería posible señalar que los socios electorales del partido provincial no constituyen agrupamientos políticos relevantes en sentido estricto, debido sobre todo a su escasa trayectoria y a su modesto caudal electoral. Sin embargo, si en lugar de adoptar criterios rígidamente numéricos se sigue la indicación de Sartori (2005[1976]) de contar inteligentemente a los partidos, se vuelve necesario reconocer la importancia que aquellas fuerzas menores han tenido en la competencia partidaria a nivel provincial. Ello puede advertirse, por ejemplo, en cuanto a la formación de mayorías en la legislatura provincial, donde aquellos partidos fueron clave para que la fuerza gobernante alcanzara tal condición en los dos últimos períodos[106].

En las elecciones de 2003 el partido provincial obtuvo 17 de las 35 bancas, mientras que sus socios menores –Apertura Popular de Neuquén (APN) y Opción Federal (OF)–, se hicieron con tres y cinco bancas respectivamente, permitiendo al oficialismo contar con mayoría en el recinto. En 2007 el oficialismo sólo obtuvo 15 diputados, alcanzando la mayoría legislativa gracias a las bancas que aportaron los dos partidos mencionados y el partido Servicio y Comunidad (SyC) como nuevo socio de ese juego de coaliciones electorales. Así, pese a haber reducido su peso absoluto dentro de la legislatura en el último período –como puede observarse en el gráfico 4–, aquellos partidos menores acrecentaron su capacidad de negociación para con el oficialismo.

De esta manera, al ser nuevamente adoptada para los comicios provinciales de 2007, la estrategia electoral inaugurada por el MPN en 2003 parece haber constituido un elemento importante en el mantenimiento de este último al frente del Ejecutivo provincial. En tal sentido, gracias al surgimiento de nuevas fuerzas partidarias con capacidad de formar coaliciones, el MPN logró contar con mayoría propia en la legislatura y superar así la contingencia del gobierno dividido. Esto sugiere que, más allá del efectivo peso electoral de esos partidos "colectores", parecen haberse constituido en una pieza relevante en el sistema de partidos provincial.

Las reformas en el sistema electoral provincial y la competencia partidaria

Las transformaciones señaladas en la sección anterior no podrían entenderse sin dar cuenta de las reformas institucionales que afectaron el

---

[106] En 1999, el MPN enfrentó por primera vez una situación de gobierno dividido, a la que respondió con la cooptación de diputados provinciales electos por el PJ que, luego de las elecciones, conformaron bloques uninominales a partir de los cuales acompañaron al oficialismo en numerosos proyectos legislativos. Sin embargo, a diferencia de las experiencias de 2003 y 2007, esa estrategia no se basaba todavía en el explícito apoyo de otros partidos sino en la cooptación individual de legisladores.

desenvolvimiento de la competencia partidaria en la provincia de Neuquén, como ocurrió con las modificaciones operadas en el sistema electoral. Si bien la reforma constitucional sancionada en 2006 produjo algunos cambios en ese sentido –tales como la prohibición de la re-reelección y de las candidaturas simultáneas–, en este capítulo la mirada se concentra en las modificaciones introducidas con las reformas de 1994, no sólo porque continúan en vigencia sino porque tuvieron importantes consecuencias en el sistema de partidos provincial.

Sin abordar las motivaciones políticas que condujeron a la enmienda de 1994, interesa mencionar que entre las modificaciones que la misma produjo destacan sobre todo el aumento del número de bancas de la legislatura provincial –que pasaron de 25 a 35– y la adopción de nuevas reglas para la distribución de los cargos. Si bien se mantuvo la renovación total de los mismos cada cuatro años, la lista incompleta fue reemplazada por un sistema de reparto basado en la fórmula D'Hont. Para acceder a esa distribución, la enmienda exigía de los partidos que alcanzaran un mínimo del 3% de los sufragios. La introducción de estas modificaciones en el sistema electoral neuquino hizo que el MPN dejara de contar con la mayoría legislativa que le aseguraba el viejo sistema. De hecho, a partir de la puesta en práctica de esas reformas electorales, el MPN contó con mayoría propia en una sola oportunidad, lo que se debió al amplio triunfo obtenido por Felipe Sapag en 1995[107]. En cambio, las elecciones legislaturas provinciales de 1999, 2003 y 2007 dejaron al partido provincial sin mayoría propia en el recinto. Esto no implica desconocer, como se mencionó anteriormente, que el MPN fue en cambio capaz de construir una mayoría legislativa a través de coaliciones con otras fuerzas políticas.

Por otra parte, entre otras de las consecuencias de las modificaciones introducidas con la reforma de 1994, cabe destacar que las producidas en las reglas de distribución de escaños en la legislatura provincial redujeron en forma significativa la marcada desproporcionalidad que registraba el distrito (gráfico 5). En efecto, mientras que bajo el sistema de lista incompleta vigente hasta 1994 existía una alta

---

[107] En las elecciones de 1995, Felipe Sapag triunfó con el 61,16% de los votos. En un lejano segundo lugar quedó el PJ con un 14,39%.

desproporcionalidad media, a partir de la puesta en práctica del sistema proporcional de fórmula D'Hont, los valores de dicho índice tendieron sistemáticamente a la baja. Un cierto aumento de la desproporcionalidad –aunque bien lejano a la media correspondiente al sistema electoral previo– puede detectarse a partir de las elecciones de 2003, lo que no se debe a ninguna modificación del sistema de distribución sino al fuerte crecimiento de la fragmentación de la oferta partidaria que tuvo lugar a partir de la crisis de representación abierta en 2001 (Torre, 2003).

Si se comparan los rendimientos promedio del partido predominante bajo uno y otro sistema electoral, es posible advertir que el cambio no parece tan pronunciado como resultaría a primera vista. Así, mientras que en las elecciones celebradas bajo el sistema de lista incompleta el MPN obtuvo el 60% de los cargos legislativos con una media de 50,2% de los votos, en las que se desarrollaron conforme la fórmula D'Hont el MPN accedió a un promedio del 50% de las bancas con el 45,5% de los sufragios. Como puede observarse en el gráfico 6, la introducción de la representación proporcional aumentó notoriamente la proporcionalidad general del sistema. En efecto, los puntos de más alta desproporcionalidad en el período –MPN 1983, MPN 1987, MPN 1991, PJ 1983 y UCR 1987– se ubican por fuera de la línea de ajuste. De esta manera, pese a mantenerse el predominio del MPN, la provincia de Neuquén es una de las pocas que en este punto ha mostrado una evolución a contramano de la exhibida por el resto de las provincias, donde las reformas electorales introducidas tendieron a aumentar considerablemente la desproporcionalidad en la distribución de bancas (Calvo y Escolar, 2005: 182-183).

Sin embargo, no se trata de las únicas consecuencias que arrojó la introducción de modificaciones en el sistema electoral. Por el contrario, las mismas también han tenido impacto en otras dimensiones del sistema de partidos provincial, especialmente en lo relativo al grado de fragmentación de la oferta partidaria y los niveles de concentración del voto. En efecto, como puede observarse en el cuadro 3, el número efectivo de partidos legislativos aumentó de manera significativa a partir de la introducción de los nuevos mecanismos de distribución de bancas en 1994. Que el fenómeno no es la expresión directa del escenario posterior a la crisis de 2001 puede advertirse al comparar la evolución del índice en Neuquén con la media que el mismo registra a nivel nacional. Como el cuadro muestra, la vigencia del sistema del lista incompleta hasta 1993 se traducía en un número efectivo de partidos relativamente bajo y, por la misma razón, de absoluta estabilidad. En cambio, desde 1995 el indicador registra valores crecientes, sólo contrarrestados por el nivel alcanzado en 2007, que se explica por el la importante competitividad que presentó esa elección provincial. Por otro lado es interesante destacar, a propósito de esa creciente fragmentación legislativa, que en las elecciones provinciales de 2003, el número efectivo de partidos que registró Neuquén fue el segundo más elevado de todo el país, sólo superado por los 8,91 que mostró la Capital Federal en el mismo turno electoral (Calvo y Escolar, 2005:118).

No obstante, el fenómeno de la fragmentación partidaria no afectó a todos los niveles del sistema político provincial, como se advierte al comparar la evolución registrada en el número efectivo de partidos en elecciones para gobernador con la de diputados provinciales. Como el gráfico 7 muestra, mientras que para el cargo ejecutivo el nivel se mantuvo relativamente estable –entre 2,5 y 3–, conoció un importante crecimiento en lo que respecta a los cargos legislativos. Esto comprueba que las modificaciones introducidas en el sistema electoral de la provincia resultaron en una estructura de incentivos que alentó la fragmentación partidaria en la medida que se incrementaron notoriamente las oportunidades para la obtención de bancas en la legislatura provincial.

Sin embargo, la fragmentación partidaria no tuvo el mismo impacto en todas las fuerzas políticas. Por un lado, el MPN no conoció ninguna escisión durante el período, sobre todo gracias a la institucionalización de los conflictos intrapartidarios (Rafart y Camino Vela, 2009). Por el otro, la nueva estructura de incentivos afectó gravemente a los partidos opositores, especialmente a las fuerzas nacionales tradicionales como el PJ y la UCR, fuertemente perjudicadas por la crisis de representación desatada en 2001.

Estas transformaciones parecen guardar cierta relación con los niveles de concentración del sistema de partidos en Neuquén –aquí medida como el porcentaje de votos y de bancas concentrados en los dos partidos más votados–, como se desprende de una comparación entre el gráfico 7 y el gráfico 8. Si bien puede considerarse que el número efectivo de partidos y la concentración electoral se encuentran bastante relacionados –como parece evidenciarlo la evolución de los dos indicadores en nuestro caso–, es importante señalar que no parece existir una correspondencia mecánica entre ambos fenómenos. Si se observa la trayectoria de ambos indicadores en lo relativo a elecciones para gobernador, se encuentra que no existe una relación directa entre el nivel de concentración y la cantidad de partidos. Por ejemplo, la evolución de los dos índices entre 1991 y 1995 muestra que una disminución en el número efectivo de partidos coexistió con una menor concentración del voto. De manera inversa, los valores registrados entre 1995 y 1999 dan cuenta de un aumento en la concentración electoral simultáneo con un crecimiento en el número efectivo de partidos. Mientras que en el primer caso el fenómeno parece explicarse por la debilidad electoral de las fórmulas rivales ante la del MPN –encabezada por Felipe Sapag, el líder tradicional del partido–, en el segundo caso, la situación se debió a la concentración del voto que produjo la aparición de la Alianza, aun en un contexto de incremento del número efectivo de partidos.

Por otra parte, si bien puede advertirse cierta correlación en la evolución de los mismos indicadores en elecciones para diputados provinciales, también es posible encontrar coyunturas que mostrarían un vínculo demasiado directo entre ambos elementos. Por ejemplo, entre las elecciones de diputados nacionales celebradas en 1995 y las de 1999, se comprueba la simultaneidad de una mayor concentración y un incremento en el número efectivo de partidos. Una vez más, esto se explica por la existencia de la Alianza, que logró concentrar más el voto aun coexistiendo con una oferta partidaria más amplia.

Esto hace necesario preguntarse por lo ocurrido en otra de las dimensiones relevantes de cualquier sistema de partidos: el nivel de competitividad entre los distintos actores concurrentes, aquí medida como la distancia que separa al vencedor del segundo (gráfico 9). La observación más importante sobre este punto es que, a diferencia de las otras dos dimensiones, no se registra una relación significativa entre el nivel de competitividad y la reforma electoral, excepto para diputados y en el período anterior a la puesta en práctica de la misma. En efecto, la introducción de la reforma no determinó una tendencia definida hacia la reducción o hacia el incremento de la competitividad general del sistema de partidos provincial. En todo caso, el efecto que el mencionado cambio institucional parece haber tenido es el de aumentar la inestabilidad del nivel de competitividad, como sugieren las bruscas oscilaciones experimentadas por este último a partir de 1994. Lo anterior sugiere que el nivel de competitividad ha seguido su propia dinámica de desarrollo, no siendo a priori determinantes de su evolución los factores institucionales del sistema político provincial.

Por otra parte, es interesante notar que de manera diferente a lo exhibido por los otros dos indicadores –que se comportan de un modo diferente según se trate de elecciones de gobernador o de legisladores–, el nivel de competitividad muestra una notable homogeneidad en lo que compete a uno y otro tipo de cargos. Todavía más, a partir de la entrada en vigencia de la enmienda constitucional de 1994, el nivel de competitividad en diputados provinciales aumentó sustancialmente, quedando asociado al de las elecciones de gobernador. A partir de 1995, recién en 2003 se registra cierta diferencia entre ambos indicadores que terminó haciéndose más pronunciada para 2007, lo que podría entenderse por el hecho de que en ambas elecciones las fórmulas para gobernador fueron apoyadas por distintos partidos que concurrieron a los comicios de diputados presentando listas propias. Como se desprende del gráfico 9, la modificación del sistema electoral no parece haber dado lugar a la formación de un sistema de partidos más competitivo.

La explicación de las variaciones en el nivel de competitividad debe buscarse entre otros factores, entre los que destaca el tipo de competencia que enfrentó el partido predominante en cada coyuntura electoral. En aquellas que se caracterizaron por un mayor grado de competitividad, el MPN enfrentó sendas coaliciones partidarias: la Alianza, en 1999, y la Concertación Neuquina para la Victoria, en 2007. Las elecciones de 2003 representan la excepción que confirma la regla, ya que si es cierto que el MPN tuvo su principal contrincante en una alianza de partidos[108], también lo es que –a diferencia de lo ocurrido en 1999 y 2007– las fuerzas que la integraron no conformaron una verdadera coalición y prefirieron

---

[108] La fórmula Duzdevich-Rioseco fue sostenida por el Partido Justiticialista, del partido El Frente y la Participación Neuquina y del Movimiento de Integración y Desarrollo.

sostener listas propias en las elecciones de diputados provinciales. De esta manera, la mayor competitividad registrada en el sistema político provincial no está directamente asociada con que el MPN enfrente coaliciones, sino a que éstas tengan un grado relativamente alto de solidez y organización interna reflejada, por ejemplo, en la negociación interpartidaria necesaria para definir listas compartidas de candidatos.

No obstante las transformaciones identificadas en el sistema de partidos neuquino, es importante recordar que ellas no parecen haber implicado para el MPN un riesgo demasiado claro de perder su condición de partido predominante. Al contemplar en el gráfico 10 la proporción del voto que el MPN acumuló en cada una de las elecciones provinciales, es posible advertir que cuando se trató de dirimir el cargo de gobernador los candidatos del partido nunca obtuvieron un porcentaje menor al 40% de los votos. Si para el mismo tipo de elecciones se añade al voto acumulado por el MPN el obtenido por la segunda fuerza, parece confirmarse la asociación entre competitividad y tipo de oposición. En efecto, si se observan los niveles más elevados de voto acumulado entre el partido ganador y el segundo en todo el período, se advierte que en todos los casos (1991, 1999 y 2007) coinciden con el carácter de coalición del principal opositor. Finalmente, una mirada al voto acumulado por el MPN en cuanto a diputados provinciales debería resultar suficiente para cuestionar el carácter "hegemónico" que algunos estudios otorgan a dicho partido (Favaro e Iuorno, 2005).

Reflexiones finales

Los rendimientos electorales decrecientes que el MPN mostró a lo largo del período están lejos de confirmar la imagen del partido de abrumadora supremacía que retrató la mayor parte de los estudios disponibles (De Rosas y otros, 1996; Favaro e Iuorno, 2007). Aun cuando el aparato partidario desempeñó un papel nada despreciable en el historial electoral del MPN, también es verdad que la importancia de dicho factor parece haberse reducido desde 1999. Si los votos obtenidos por el MPN en las elecciones para gobernador brindan una medida aproximada del poderío de ese aparato electoral, se advierte una importante disminución de los mismos que ayuda a comprender la adopción de estrategias coalicionales por parte de dicho partido.

No sobra remarcar que el MPN no triunfó en todas las elecciones celebradas en la provincia, como cabría esperar de un partido de carácter "hegemónico". En efecto, si venció en la totalidad de las contiendas para gobernador y para diputados provinciales –siempre simultáneas a las de gobernador–, el MPN registró derrotas en las votaciones para diputados nacionales en 1983, 1985, 1989, 1997 y 2007, para senadores en 2007 y para convencionales constituyentes nacionales en 1994. Por otra parte, una mirada al nivel municipal, donde el MPN sufrió en los últimos años derrotas en varios de las principales localidades de la provincia, reportaría elementos que permitirían poner en duda la idea de una supremacía absoluta de aquel partido.

No obstante, las transformaciones producidas en el sistema de partidos provincial en el último cuarto de siglo no impidieron que el mismo mantuviera su condición predominante, entendida ésta como "un sistema de más de un partido en el que la rotación no ocurre en la práctica" (Sartori, 2005 [1976]: 255). Como se ha visto, uno de los aspectos más destacados de la evolución de la política electoral neuquina ha sido la disminución de la capacidad del MPN para mantener los porcentajes de apoyo electoral que mostraba al inicio del período estudiado. Si se contemplan los votos obtenidos por el MPN en las tres últimas elecciones a gobernador, se advierte que sus rendimientos se ubican entre los peores resultados y muestran además una firme tendencia decreciente, llegando en 2007 a obtener por primera vez en su historia menos del 40% de los votos.

Sin embargo, el MPN mostró tener una importante capacidad de adaptación a los desafíos representados por la disminución de los votos propios, la reducción de los niveles de concentración y la mayor fragmentación de la oferta partidaria, entre otros fenómenos recientes. Esa capacidad del MPN para retener el Ejecutivo provincial confirma su calidad de partido predominante, sobre todo gracias a lo que en el recorrido aquí realizado pudo reconocerse como una elevada capacidad de adaptación a los cambios en el "ambiente" (Panebianco, 1990), ya se trate de los que el propio partido introdujo en 1994 como de los que tuvieron que ver con fenómenos más amplios de la representación política en la Argentina. Sin duda, en ello jugó un papel muy importante el sostenido control que el

MPN mantuvo sobre el Estado provincial (Rafar, Camino Vela y Quintar, 2004: 26), contando así con acceso privilegiado y escasamente limitado para el uso partidario de los recursos de la administración provincial.

Luego de esta mirada general sobre las transformaciones producidas en el sistema de partidos de la provincia de Neuquén, cabe preguntarse si es posible identificar en dicho caso un proceso de "territorialización" similar al que algunos estudios han hallado como principal rasgo del sistema de partidos en la Argentina del último cuarto de siglo (Escolar y Calvo, 2005). En lo que respecta al período aquí analizado, Neuquén permaneció gobernada por una fuerza de rango netamente provincial, otorgando al sistema de partidos del distrito una significativa distancia con los formatos de la competencia partidaria a nivel nacional. Si bien ese prolongado predominio parece sugerir una suerte de congelamiento del sistema de partidos neuquino, el panorama que surge de una lectura más detallada acerca de éste último obliga a reconocer algunos cambios de importancia.

En este sentido, si bien Neuquén podría ser contemplado como un caso temprano de "desnacionalización" de la competencia de partidos, en los últimos años se han producido algunas transformaciones que ubican a dicha provincia en una dirección de mayor convergencia con otros distritos del país. Cuentan en este desarrollo la introducción de modificaciones en el sistema electoral —las cuales tuvieron fuerte impacto en el grado de fragmentación de la oferta partidaria—, los niveles de concurrencia electoral, entre otros aspectos.

Es evidente que muchas de las observaciones aquí efectuadas deben ser comprobadas mediante la incorporación de un conjunto más amplio de factores, que involucran lo ocurrido en las arenas políticas municipales o el desarrollo de iniciativas coalicionales en el espectro opositor al oficialismo provincial. En este último sentido, aunque la formación de alianzas locales contra aquel partido puede ser interpretada como signo de la "territorialización" del sistema de partidos provincial, las recurrentes rupturas de dichas coaliciones dan cuenta de la influencia que la política nacional ha mantenido en el juego político interno a los distritos provinciales.

En las elecciones para gobernador de 2007, la Concertación Neuquina para la Victoria logró el 35% de los votos contra el 38,5% obtenido por el MPN, distancia que se amplió a favor de este último gracias al aporte de sus socios electorales. Sin embargo, los conflictos políticos desatados a partir del voto negativo del vicepresidente Cobos al proyecto de ley sobre retenciones agropecuarias, condujeron a la ruptura de la coalición electoral que había mostrado tan satisfactorio rendimiento en las mencionadas elecciones y que muchos observadores señalaban como un primer paso hacia la alternancia de cara al turno electoral de 2011.

La desaparición de la Alianza en 2001, que había mostrado un exitoso desempeño electoral en 1999, tampoco dio lugar al mantenimiento de ninguna expresión de dicha fuerza en el escenario neuquino. La ruptura de estas coaliciones sugiere que, por una parte, la política nacional no parece haber dejado de tener gravitación sobre las opciones estratégicas de los partidos en los espacios provinciales y, por la otra, que los sistemas de partidos provinciales no se aislaron por completo de las contingencias de la política nacional.

Cuadro 1

Crecimiento del padrón y del voto al MPN en elecciones a gobernador Neuquén (1983 - 2007)							
	1983	1987	1991	1995	1999	2003	2007
Crecimiento del padrón (%)	-	24.3	24.4	18.6	18.3	14.3	14.5
Crecimiento del voto MPN (%)	-	7.8	25	34.4	-13.2	32.3	-2.19

Fuente: Elaboración propia sobre la base de datos de la Secretaría Electoral de la Provincia de Neuquén.

Cuadro 2

Número efectivo de partidos (gobernador; 1983-1007) (Laakso & Taagepera)								
	1983	1987	1991	1995	1999	2003	2007	Media
Neuquén	2.52	2.98	2.63	2.40	2.82	2.75	2.74	2.69
Argentina*	2.69	2.60	2.56	2.46	2.49	2.81	-	2.60

* Datos obtenidos de Calvo y Escolar (2005: 111).
Fuente: Elaboración propia sobre la base de datos de la Secretaría Electoral de la Provincia de Neuquén.

Cuadro 3

Número efectivo de partidos en diputados provinciales (1983-1007) (Laakso & Taagepera)								
	1983	1987	1991	1995	1999	2003	2007	Media
Neuquén	1.92	1.92	1.92	2.25	2.66	3.59	3.01	2.46
Argentina*	2.22	2.29	2.31	2.23	2.17	2.63	-	2.33

* Datos obtenidos de Calvo y Escolar (2005: 117-118)

Gráfico 1
Concurrencia electoral en elecciones para gobernador en Neuquén (1983-2007)

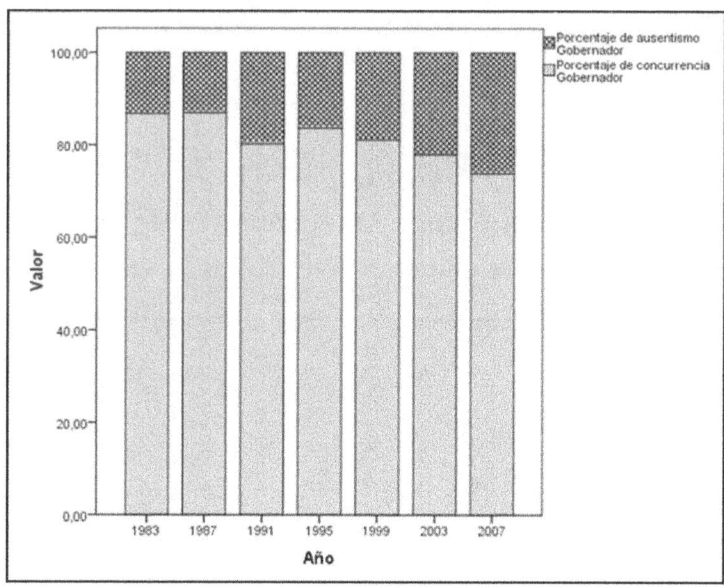

Fuente: Elaboración propia sobre la base de datos de la Secretaría Electoral de la Provincia de Neuquén.

Gráfico 2
Crecimiento del voto nulo en elecciones de gobernador y de diputados provinciales en Neuquén (1983-2007)

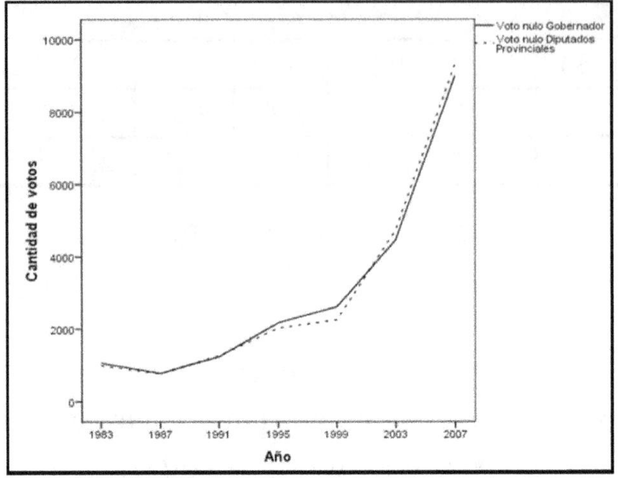

Fuente: Elaboración propia sobre la base de datos de la Secretaría Electoral de la Provincia de Neuquén.

Gráfico 3
Crecimiento del voto en blanco en elecciones de gobernador y de diputados provinciales en Neuquén (1983-2007)

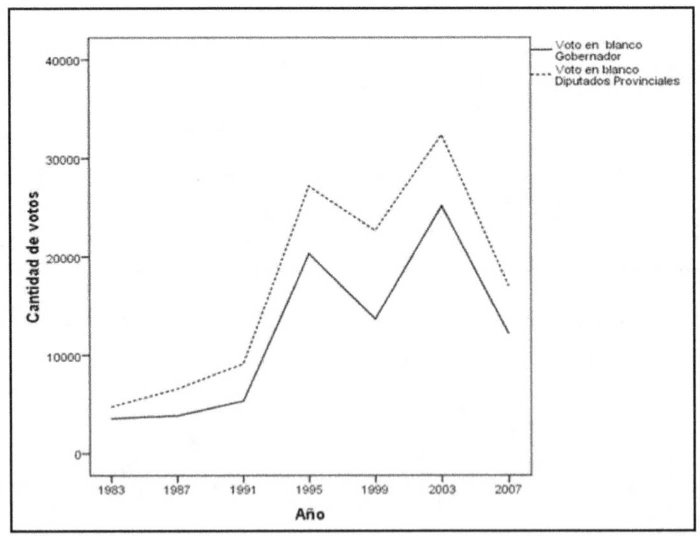

Fuente: Elaboración propia sobre la base de datos de la Secretaría Electoral de la Provincia de Neuquén.

Gráfico 4
Distribución de bancas en la legislatura neuquina (1983-2011)

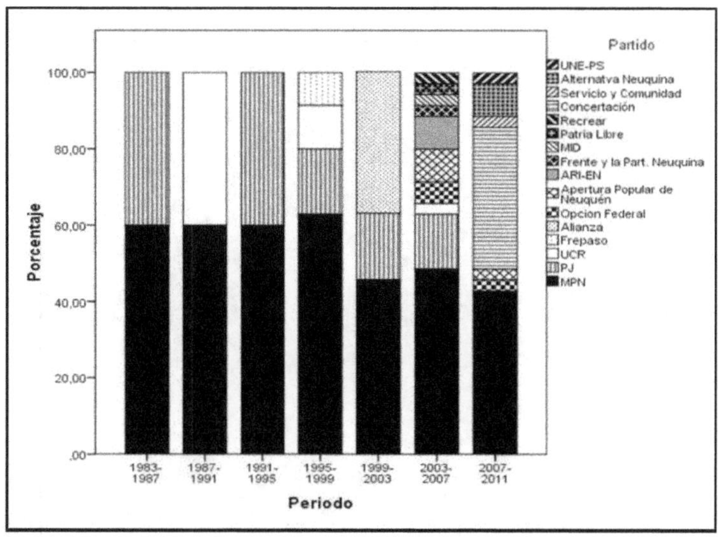

Fuente: Elaboración propia sobre la base de datos de la Secretaría Electoral de la Provincia de Neuquén.

Gráfico 5
Desproporcionalidad en diputados provinciales. Neuquén (1983-2007)
(Loosemore y Hanby)

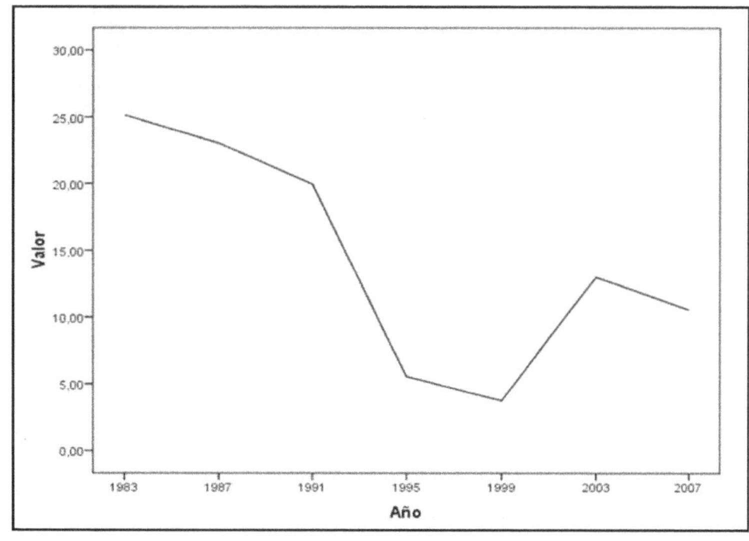

Fuente: Elaboración propia sobre la base de datos de la Secretaría Electoral de la Provincia de Neuquén.

Gráfico 6

Distribución de votos y bancas en diputados provinciales en Neuquén (1983-2007) para los partidos y coaliciones más relevantes

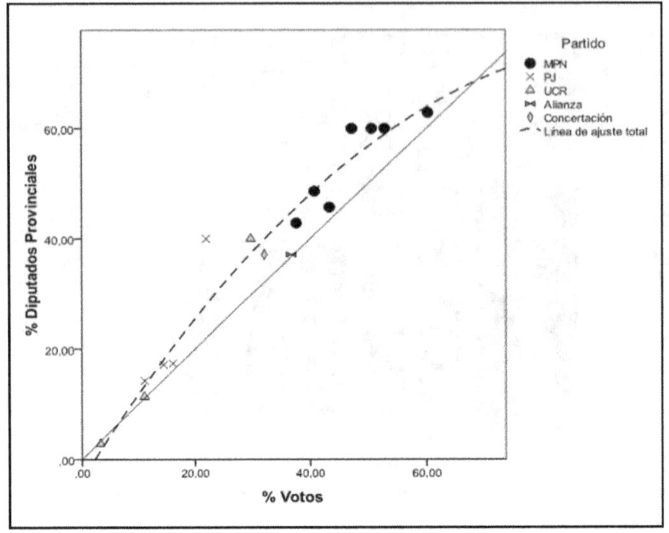

Fuente: Elaboración propia sobre la base de datos de la Secretaría Electoral de la Provincia de Neuquén.

Gráfico 7

Evolución del número efectivo de partidos en Neuquén (1983-2007)

(Laakso y Taagepera)

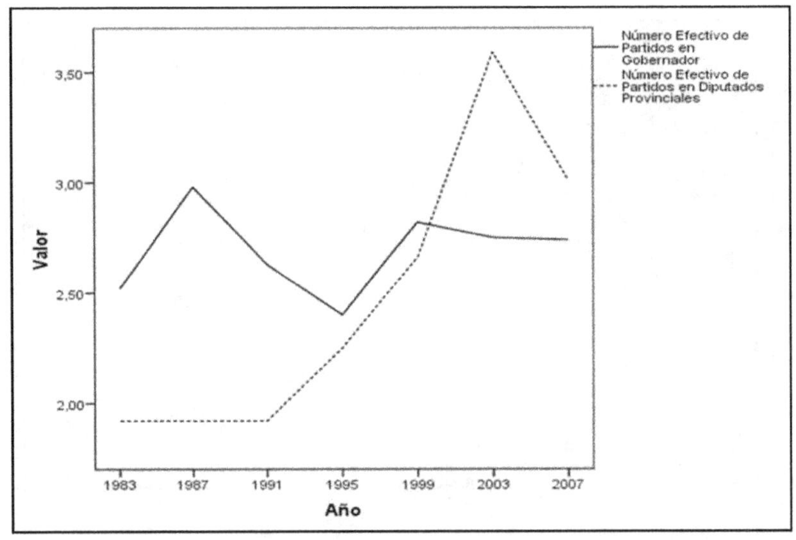

Fuente: Elaboración propia sobre la base de datos de la Secretaría Electoral de la Provincia de Neuquén.

Gráfico 8
Concentración electoral y parlamentaria en Neuquén (1983-2007)

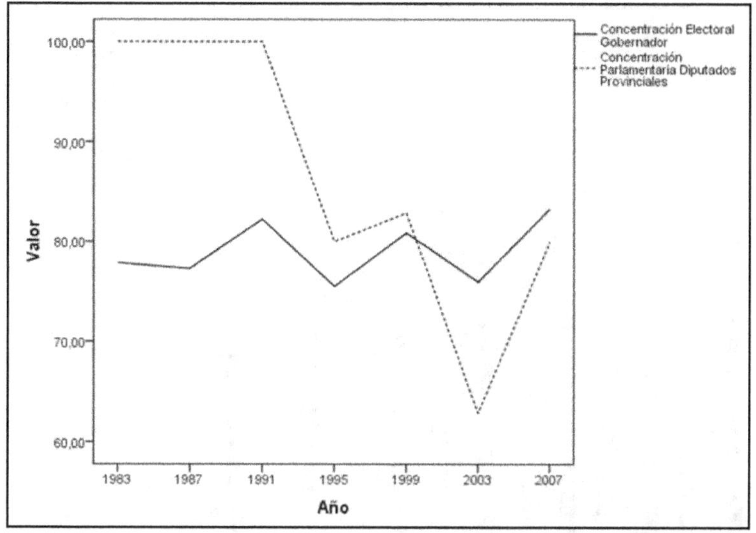

Fuente: Elaboración propia sobre la base de datos de la Secretaría Electoral de la Provincia de Neuquén.

Gráfico 9*
Competitividad electoral y parlamentaria en Neuquén (1983-2007)

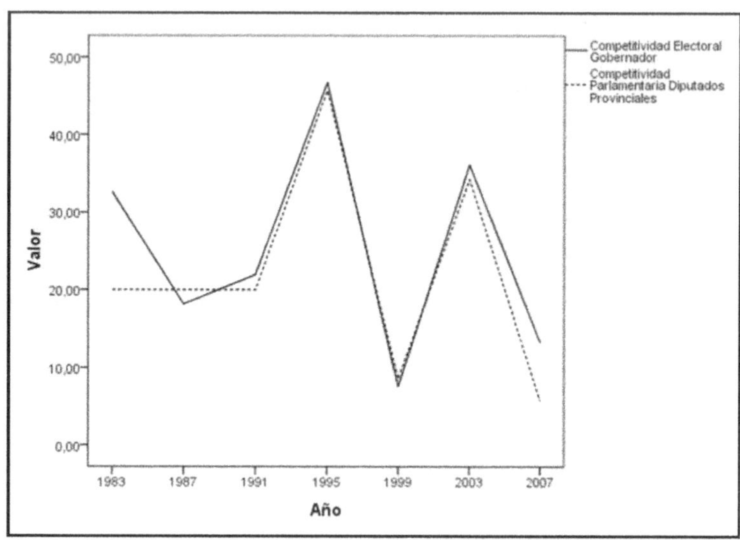

* El nivel de competitividad debe interpretarse de manera inversa al de concentración. Esto significa que cuanto más alto el valor registrado, menor es el nivel de competitividad entre partidos y viceversa.

Fuente: Elaboración propia sobre la base de datos de la Secretaría Electoral de la Provincia de Neuquén.

Gráfico 10
Voto acumulado en Neuquén (1983-2007)

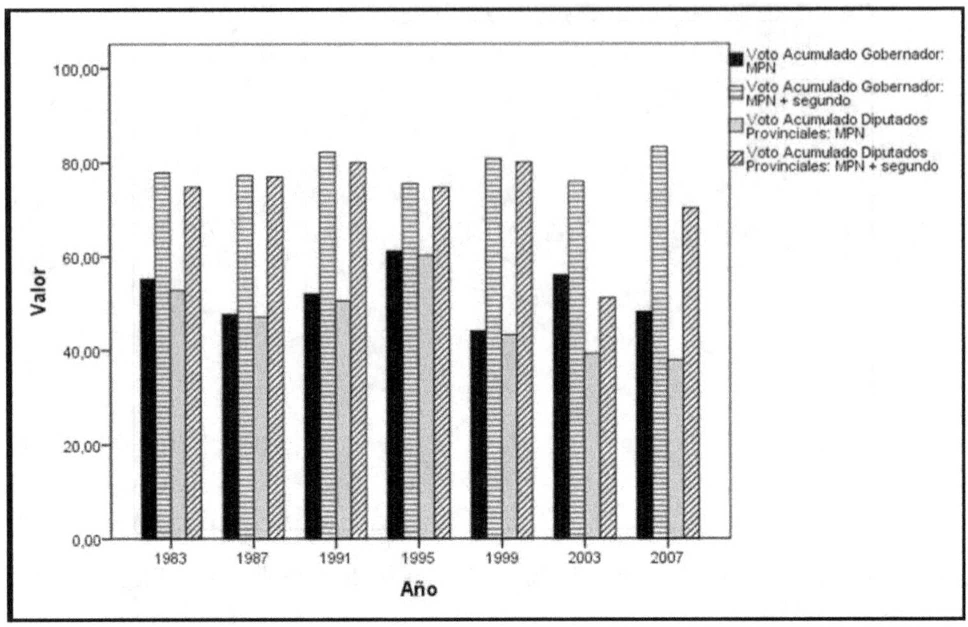

Fuente: Elaboración propia sobre la base de datos de la Secretaría Electoral de la Provincia de Neuquén.

Descentralización, coparticipación federal y crisis de representación política: variables para comprender el fenómeno de la (des)nacionalización partidaria en la Provincia de Buenos Aires (1989-2009)

Mariano Montes[109]

Introducción

Se admite que existe una tendencia hacia la desnacionalización partidaria, en la medida que se manifiestan procesos de descentralización política, administrativa y fiscal que redundan, por una parte, en mayores competencias y recursos para los gobiernos provinciales, y por la otra, en un mayor control de los gobernadores provinciales en sus territorios y un incremento de su peso político en el plano nacional (Chhibber y Kollman, 2004). Esta capacidad de acción, de control territorial y de incidencia en la arena política nacional mucho mayor que poseen los gobernadores, disminuye su dependencia respecto del gobierno nacional, y posibilita que construyan partidos subnacionales con importantes márgenes de acción (Alessandro, 2009).

Partiendo de estas consideraciones, los ciudadanos estarían más inclinados a votar a partidos más competitivos en su ámbito subnacional (provincial), sin considerar su relevancia en el plano nacional, comprendiendo que es en el plano local en donde se deciden las políticas públicas que van a influir directamente en su vida cotidiana (producto del incremento de aquellas atribuciones del gobierno local).

De tal forma, mientras los gobiernos locales cuentan con mayores recursos y el proceso de descentralización es más claro, las tendencias

---

[109] montescorreo@yahoo.com.ar

localistas y el número de partidos subnacionales se incrementan. Inversamente, sin un proceso de descentralización original, estas tendencias desaparecen, disminuyendo la cantidad de partidos y las estrategias políticas localistas, diferenciándose más claramente los sistemas partidarios nacionales y subnacionales (2004).

En la misma línea interpretativa, se afirma que la descentralización de facultades fiscales, administrativas e incluso constitucionales hacia niveles de gobierno subnacionales, otorga mayor relevancia, no sólo al gobierno, sino también a la competencia política electoral en un determinado territorio (Leiras, 2009).

Asimismo, diversos estudios sobre el sistema partidario argentino confirman que, si bien a nivel nacional se ha producido un proceso de desnacionalización partidaria, se ha mantenido, a su vez, cierta estabilidad en el ámbito provincial en cuanto a la *performance* de los partidos tradicionales en las periódicas contiendas electorales.

El objetivo del presente trabajo es determinar en qué forma se ha manifestado la nacionalización/ desnacionalización partidaria en la provincia de Buenos Aires (distrito territorial y poblacionalmente más influyente en la dinámica política nacional) desde 1989 hasta la actualidad.

La hipótesis que orienta nuestro trabajo es que en la provincia de Buenos Aires no se ha evidenciado una clara tendencia hacia la desnacionalización partidaria que atraviese todo el período, e incluso se ha mantenido cierta estabilidad relativa en la competencia partidaria provincial. Sin embargo, esto no significa que el proceso de desnacionalización no haya existido, sino que habría ocurrido en determinados momentos específicos como un fenómeno que obedecería a circunstancias ajenas al proceso de descentralización que se dio en el marco de la reforma del Estado. En este sentido, intentaré demostrar si ha existido o no un paralelismo temporal entre el proceso de descentralización y el de desnacionalización partidaria.

Además, se ofrecerá una explicación con respecto a la existencia de matices en esa desnacionalización partidaria, marcada por la presencia de fuerzas exclusivamente provinciales con buen implante territorial y electoral, aunque en el marco de un proceso que sería relativizado por tres factores: el predominio del Partido Justicialista en todas las elecciones para cargos ejecutivos provinciales, la falta de permanencia en el tiempo de estas fuerzas locales, y la dificultad que han tenido otras fuerzas nacionales para insertarse exitosamente en el distrito.

Para contrastar nuestra hipótesis y comprender las particularidades del proceso de desnacionalización y en qué momentos se ha manifestado, analizaremos dos variables que servirán como marco de entendimiento del proceso: la descentralización política, administrativa y fiscal en el territorio (fundamentalmente desde la reforma del Estado durante la última década del siglo pasado) y los resultados electorales en las sucesivas elecciones para cargos ejecutivos en el distrito.

Además, para obtener una mayor comprensión del proceso analizaremos el estado de situación actual de la coparticipación federal de la provincia (observando el grado de dependencia económica respecto del gobierno nacional y el presupuesto por habitante en los municipios), y, finalmente, el efecto que ha provocado en el territorio la crisis de representación política.

Naturalmente, para comprender un proceso como el que se analizará en el presente trabajo, será necesario establecer un diálogo permanente con las especificidades históricas y políticas del país y la provincia, con el convencimiento de que toda coyuntura o período temporal es producto de circunstancias pasadas y presentes que lo posibilitan. De esta manera, será recurrente el establecimiento de explicaciones de ciertos fenómenos a partir de un recorrido breve pero necesario de las circunstancias históricas que lo precedieron (es decir, que escapan temporalmente a nuestro período de estudio), aunque esto tampoco implique una filiación determinista.

De igual forma, para comprender un proceso local, en este caso el de la provincia de Buenos Aires, creemos que es necesario hacerlo a partir del contexto nacional dentro del que se manifiesta, así como se imposibilita la comprensión de un fenómeno nacional sin observar los particulares escenarios locales que, en su conjunto, le otorgan su fisonomía (Malamud y De Luca, 2005).

Aspectos nacionales de la descentralización, la territorialización y el sistema de partidos

Durante el siglo veinte la política electoral fue progresivamente nacionalizando el sistema de partidos. Según Calvo y Escolar (2005), esta nacionalización se dio entre otras causas por una menor diferenciación de la competencia partidaria en las provincias respecto de aquella que caracterizó a la competencia nacional entre partidos, a una menor diferenciación entre los sistemas de partidos de las diversas provincias y a una creciente orientación programática nacional en la definición de los lineamientos de las políticas públicas implementadas por los dos partidos mayoritarios.

La centralización político-administrativa (que se vio favorecida por la estrategia de centralización burocrática implementada tanto por gobiernos civiles como militares) favoreció la formación de partidos políticos nacionales, reduciendo el papel que cumplían los actores locales que tenían una incumbencia menor en las negociaciones para aprobar leyes políticas significativas (Chhibber y Kollman, 2004).

Siguiendo a Abal Medina y Suárez Cao (2002), hasta el regreso de la democracia, la Argentina tuvo un régimen político inestable (producto de los recurrentes golpes de Estado) y un sistema de partidos estable con una estructura cerrada y predecible (se sabía antes de cada elección quien iba a triunfar, a partir de la invencibilidad del radicalismo desde 1916 hasta 1930 y del peronismo, desde 1946 hasta 1973 –exceptuando los momentos de su proscripción–). Se hablaba, entonces, de un sistema bipartidista débil, predominante y polarizado.

Con la apertura democrática, se ha iniciado un proceso de territorialización o "provincialización" de la política pública, a partir de la descentralización político administrativa (que se da con mayor fuerza en los años noventa) que favorece a los actores políticos locales por sobre los nacionales (2005). Esto redujo notablemente el valor político de los partidos nacionales, en ocasiones devenidos a simples etiquetas.

Esta territorialización del voto profundiza las diferencias entre los sistemas políticos provinciales y ha tenido efectos en todos los partidos, fundamentalmente en el caso de la Unión Cívica Radical (UCR) y de partidos menores, los cuales mostraron una clara tendencia a crecer de manera concentrada en algunas provincias.

Sin embargo, este proceso no implicó que las elecciones presidenciales y las de legisladores nacionales hayan perdido su valor, sino que explica que en este nuevo contexto, la formación de coaliciones y las negociaciones políticas en el marco de elecciones presidenciales, se desplazan desde el ejecutivo y legislativo nacional hacia los niveles subnacionales (Calvo y Escolar, 2005).

Como resultado, el sistema partidario se modifica a partir de 1983, adoptando un carácter abierto e impredecible (Abal Medina y Suárez Cao, 2002), por procesos más generales que implicaron una reducción de la distancia ideológica entre los partidos más importantes, sumado a la pérdida del anterior carácter polarizado como producto de la conversión de un sistema ahora moderado.

Este bipartidismo fuerte y moderado se transforma con la irrupción de un tercer partido, el Frente Grande (FG) durante los años noventa, que incluso llega a desplazar al radicalismo a un inusitado tercer puesto en las elecciones presidenciales de 1995. De esta forma, el sistema adopta una fisonomía pluripartidista moderada y predominante, porque todo hacía suponer la inevitabilidad de la victoria del peronismo. Sin embargo, tal escenario se modifica nuevamente en 1999, cuando dicho partido pierde las elecciones nacionales frente a la Alianza, justamente formada por la UCR y el Frepaso.

La crisis de 2001 abrió en la Argentina un período de acentuación del descontento social con la dirigencia política a la que se asoció con comportamientos corruptos e individualistas. Si bien este marco puso en duda la capacidad de los partidos para gobernar, en el nivel de los sistemas partidarios provinciales las tradicionales pautas de competencia han sobrevivido, encontrando fuertes organizaciones partidarias, como es el caso del Partido Justicialista (PJ) en las distintas provincias[110].

---

[110] Otro aspecto que interviene en la nacionalización/desnacionalización partidaria es la volatilidad electoral del ciudadano en las sucesivas elecciones. La ciudadanía moderna, como conjunto de individuos que componen la "opinión pública", en un contexto de partidos desideologizados, ejerce su función en tanto personas públicas (en mayor medida) a través del voto. Este voto de la ciudadanía (diferenciada del concepto de "pueblo", más compacto y portador de una identidad plena y previsible) ha asumido en las últimas décadas una volatilidad llamativa. Esta variabilidad se expresa tanto horizontal como verticalmente. Por una parte, observamos una variación notable en los resultados a lo largo del tiempo, y por la otra, en la variación del sufragio entre niveles de representación, in-

De tal forma, este proceso de crisis de representación no impidió que el PJ, en el marco del Frente para la Victoria (FPV) encabezado por Néstor Kirchner, siguiera el derrotero del triunfo en las siguientes elecciones ejecutivas y consolidase aun más el predominio de su fuerza partidaria.

Descentralización y nacionalización partidaria: una aproximación conceptual

La descentralización, como traslado de capacidades (y atribuciones) desde el nivel nacional hacia el subnacional, es un fenómeno multidimensional, que admite variantes políticas, administrativas y fiscales (2009).

En su dimensión política, hablar de descentralización implica referirse al reemplazo de la elección central por la elección directa para acceder a los cargos subnacionales de gobierno, así como también cuando los partidos deciden sus candidaturas, definen sus programas y se autofinancian localmente.

Desde el plano administrativo, descentralizar significa trasladar hacia el plano subnacional las facultades para administrar los recursos que requieren las políticas públicas que serán diseñadas e implementadas en el ámbito local.

En tercer lugar, desde un punto de vista fiscal, el concepto refiere a la capacidad de los gobiernos subnacionales para obtener y decidir el destino de sus recursos financieros.

Con respecto al concepto de nacionalización partidaria, no encontramos un uso generalizado de su significado. Básicamente, distinguimos tres tipos de estudios que corresponden a tres diferentes usos del término (Leiras, 2009).

Un primer uso entiende a la nacionalización como la relativa homogeneidad existente en el plano interdistrital en la evolución de los patrones que conformarán el comportamiento electoral. Desde esta visión,

---

cluso cuando las elecciones para cargos legislativos y ejecutivos se llevaron a cabo simultáneamente. Esta declinación del voto cautivo pone en evidencia una supuesta libertad del votante para elegir entre candidatos de diversa filiación política para diferentes cargos y niveles de representación, expresado en el denominado "corte de boleta".

un electorado está nacionalizado cuando los votantes se desplazan en un mismo sentido entre una elección y otra.

El segundo uso entiende a la nacionalización a partir de la relativa homogeneidad interdistrital en el apoyo electoral a los diferentes partidos políticos. Así, un partido estaría nacionalizado cuando es pequeña la variación de votos que obtiene para una misma categoría en los diferentes distritos subnacionales.

Luego, un tercer grupo de trabajos sobre nacionalización partidaria la concibe a partir de la relación de congruencia entre dos niveles de fragmentación: el del agregado nacional y el nivel promedio en los distritos subnacionales. Desde esta óptica, un sistema de partidos estará más nacionalizado cuanto más se parezca la estructura de la competencia nacional a la local. De forma inversa, cuanto menos similares sean estas estructuras, más desnacionalizado será el sistema partidario.

A partir de esta aclaración de los conceptos, podemos comprender un proceso en el cual los sistemas de partidos tienden a nacionalizarse si los gobiernos subnacionales pierden relevancia, e inversamente, tenderán a desnacionalizarse en la medida que los gobiernos locales adquieran mayor importancia desde un punto de vista administrativo, político y/o fiscal.

El proceso de descentralización política, administrativa y fiscal

La centralización ha convivido históricamente con procesos de descentralización que los convierten en fenómenos simultáneos. Sin embargo, la inestabilidad de las instituciones, básicamente en los períodos de gobiernos militares (en los que se clausuraba el Senado de la Nación, lugar de representación de las provincias y el poder central removía las autoridades subnacionales a discreción), sumado a que los programas de modernización tenían el permanente rechazo de fuerzas tradicionales a nivel local, han hecho de la centralización una cualidad de las políticas públicas durante buena parte del siglo veinte (Cao y Vaca, 2007).

Sin embargo, hacia la década del sesenta empieza a surgir, tanto en la Argentina como en varios países de la región, distintas opiniones que cuestionaban una excesiva centralidad del Estado con respecto a la sociedad, en materia de acumulación de recursos económicos y funciones administrativas.

En nuestro país, la descentralización ha tomado una valoración positiva luego de la crisis del Estado de Bienestar y la finalización de la dictadura en 1983, cuando las provincias y los municipios, en un marco de estabilidad institucional, pudieron retomar sus funciones constitucionales, contrarrestando el nivel federal de gobierno.

Esto se ha evidenciado a partir de la transferencia del gasto desde el nivel nacional hacia el provincial y municipal, fundamentalmente con los sistemas de salud y educación, y el traspaso de responsabilidad en la gestión de obras de infraestructura e hidroeléctricas, funciones de regulación económica, etcétera.

Existe un consenso en torno de que la implementación de políticas de Reforma del Estado durante la presidencia de Carlos Menem, el traspaso de competencias estatales del nivel nacional hacia el provincial y la descentralización administrativa y fiscal, impactaron en cada uno de los partidos políticos nacionales y provinciales (Falletti, 2005).

Este fenómeno de descentralización ha tenido una justificación política y administrativa, en cuanto a los beneficios supuestos que se originarían a partir de la reducción de la distancia entre los ciudadanos y los responsables en las tomas de decisiones públicas, involucrando a la sociedad para eficientizar el accionar del Estado, en un ámbito de socialización del poder[111].

Sin embargo, lo que ha ocurrido en la mayoría de las provincias, y con mayor fuerza en la de Buenos Aires, es que la descentralización tendió a reforzar el poder local de los actores que ya mantenían ciertas

---

[111] El desarrollo de la descentralización, que toma su mayor fuerza al calor de la transición democrática y fundamentalmente a partir del proceso de reforma del Estado a comienzos de los años noventa, ha tenido en diferentes momentos, el apoyo tanto de sectores tradicionales de la izquierda como de la derecha. Los primeros resaltaban el valor del acercamiento de la brecha que separaba a los representantes de los representados, y el potencial valor de empoderamiento social que implicaba el hecho de fomentar la participación de la ciudadanía en la gestión de lo público, más cercano ahora a su cotidianidad. Las posturas neoliberales que sostenían la defensa del proceso descentralizador, y que fueron las que impusieron las reglas desde el Estado Nacional, resaltaban la importancia del proceso a partir del reduccionismo estatal y el achicamiento de su órbita y no tanto por el traspaso de recursos de un nivel estatal hacia otro, predominando el eje administrativo y económico como rectores del mismo proceso.

cuotas de poder y que se hicieron de las nuevas atribuciones para incrementarlo. De esta manera, el clientelismo y el patronazgo se instalaron como contrapartida de la participación ciudadana y el control social, en un ámbito de instancias provinciales y municipales con un acceso más complejo para las personas que el que tenían cuando la referencia era el Estado nacional, más institucionalizado y de mayor complejidad para ser cooptado por intereses clientelares.

Siguiendo a Carlos Vilas (2003), al haber transferido recursos y decisiones desde el nivel central a espacios institucionales viciados de clientelismo[112] sin ningún tipo de cuestionamiento a estas estructuras de poder local, el proceso ha redundado en el fortalecimiento de las instancias de poder subnacionales, en el mal uso de los recursos y en la frustración de la sociedad. Evidentemente, la transformaciones que requería una política de descentralización con éxito potencial estaban circunscriptas a que el proceso se llevara a cabo paulatinamente y a largo plazo, y no con las urgencias que reclamaban los organismos multilaterales de crédito y los conflictos por los compromisos fiscales.

Si bien la descentralización no figuró en el decálogo del Consenso de Washington, el énfasis de los organismos multilaterales en el logro de equilibrios macroeconómicos y el ajuste fiscal en el marco de una permanente reducción de las capacidades estatales, hizo que el proceso de descentralización fuese una consecuencia natural de los programas de reforma institucional del Estado y de las políticas de ajuste.

Mientras los niveles subnacionales de gobierno mantuvieran una mayor autonomía de recursos, tendrían más capacidad para la definición y ejecución de políticas. De esta manera, el régimen de coparticipación federal resulta un tema de permanente negociación entre los niveles jurisdiccionales nacional y provincial.

---

[112] Creo necesario aclarar que no entiendo al clientelismo como un mal endémico ni exclusivo de ciertas organizaciones partidarias de determinados municipios del conurbano. Tampoco lo considero como un elemento decisivo en el marco de las elecciones. Ni mucho menos me someto a la tentación de caer en afirmaciones banales que limitan todo tipo de análisis político de la provincia de Buenos Aires al fenómeno del clientelismo. Afirmo, en cambio, que en el marco del proceso de descentralización, las circunstancias señaladas ofrecieron incentivos para fomentar prácticas clientelares y para incrementar el poder político de ciertos líderes locales.

Como afirma Marcelo Leiras (2009), ciertos análisis establecen una influencia directa del sistema de partidos sobre la descentralización. En una coyuntura en la cual estén fuertemente establecidos el carácter nacional de la competencia electoral y la organización de los partidos, se afirma, la descentralización es más lenta y el control de las autoridades nacionales sobre las subnacionales es más completo, facilitando la coordinación en la distribución de atribuciones entre los diferentes niveles de gobierno. Sintéticamente, la idea principal de ese postulado es que la misma pertenencia política partidaria entre los dirigentes de diferentes niveles de gobierno, alivia y se sobrepone a las diferencias eventuales que surgen al establecer prioridades en uno y otro caso, privilegiando lo nacional o lo local.

De esta manera, una elección o un partido estarían más o menos nacionalizados en la medida que los dirigentes partidarios a nivel nacional controlasen o no el acceso a las candidaturas subnacionales y con el mayor o menor tamaño de los bloques oficialistas en el Congreso Nacional, entre otros elementos que sirven para explicar el proceso.

Asimismo, también se admite el movimiento inverso, esto es, que el traslado "de arriba hacia abajo" de facultades constitucionales, administrativas y de control sobre el cobro de impuestos (y de las capacidades para obtener recursos financieros, decidiendo cuál será su destino), por ejemplo, dotaría de mayor firmeza no sólo al gobierno local sino también a la competencia política que se desarrollara en su ámbito subnacional, desde el punto de vista de los candidatos y de los votantes[113]. Según estas posturas, se puede hablar de una coexistencia de fenómenos y una retroalimentación en la relación entre los sistemas de partidos y los procesos de descentralización.

La relación entre la descentralización política, administrativa y fiscal y la desnacionalización partidaria en la provincia de Buenos Aires debe analizarse a partir del siguiente supuesto: si la provincia ha contado con recursos que le permitieron la ejecución de políticas públicas, y posibilitaron que los líderes locales pudiesen otorgar recompensas con cargos, la competencia dentro del partido de gobierno provincial hubiese estado

---

[113] En este sentido, un tema que debe considerarse es el de las responsabilidades en la solución de problemas o generación de fracasos de las políticas públicas. Esto tiene que ver con la capacidad de los electores para comprender en qué nivel de gobierno (nacional o provincial en nuestro caso) recaen las responsabilidades por los logros o fracasos de la gestión pública.

enmarcada en un dinámica política definida localmente. Sin embargo, como los recursos han dependido en gran parte de lo que sucedió en la dinámica nacional, la competencia interpartidaria, lejos de dirimirse en el plano subnacional, es un subproducto de decisiones que se tomaron en el nivel central de gobierno.

En este sentido, como analizaremos a lo largo del presente trabajo, el proceso de descentralización se concentra en buena medida desde la asunción de Carlos Menem como presidente, durante sus primeros cuatro años de gestión, fundamentalmente hacia los meses posteriores al acuerdo fiscal entre la nación y las provincias que modificó drásticamente la distribución primaria entre el gobierno nacional y el provincial. Sin embrago, a nivel nacional, la desnacionalización partidaria se presentó en 2003, luego de la explosión de la crisis de representación política de 2001. Es decir, no ha existido a nivel nacional una correlación clara entre la profundización del proceso de descentralización hacia las provincias y el grado de desnacionalización del sistema de partidos.

En la provincia de Buenos Aires, la descentralización (en materia educativa, de salud e incluso en la separación de municipios[114]) se ha manifestado notablemente durante el primer lustro de la década de 1990, y la desnacionalización partidaria sólo ha aparecido, y con una fuerza relativa, a partir del estallido de 2001, pero con mayor ímpetu en las elecciones de 2003, fortaleciendo la hipótesis según la cual no ha existido una lógica lineal clara entre descentralización y desnacionalización partidaria en la provincia y que ambos fenómenos ocurrieron en una coyuntura nacional diferente.

Análisis electoral. Veinte años y un claro predominio en el sistema partidario

La provincia de Buenos Aires presenta una marcada tendencia a ser influenciada por la dinámica política nacional. Nuevamente recurriendo

---

[114] Durante la década del noventa, el municipio de Ezeiza surge como un desprendimiento del municipio de Esteban Echeverría y los municipios de Hurlingham e Ituzaingó como una división de Morón. Asimismo, los municipios de Malvinas Argentinas, José C. Paz y San Miguel son producto de la división del anterior municipio de General Sarmiento, mientras que Del Viso se traspasó a la municipalidad de Pilar.

a Calvo y Escolar (2005: 272-273), *"...en Buenos Aires se produce una profunda articulación entre la política nacional con la provincial y aun con la municipal, es decir que el arrastre de una arena electoral sobre la otra es mutuo, cambiante en el tiempo y de intensidad variada, en coincidencia con el impacto demográfico electoral que tiene el distrito en el conjunto de las categorías electorales nacionales argentinas"*.

Como afirma Ernesto Calvo (2001), a nivel provincial existe un fuerte sesgo partidario en favor de la UCR, producto de la sobrerrepresentación de las secciones electorales del interior bonaerense. Es decir, ocurre algo similar a las elecciones ejecutivas y legislativas a nivel nacional en las que el PJ se hace fuerte en las provincias sobrerrepresentadas, posibilitando el surgimiento de gobiernos divididos.

Como iremos observando a partir de los análisis de las elecciones ejecutivas provinciales (en las cuales me basaré para comprender la particularidad de la provincia), el sistema partidario en Buenos Aires ha mantenido una visible estabilidad desde el año 1991, cuando se realizaron las primeras elecciones a gobernador desde el comienzo del período de estudio[115].

---

[115] Para las elecciones a gobernador, la provincia mantuvo durante todo el período un sistema electoral de mayoría simple, mientras que en las elecciones legislativas dividió el territorio en ocho secciones electorales con magnitudes variables y renovación parcial cada dos años. Las secciones electorales están compuestas de la siguiente forma. Primera sección: Campana, Escobar, General Las Heras, General Rodríguez, General San Martín, Hurlingham, Ituzaingó, José C. Paz, Luján, Malvinas Argentinas, Marcos Paz, Tres de Febrero, Mercedes, Merlo, Moreno, Morón, Navarro, Pilar, San Fernando, San Isidro, San Miguel, Suipacha, Tigre, Vicente López.
Segunda sección: Baradero, Bartolomé Mitre, Capitán Sarmiento, Cármen de Areco, Colón, Exaltación de la Cruz, Pergamino, Ramallo, San Nicolás, San Pedro, Zárate, San Andrés De Giles, San Antonio de Areco, Rojas, Salto.
Tercera sección: Almirante Brown, Avellaneda, Berazategui, Berisso, Brandsen, Cañuelas, Ensenada, Esteban Echeverría, Ezeiza, Florencio Varela, Lanús, Lobos, Lomas de Zamora, Magdalena, La Matanza, Presidente Perón, Punta Indio, Quilmes, San Vicente.
Cuarta sección: Alberti, Ameghino, Bragado, Carlos Casares, Carlos Tejedor, Chacabuco, Chivilcoy, General Arenales, General Pinto, General Viamonte, General Villegas, Hipólito Yrigoyen, Junín, Leandro N. Alem, Lincoln, Nueve De Julio, Pehuajó, Rivadavia, Trenque Lauquen.
Quinta sección: Ayacucho, Balcarce, Castelli, Chascomús, Dolores, General Alvarado, General Belgrano, General Guido, General Lavalle, General Madariaga, General Paz, General Pueyrredon, Tandil, Las Flores, Lobería, Maipú, Mar Chiquita, Monte, La Costa, Pinamar, Villa Gesell, Necochea, Pila, Rauch, San Cayetano, Tordillo.
Sexta sección: Adolfo Alsina, Bahía Blanca, Coronel Dorrego, Coronel Pringles, Coronel Rosales, Coronel Suárez, Daireaux, General Lamadrid, Gonzáles Chaves, Guaminí, Benito Juárez, Laprida, Monte Hermoso, Patagones, Pellegrini, Puan, Saavedra, Salliqueló,

Provincia de Buenos Aires. Elecciones a gobernador (1991 - 2007)[1]					
Partido	1991	1995	1999	2003	2007
P.J.	46,26%	56,69%	37,44%	43,42%	48,24%
U.C.R.	23,53%	17,34%	-	8,97%	5%
FrePaSo	-	20,96%		-	-
Alianza	-	-	41,36%	-	-
Acción por la República	-	-	5,83%	-	-
Coalición Cívica	-	-	-	-	16,55%
A.R.I.	-	-	-	8,35%	-
MODIN	10,00%	2,19%	-	-	-
Alianza Frente Popular Bonaerense	-	-	-	11,56%	-
U.C.E.D.E.	7,23%	0,39%	5,07%	-	2,47%
Partido Unidad Bonaerense	-	-	7,80%	12,39%	2,45%
Alianza Federalista por Buenos Aires	-	-	-		
UNION - PRO	-	-	-	-	14,96%
Izquierda Unida - Partido Socialista	.-	-	-	4,22%	-
RECREAR	-	-	-	3,94%	0,93%
Frente por la Justicia Social	2,71%	-	-	-	-
Alianza Sociedad Justa	-	-	-	-	2,90%
Frente Independiente	2,41%	-	-	-	-
Acción Popular para la Liberación	2,21%	-	-	-	-
Unidad Socialista - Demócrata Popular	1,55%	-	-	-	-
P.C.	0,78%	0,50%	-	-	0,36%

Tornquist, Tres Arroyos, Tres Lomas, Villarino.

Séptima sección: Azul, Bolívar, General Alvear, Olavarría, Roque Pérez, Saladillo, Tapalqué, 25 de Mayo.

Octava sección: Sección Capital: La Plata.

Fuente: Ministerio del interior y http://towsa.com/wordpress/

Provincia de Buenos Aires. Elecciones a gobernador (1991 - 2007)[1]					
Partido	**1991**	**1995**	**1999**	**2003**	**2007**
Frente Voluntad Popular	0,66%	-	-	-	-
PO	0,41%	-	0,60%	1,29%	0,79%
MST	-	0,40%	0,67%		0,99%
PTS	-	-	0,28%	0,40%	0,64%[116]
MAS	2,25%	-	-	-	
Partido Socialista Auténtico	-	0,39%	-	0,77%	1,74%
Alianza Vamos	-	-	-	-	1,26%[117]
Solidaridad	-	0,23%	-	-	-
Demócrata Progresista	-	0,23%	-	-	-
Partido Humanista	-	0,19%	0,68%	-	-
Mov. Azul y Blanco	-	0,18%	-	-	-
Mov. Cristiano Independiente	-	0,14%	-	-	-
Corriente Patria Libre	-	0,14%	-	-	-
Alianza Frente para la Coincidencia Patriótica	-	0,03%	-	-	-
Frente de la Resistencia	-	-	0,27%	-	-
Alianza Frente Cambia Buenos Aires	-	-	-	0,72%[118]	-
Frente Polo Social para la Victoria	-	-	-	0,55%	-
MID	-	-	-	0,53%	-
Mov. Vecinalista Provincial	-	-	-	0,49	-
Demócrata Cristiano	-	-	-	0,47%	-
Unión popular	-	-	-	-	0,36

[116] Alianza Frente PTS-MAS-Izquierda Socialista.
[117] Unión Ciudadana - Laborista de Buenos Aires - Federal - Movimiento de las Provincias Unidas.
[118] Frente para el Cambio - Nueva Democracia.

Provincia de Buenos Aires. Elecciones a gobernador (1991 - 2007)					
Partido	1991	1995	1999	2003	2007
PPR	-	-	-	0,32%	-
Mov. por la Justicia Social	-	-	-	0,10%	-
MIJD	-	-	-	-	0,35%
Votos Positivos	94,82%	93,73%	93,57%	84,31%	-
Votos en Blanco	4,41%	5,83%	5,76%	14,46%	-
Votos anulados	0,78%	0,44%	0,66%	1,23%	-
Total de Votantes (sobre electores hábiles)	82,45%	84%	82,97%	71,53%	-

En todas las elecciones, el PJ logró conquistar y retener el Ejecutivo provincial y en ninguna ocasión tuvo riesgos reales de ser derrotado, con la única excepción de la elección de 1999 cuando Carlos Ruckauf logró la gobernación no sólo con los votos de su partido (que obtuvo una cantidad considerablemente inferior de sufragios con respecto a los que logró la Alianza) sino también con la tracción de otras listas: Acción por la República y Unión de Centro Democrático.

Durante todo el período, el Número Efectivo de Partidos (NEP) (Laakso y Taagepera, 1979) para la elección a gobernador, tuvo modificaciones entre las elecciones, de un mínimo de 2.53 en 1995, cuando Duhalde logró vencer cómodamente, sin la presencia de partidos provinciales que pudiesen penetrar en el electorado peronista[119], a un máximo de 4,94 en 2003, producto, por una parte, del surgimiento de fuerzas provinciales que sí han horadado (aunque sin poner en riesgo la victoria de Felipe Solá) el voto justicialista en los bastiones electorales de aquellas fuerzas, y por la otra, por la crisis política que atravesó, con diferente intensidad, a todos los partidos y sistemas partidarios nacional y provinciales.

Otra particularidad que surge luego de analizar los resultados electorales, es que no han existido dos elecciones consecutivas en las que

---

[119] Si bien el Frepaso tiene en sus filas al Frente Grande, que surge como desprendimiento del PJ, su electorado no se entrecruza con el tradicional voto justicialista en esa elección (Calvo y Escolar, 2005)

la segunda fuerza, luego del PJ, haya sido la misma que en una elección anterior.

En 1991, la UCR, que había gobernado la provincia con el mandato de Alejandro Armendáriz en 1983, logró el segundo lugar en las preferencias (al igual que en 1987, con la victoria del justicialista Antonio Cafiero). En 1995, la segunda ubicación fue para el Frepaso, que obtuvo un sorprendente 20% con la candidatura de Carlos Auyero. En 1999, ese segundo lugar fue para la Alianza, frente compuesto por el Frepaso y la UCR bajo la candidatura de Graciela Fernández Meijide; en 2003 para la Alianza Federalista por Buenos Aires, fuerza representada por su referente principal, el ex comisario Luis Patti, mientras que en 2007 la segunda colocación resultó para la Coalición Cívica con la candidatura de Margarita Stolbizer.

Si bien cada elección tuvo su particularidad, en parte influida por la simultaneidad con las elecciones presidenciales (salvo en 1991 y 2003), pero también por la coyuntura específica que posibilitaba el surgimiento de nuevos espacios provinciales, lo cierto es que durante todo el período se configuró un sistema de partidos predominante –con la existencia de más de un partido pero sin la posibilidad real de alternancia (Sartori, 1976)–. La excepción fue la elección de 1999, que abrió las puertas a un eventual cambio de gobierno y una plausible reconfiguración del sistema hacia un bipartidismo extinguido antes de su apogeo, producto de la crisis y desaparición de la Alianza como frente electoral. Fue en esta elección cuando la competencia adoptó un carácter polarizado, aunque efímero, debido al breve recorrido político temporal de aquella fuerza.

En las elecciones de 1999, el carácter polarizado de la contienda se debió fundamentalmente a la simultánea elección nacional en la que Fernando De La Rúa fue electo presidente, pero también por el hecho del gran caudal de votos que perdió el PJ y que en un 80% (en comparación a la anterior elección a gobernador) se dirigieron al Partido de Unidad Bonaerense, que logró alcanzar prácticamente un 8% en esa elección, a partir de la inserción de su referente en Escobar (municipio del cual fue intendente) y alrededores (en los que el PJ descendió notablemente en su performance) (Calvo y Escolar, 2005).

Un punto que es muy importante destacar, y que se desprende de estas líneas, es que el electorado bonaerense presentó un comportamiento diferenciado en las elecciones nacionales en relación con las provinciales. Como han demostrado Calvo y Escolar (2005) no existe una transferencia clara entre los electores a nivel nacional con respecto al subnacional, producto de la aparición y buen desempeño de fuerzas políticas provinciales que si bien no disputaron elecciones con ciertas posibilidades de llevarse el premio mayor, hicieron un papel para nada despreciable.

El proceso de descentralización administrativa, política y fiscal parecería no haber redundado completamente, en nuestro caso, en un claro proceso de desnacionalización partidaria. Si bien surgieron partidos provinciales de importancia, como los casos de las fuerzas encabezadas por Aldo Rico y Luis Patti, que llegaron a obtener altos porcentajes en las distintas elecciones (en el primer caso, en 2003 el Frente Popular Bonaerense logró superar el 11%, mientras que en el segundo, los distintos espacios del ex intendente de Escobar obtuvieron el 7,8% en 1999 y el 12,9% en 2003 para luego caer a poco más del 2% en 2007), el hecho destacable es que ninguno de estos partidos tuvieron una permanencia histórica durante todo el período. Sin embargo, estas fuerzas provinciales, con particular hincapié en las zonas urbanas, lograron una clara inserción en la vida política provincial y desplazaron al resto de las fuerzas nacionales a posiciones irrelevantes electoralmente. Además, en ningún momento (con la salvedad de la Alianza, como marcamos) una fuerza nacional ha tenido ciertas chances de posibilitar una alternancia o de amenazar siquiera con la posibilidad de arrebatar al PJ el control del Poder Ejecutivo provincial.

En las elecciones de 2003, la contienda electoral provincial se llevó a cabo seis meses después de la nacional. Nuevamente, como en la anterior elección, los votos a los diferentes espacios provinciales mostraron un variado origen nacional, agravado esto porque el PJ fue dividido en tres listas nacionales, mientras que en la elección a gobernador el partido tuvo un solo candidato[120].

En 2005, el peronismo bonaerense resolvió sus diferencias internas y la conducción partidaria provincial en las elecciones legislativas, principalmente en las de senadores. El enfrentamiento entre las listas del entonces

---

[120] Para profundizar el análisis de las transferencias entre distintos niveles de elección en la provincia de Buenos Aires, véase Calvo, Ernesto y Escolar, Marcelo, *La nueva política de partidos en Argentina. Crisis política, realineamientos partidarios y reforma electoral*, Buenos Aires, Prometeo Libros, 2005.

presidente Néstor Kirchner (encabezada por su esposa y futura presidente Cristina Fernández) y la Alianza Frente Justicialista, referenciada en la conducción del ex presidente y dos veces gobernador, Eduardo Duhalde (con la candidatura de su esposa, Hilda González), terminó por inclinar la indecisión de muchos dirigentes territoriales en favor del proyecto político que se inició en 2003. La diferencia, cercana a los dos millones de votos (45,7% a 20,4%) no dejó lugar a dudas con respecto a qué impronta iba a tener el partido en esta nueva etapa, defendiendo políticas que en la pasada década habían sido relegadas por una conducción nacional partidaria que desplazó los intereses históricos del justicialismo frente a las necesidades que demandaba el Consenso de Washington.

Finalmente, en 2007 observamos el surgimiento de una nueva fuerza local, Unión-PRO (aunque con lazos bien fuertes con el partido de gobierno de la Ciudad de Buenos Aires) que logró el 14% de los votos en una elección simultánea a la nacional en la que el Frente para la Victoria-PJ obtuvo porcentajes similares en los niveles nacional y provincial (46% y 48% respectivamente).

Dos años después, en las elecciones legislativas de 2009, y luego de un proceso de desgaste del gobierno nacional producto de la discusión con las entidades patronales agrarias por los recursos provenientes de los derechos de exportación (conocidos como retenciones), Unión-PRO logró vencer en las elecciones para diputados nacionales liderado por la figura del empresario Francisco De Narváez, obteniendo el 34,5% de los votos, 2,4% más que la lista encabezada por el ex presidente Kirchner.

Así, De Narváez, identificado como peronista, y con el apoyo de una cantidad considerable de dirigentes alejados del FPV, logró una victoria en el marco de un partido de carácter estrictamente metropolitano, posicionándose como principal alternativa de gobierno frente al gobernador Daniel Scioli. El triunfo se obtuvo en gran medida por haberse insertado (a fuerza de un gasto de campaña sin antecedentes y un apoyo elocuente de los principales medios de comunicación nacionales) en un sector importante del tradicional electorado del justicialismo, básicamente en la tercera sección electoral.

De tal forma, ocurrió un proceso con características similares a las elecciones de 1999 y más definidamente de 2003 (cuando el peronismo perdió electores frente a las nuevas configuraciones partidarias provinciales), con la particularidad de que esta fuerza logró vencer en elecciones legislativas y convertirse en una opción real de alternancia en vista a las elecciones ejecutivas de 2011[121].

De esta manera, podemos afirmar que *"...más allá de la diferencia profunda entre el comportamiento del interior de la provincia y el del Conurbano Bonaerense y el Gran La Plata, la impronta de los procesos políticos subprovinciales, no sólo se evidencia en la diversidad de los resultados obtenidos por las facciones provinciales de las principales fuerzas nacionales, sino también por las terceras fuerzas de origen exclusivamente provincial. En cambio, en el caso de las terceras fuerzas nacionales que en la provincia han tenido y aún conservan su bastión principal (básicamente el conurbano), el comportamiento es más nacionalizado y no necesariamente vinculado con la dinámica política municipal"* (Calvo a Escolar, 2005: 272).

Con todo esto queremos expresar, además, que en la provincia de Buenos Aires han existido y existen partidos provinciales con una notable inserción en las preferencias de la ciudadanía (lo cual habla de un cierto grado de desnacionalización partidaria) pero ninguno de estos partidos ha tenido posibilidades reales de llegar al gobierno provincial ni se ha mantenido a lo largo de todo el periodo, atenuando aquel proceso de desnacionalización (el futuro de Unión-PRO al respecto, es una incógnita que excede nuestra posibilidad de análisis) . De ahí el carácter relativo que intentan marcar los autores y que queremos dejar señalado en estas páginas.

En síntesis, en la provincia de Buenos Aires, el proceso de descentralización surgido en el marco que concierne a la reforma del Estado de los años noventa no ha tenido su correlato en una clara desnacionalización partidaria a nivel provincial. Sin embargo, este proceso de desnacionalización parecería surgir con mayor fuerza luego de la crisis política de 2001, en las elecciones a gobernador de 2003, cuando aparecen nuevas fuerzas de origen provincial que logran insertarse entre las principales preferencias de la ciudadanía. Incluso en las elecciones legislativas de 2001, el PJ parece no haber sufrido el desgaste que sí erosionó el potencial electoral de la Alianza, la que comenzó a desmembrarse definitivamente. De esta

---

[121] Si bien esta realidad es insoslayable, escapa temporalmente a nuestra capacidad de análisis, con lo cual la idea principal que estamos elaborando no se modifica.

manera, la desnacionalización partidaria a nivel provincial no se dio en paralelo a los procesos de descentralización, sino como producto de una crisis política o "de representación", cuyo máximo nivel de expresión lo observamos varios años después, comenzado el nuevo milenio.

Gobernadores y vicegobernadores desde 1983

Gobernador y vicegobernador	Partido, Frente o Alianza	Período	
Sr. Armendáriz, Alejandro - Sra. Roulet, Elba B. de	Unión Cívica Radical	dic-83	dic-87
Sr. Cafiero, Antonio - Sr. Macaya, Luis	Justicialista	dic-87	dic-91
Sr. Duhalde, Eduardo - Sr. Romá, Rafael	Justicialista	dic-91	dic-95
Sr. Duhalde, Eduardo - Sr. Romá, Rafael	Justicialista	dic-95	dic99
Sr. Ruckauf, Carlos - Sr. Solá, Felipe Carlos	Acción por la República Justicialista Unión del Centro Democrático	dic-99	ene-02
Sr. Solá, Felipe Carlos	Justicialista	ene-02	dic-03
Sr. Solá, Felipe Carlos - Sra. Giannettasio de Saiegh, Graciela María	Justicialista	dic-03	dic-07
Sr. Scioli, Daniel - Sr. Balestrini, Alberto	FPV-PJ	dic-07	dic-11

Diputados nacionales

Bancas		
Buenos Aires	70	27,24%
Total de Cámara	257	
Secciones electorales	8	
Gobiernos locales	Municipios o partidos	135

Fuente: Ministerio del Interior de la Nación.

Coparticipación federal: su relación con el proceso de descentralización y la situación actual de la provincia y los municipios

Con la ley de coparticipación (N° 23.548) de 1988 se trató de resarcir a las provincias de los recortes que se realizaron durante la dictadura, con lo que la participación provincial conjunta en la coparticipación se elevó al 57,66%, un porcentaje incluso mayor al de 1973. Estos reajustes, lejos de dotar a las distintas provincias de recursos propios para encarar la política local, fue la excusa que encontró el gobierno nacional durante la década del noventa para transferir responsabilidades, fundamentalmente en materia de educación y salud.

El aprovechamiento del mejor posicionamiento coparticipativo de las provincias implicó también que las transferencias no fuesen acompañadas de la asignación de las partidas presupuestarias federales correspondientes, con lo cual el nivel subnacional de gobierno pasó a depender fundamentalmente de la recaudación y distribución de recursos en el plano nacional (por medio de distintas transferencias) y de la coparticipación. Incluso en 1992, luego de un acuerdo fiscal entre la nación y las provincias, que modificó la distribución primaria entre los dos niveles de gobierno, se redujo la participación de las provincias al 34,62% de los impuestos coparticipables, situación que pudo ser convalidada por la sintonía política entre el gobierno nacional y la mayoría de los gobiernos provinciales (la provincia de Buenos Aires es un claro ejemplo de esto) que permitieron solidificar la política antiinflacionaria dirigida desde el nivel central.

Esta sensación de desprotección de las provincias con respecto a la Nación también empezó a evidenciarse en la relación de la provincia de Buenos Aires con respecto a los municipios, básicamente cuando la crisis fiscal se agudizó y el gobierno provincial tuvo que encarar políticas de ajuste (Badía, 2003).

Lejos de la realidad estuvo el supuesto de que la estabilidad monetaria produciría una reactivación de la actividad de la economía y que esto conllevaría a una mayor recaudación fiscal, con el consiguiente crecimiento de los recursos derivables por medio de la coparticipación hacia las provincias.

El proceso de descentralización, de esta manera, sólo consiguió las metas que se propuso en materia fiscal para el Estado central, mientras que para la provincia de Buenos Aires, la transferencia de responsabilidades sin los recursos correspondientes provocó (como en el resto de las provincias) serios déficits fiscales en un ámbito de estructuras administrativas ineficientes, menor desarrollo de capital humano y social y clientelismo estructural en la gestión pública que complejizaron el proceso.

Evidentemente, la instauración de un modelo que privilegiaba el endeudamiento externo y la especulación financiera y no la producción industrial, el pleno empleo y la redistribución de ingresos, no podía dejar de trastocar la relación entre la nación y la provincia de Buenos Aires (epicentro de la Argentina industrial de años anteriores), y entre ésta y los municipios, repercutiendo en la vida de los partidos a nivel provincial, pero no necesariamente provocando alteraciones en las preferencias del electorado que sistemáticamente se volcó hacia la elección del PJ como opción de gobierno.

Desde un punto de vista geográfico-político, la provincia de Buenos Aires es territorialmente dos provincias distintas (2003). Por una parte, el área lindante con la Ciudad de Buenos Aires (conocida como conurbano) está caracterizada por ser una zona urbana, densamente poblada, con una composición social heterogénea y con sectores de la ciudadanía en situación social crítica. Por otra parte, los municipios del interior de la provincia son rurales, con menos habitantes y poseen mayor cantidad de recursos.

Durante esos años, la provincia de Buenos Aires dividió municipios, pero, al igual que al resto de las unidades políticas locales, no les transfirió los recursos necesarios ni las funciones correspondientes, con lo que la descentralización fue, en el mejor de los casos, incompleta (2003). En un contexto en el que la división sólo introduce nuevos actores en escena, la descentralización y la autonomía pierden fuerza con respecto al reforzamiento de los mecanismos de control que centralizan los sistemas políticos locales.

De esta manera, la descentralización no fue asimilada como una herramienta de cambios por los actores políticos y sociales de la provincia, fundamentalmente por los actores del conurbano, que enfrentan cotidianamente conflictos que requieren soluciones a nivel metropolitano (es decir, en acuerdo con otros municipios o con la Ciudad de Buenos Aires), factor que complica aún más la consolidación de identidades locales fuertes.

Además, las capacidades institucionales de los municipios de la provincia (nuevamente, con particular fuerza en los del conurbano) son limitadas por aparatos administrativos arcaicos fuertemente permeados por la lógica de reproducción del sistema político tradicional.

De esta manera, las reformas fiscales que siguieron a la sanción de la Ley de Coparticipación, paradójicamente tendieron a centralizar el poder y los recursos y a limitar la capacidad de recaudación de la provincia de Buenos Aires.

Situación provincial y municipal actual: una deuda pendiente para el desarrollo

Como comentamos anteriormente, el Régimen actual de Coparticipación Federal rige desde el año 1988. En el artículo 3° de la Ley 23.548 se establece que el monto total de la recaudación se distribuirá en un 42,34% hacia la Nación, un 54,66% a la provincias adheridas y un 2% al denominado Recupero del Nivel Relativo (RNR) de cuatro provincias: Chubut, Neuquén y Santa Cruz (0,1433% cada una) y Buenos Aires con 1,5701%. Además, se destina el 1% al Fondo de Aportes del Tesoro Nacional a las provincias.

Básicamente, la coparticipación de la provincia de Buenos Aires, como en el resto de las provincias, se compone por una recaudación que se obtiene, por una parte, de los recursos que destina el Estado nacional, y por la otra, de los recursos provinciales de carácter tributario. Además, como se ha mencionado, el distrito cuenta con una pequeña suma proveniente del RNR que intenta, absurdamente, morigerar en cierta medida las asimetrías redistributivas que padece la provincia en el marco de la coparticipación.

Como puede observarse en el siguiente cuadro, la provincia de Buenos Aires recibe sólo un 19,93% como Coparticipación Federal, albergando a más de 15 millones de habitantes a lo largo de todo su territorio. Esto muestra claramente una discriminación presupuestaria en comparación con el resto de las provincias, si consideramos la relación entre presupuesto y cantidad de habitantes. Provincias como Chaco, Córdoba y Santiago del Estero, que juntas equivalen a un tercio de habitantes en relación con Buenos Aires, tienen, sumadas, el mismo porcentaje coparticipable que esta provincia. De la misma manera, Santa Fe, con el 20% de habitantes en torno de los residentes en Buenos Aires, recauda aproximadamente el 50% en comparación al monto total percibido por esta provincia.

Las asimetrías podrían seguir siendo mencionadas, e indudablemente merecerían ser estudiadas y corregidas con el fin de equiparar el valor de la ciudadanía a lo largo de todo el país. Muchos análisis han marcado el distinto valor del voto de los ciudadanos de la provincia de Buenos Aires comparados con el resto de las provincias (es conocido el paralelismo que marca que un voto en Tierra del Fuego vale veinticinco veces más que el de un bonaerense –y esa cifra se incrementaría exponencialmente si lo comparamos con el valor del voto de un residente en el conurbano–), pero pocos han reparado en el significado que tiene la desigual redistribución de la coparticipación en la vida cotidiana de las personas que habitan la provincia más importante territorial y poblacionalmente del país.

Coparticipación por provincia y municipio

Provincias	Porcentual Coparticipación Federal	Porcentual Recupero del Nivel Relativo	Coparticipación Municipal (según leyes prov.) % sobre el total que representa la Cop. Fed.	Habitantes
Buenos Aires	19,93	1,5701	16,14	15.315.842
Catamarca	2,86		8,50	404.240
Córdoba	9,22		20	3.396.685
Corrientes	3,86		12	1.035.712
Chaco	5,18		15,50	1.071.141
Chubut	1,38	0,1433	10	470.733
Entre Ríos	5,07		14	1.282.014
Formosa	3,78		12	555.694
Jujuy	2,95		-	698.474
La Pampa	1,95		21	341.456
La Rioja	2,15		10	355.350
Mendoza	4,33		14	1.765.685
Misiones	3,43		12	1.111.443
Neuquén	1,54	0,1433	15	565.242
Río Negro	2,62		10	603.761
Salta	3,98		12	1.267.311
San Juan	3,51		-	715.052
San Luis	2,37		20	456.767
Santa Cruz	1,38	0,1433	11	234.087
Santa Fe	9,28		8	3.285.170
Sgo. del Estero	4,29		15	883.573
Tierra del Fuego	0,70		30	133.694
Tucumán	4,94		16,5	1.511.526

Fuente: Elaborado sobre la base de datos del blog Conurbanos (www.conurbanos.blogspot.com) y de la Dirección Provincia de Estadística de la Provincia de Buenos Aires.

Retomando las cifras de la coparticipación, cabe remarcar cómo se compone ese porcentaje que recibe la provincia, una vez que debe redistribuirse a los diferentes municipios.

A partir de aquel 19,93% que le corresponde a la provincia de Buenos Aires, un 16,14% de esa masa total que equivale al anterior porcentaje, se distribuye diferencialmente considerando la población del municipio, su superficie, si poseen o no establecimientos de atención de salud (oficiales), etcétera[122].

Como podemos observar en el próximo cuadro, el sesgo partidario al cual hicimos referencia en un apartado anterior, que se manifiesta en favor de la UCR como consecuencia de la sobrerrepresentación de las secciones electorales del interior bonaerense[123] (en las que se concentra su mayor capital político), no es el único aspecto en el cual se evidencian preocupantes diferencias entre el conurbano y el interior provincial.

Si bien es cierto, como afirman Chhibber y Kollman (2004), que cuando los gobiernos provinciales cuentan con mayores recursos y competencias, los votantes tenderán a optar por partidos competitivos en este nivel de gobierno (en este caso, cuando los gobiernos municipales cuentan con tales recursos), la particularidad que ofrece la provincia es que no sólo la sobrerrepresentación del interior provincial en el plano legislativo, sino fundamentalmente el aspecto presupuestario[124], cumple un rol imprescindible para intentar comprender la heterogeneidad entre las "dos provincias" al interior de Buenos Aires.

---

[122] Los ingresos municipales se completan, aunque en un monto considerablemente inferior al que proviene de la Coparticipación Federal, de ingresos no tributarios (como tasas y ABL), multas, derechos de publicidad, etcétera.

[123] El conurbano bonaerense contiene el 70% aproximado de la población de la provincia y una representación en la legislatura que sólo asciende a un 40% en bancas de senadores y diputados distritales.

[124] Con municipios como Pinamar, con un presupuesto de más de $9 por día por habitante, Tornquist con $6,23 , y una media ampliamente superior a la del conurbano.

Presupuesto por habitante por municipio

Municipio	Presupuesto 2010	Habitantes	Presupuesto por habitantes (anual)	Presupuesto por día por habitante
Almirante Brown	256.455.700	575.000	445,01	1,22
Avellaneda	408.000.000	342.700	1190,55	3,26
Berazategui	157.000.000	323.452	485,39	1,33
Escobar	178.500.000	213.000	838,03	2,3
Esteban Echeverría	328.000.000	276.000	1188,41	3,26
Ezeiza	-	147.500	-	-
Florencio Varela	176.873.949	414.945	426,26	1,17
Gral. San Martín	465.858.000	424.100	1098,46	3,01
Hurlingham	122.546.000	177.833	689,11	1,89
Ituzaingó	341.495.674	169.832	2010,79	5,51
José C. Paz	-	262.720	-	-
La Matanza	694.095.863	1.400.000	495,78	1,36
Lanús	495.726.560	463.100	1070,45	2,93
Lomas de Zamora	650.000.161	624.300	1041,17	2,85
Malvinas Argentinas	388.000.000	325.500	1192,75	3,27
Merlo	390.322.126	527.200	740,37	2,03
Moreno	244.000.000	451.549	540,36	1,48
Morón	345.272.000	327.500	1051.26	2,89
Pilar	505.000.000	288,910	1747,95	4,79
Presidente Perón	36.900.000	72.500	508,97	1,39
Quilmes	653.000.000	547.760	1192,13	3,27
San Fernando	165.000.000	162.800	1013,51	2,78
San Isidro	503.055.000	308.300	1631,71	4,47
San Miguel	-	284.300	-	-

Municipio	Presupuesto 2010	Habitantes	Presupuesto por habitantes (anual)	Presupuesto por día por habitante
San Vicente	44.000.000	51.307	857,58	2,35
Tigre	891.474.235	341.747	2608,58	7,15
Tres de Febrero	456.677.280	345.000	1323,7	3,63
Vicente López	382.700.000	284.000	1347,54	3,69

Fuente: Elaborado sobre la base de datos del blog Conurbanos (http://www.conurbanos.blogspot.com), de la Dirección Provincia de Estadística de la Provincia de Buenos Aires y del Ministerio del Interior de la Nación.

* Los datos poblacionales corresponden al último censo realizado en el año 2001, que si bien se encuentran desactualizados, no modifican el objetivo de nuestro análisis, que pretende remarcar el equivalente presupuestario por habitante de cada municipio.

En el conurbano bonaerense, al ser la gran mayoría de los municipios gobernados por el oficialismo provincial en las últimas dos décadas (salvo Tigre –hasta 2007–, Vicente López y San Isidro, por ejemplo, cuyas intendencias estuvieron a cargo de partidos vecinalistas y ostentan algunos de los presupuestos más altos en relación con sus habitantes), e incluso existiendo municipios del mismo color partidario que el Ejecutivo nacional y provincial como Ituzaingó y Pilar, con presupuestos por habitante de medio a altos, y La Matanza y Berazategui, con presupuestos por habitante que hacen difícil explicar cómo pueden administrarse con recursos sumamente escasos, es claro que el problema principal de Buenos Aires se relaciona con la discriminación provincial (y municipal) en la asignación de recursos coparticipables y que ello ha influido más en las condiciones de vida de los habitantes de los municipios que en la suerte del oficialismo provincial y en la elección partidaria de la ciudadanía en el plano subprovincial.

Si bien no hace a los fines del presente trabajo explicar la relación entre los índices socioeconómicos de los diferentes municipios y sus propios presupuestos, no es complicado suponer cuál será esa relación si observamos presupuestos de poco más de $1 por día por habitante para cientos de miles de personas.

Mientras tanto, la tarea que se impone es amoldar un régimen de coparticipación que comenzó a pensarse, más allá de sus modificaciones, hace más de ocho décadas y para una provincia supuestamente rica, a una realidad en la que la provincia (y fundamentalmente el conurbano) recibe menos que lo mínimo e indispensable para administrarse dignamente.

Crisis de representación política: causas y efectos

Según Marcos Novaro (1999), aunque en el momento en el cual se formula y se lanza el plan de reformas de mercado, a comienzos de la década del noventa, resultó conveniente la concentración de poder en manos de Carlos Menem, con el consiguiente relegamiento del partido oficial en aspectos relevantes de la gestión y la lucha política, la sostenibilidad del plan se debió a la adaptación del Partido Justicialista a la nueva situación. Esta adaptabilidad al liderazgo resultó mayor en el PJ que en la UCR, fundamentalmente por el pragmatismo y verticalismo tradicionales en el peronismo, pero también por la coyuntura particular en la que se inició el gobierno de Menem, en la cual la situación de emergencia que se generó a partir de la hiperinflación ofició como un cheque en blanco al Poder Ejecutivo. Esta vía libre para recrear el orden público permitió que las bancadas legislativas y la mayor parte de la dirigencia del PJ (y del radicalismo) entendieran que no era productivo oponerse a esa autoridad y que intentar lo contrario podría poner en riesgo la legitimidad del Congreso y de los mismos partidos. Los primeros resultados del programa, conteniendo la inflación y generando crecimiento económico provocó una disposición aún mayor en la dirigencia del PJ, colaborando fuertemente con el gobierno e incorporando las nuevas orientaciones impulsadas por el presidente.

De esta manera, Menem logró conservar el manejo del PJ y su apoyo no sólo por el debilitamiento de la identidad del partido, propia de un contexto de metamorfosis de la representación política y reconfiguración de las características de los partidos como organizaciones, sino también por un proceso de fortalecimiento del justicialismo que implicó aspectos de conservación en convivencia con una clara redefinición organizativa, de su programa y de su identidad.

El proceso de metamorfosis de la representación se inició en la Argentina en 1983. Este concepto refiere a cambios graduales, lentos y de largo plazo conducentes a una nueva configuración del lazo representativo. Hablar de metamorfosis es reconocer los rasgos que adoptan los partidos en la llamada "democracia de audiencia" o "democracia de lo público". Siguiendo a Pousadela (2004), si desde el retorno de la democracia, las sucesivas elecciones son un claro ejemplo del proceso largo de metamorfosis de la representación, las elecciones legislativas de 2001 y los sucesos del 19 y 20 de diciembre superpusieron a ese proceso de cambio gradual que continuaba su curso un nuevo estallido de crisis de representación que remite a cambios abruptos y repentinos y a la ausencia de reconocimiento por parte de los representados del lazo representativo, cuestionando a la dirigencia en su totalidad, expresión que llegó a su paroxismo con el "que se vayan todos".

La crisis de representación política implicó cuestionar el carácter representativo de la democracia, particularmente el lugar que le correspondían a los partidos políticos en ese juego. Es decir, no se trató de poner en entredicho a una dirigencia política específica, sino al rol que los partidos cumplen en la sociedad re-presentando en escena los intereses de los diferentes sectores de la ciudadanía (Mocca, 2004).

Si bien los partidos, como se ha mencionado, han resignado funciones en la sociedad, conservan el rol procedimental de organización de los parlamentos y el acceso y ejercicio del gobierno, con lo que continúan siendo garantes del mantenimiento de la democracia plural, y sustento de la responsabilidad política en el ejercicio del gobierno.

Es en este contexto cuando empieza a vislumbrarse una marcada tendencia hacia la desnacionalización del sistema de partidos tanto a nivel nacional como en el caso de la provincia de Buenos Aires, varios años después de consolidarse el proceso de descentralización en el marco de la reforma del Estado.

De esta manera, más allá de la crisis de representación política, se continúa reconociendo que no puede darse una verdadera profundización de la democracia sin partidos, entendidos como instituciones con una organización que pretende permanecer en el tiempo y que buscan explícitamente influir en el Estado, básicamente tratando de colocar a sus representantes en posiciones de gobierno, por medio de la competencia electoral o utilizando algún otro tipo de sustento popular (Abal Medina y Suárez Cao, 2002).

Sin los partidos se dificulta la posibilidad del votante de conocer las políticas públicas que intentarán llevar a cabo los distintos candidatos, así como evaluarlo y controlarlo en el ejercicio de sus funciones.

Aspectos conceptuales de la crisis de representación

Finalmente, creemos que es necesario agregar muy brevemente qué implicancias tiene la crisis de representación política (como causal de la desnacionalización partidaria en el plano nacional y en la provincia de Buenos Aires) y en qué contexto se manifiesta.

En las últimas décadas, asistimos a un cambio de época que Bernard Manin ha interpretado como tránsito de la tradicional "democracia de partidos" a la nueva "democracia de audiencia" (Manin, 1993). Esta nueva democracia, en contraste con aquella que cobijaba a los partidos burocráticos de masas, se distingue por la clara volatilidad electoral, la importancia crucial de los medios masivos de comunicación, la desvalorización y flexibilidad pragmática de los programas partidarios, la elección a partir de imágenes y de discursos vagos sin claras precisiones, y la importancia de los sondeos de opinión (Pousadela, 2004). En esta nueva etapa es el político el que aparece como constructor de la escena mientras que en la democracia de partidos las opiniones de la dirigencia tendían a expresar la división de la sociedad en clases –en el caso argentino, más allá de las salvedades que ofrece la existencia de movimientos políticos y no partidos de masas tal como se los conoció en Europa, los partidos tradicionales fueron históricamente expresiones de segmentos de la sociedad divididos por cuestiones fuertemente enraizadas culturalmente– (McGuire, 1995) .

De tal forma, notamos una cierta fragilidad en determinado tipo de partidos discontinuos que se crearon para atender a proyectos personales de su fundador y que responderían a la categoría de partidos personales, en palabras de Mauro Calise (2000). Estas fuerzas mayormente surgen a partir de la excesiva presencia en el escenario mediático de ciertos líderes que suplen con esta exposición su carencia en cuanto a la construcción de una organización partidaria estable con anclaje territorial. Estos "partidos" poco tiempo después desaparecerán o perderán su influencia política tan rápidamente como hubieron logrado algún tipo de popularidad en momentos anteriores. No es la intención de este trabajo profundizar sobre esta temática tan particular de los últimos años, pero el lector no tardará en asociar este concepto con ciertas agrupaciones nacionales y provinciales que cumplen perfectamente con estas cualidades específicas.

Esta evolución, que se expresa en nuestro país desde la recuperación democrática, configura un proceso de metamorfosis de la representación política a partir del cual un específico formato de representación fue sustituido por otro.

En la nueva "democracia de la audiencia", el electorado se comporta como público al que los partidos deben seducir en el día a día con su accionar para lograr su fidelidad. Esta seducción debe ser permanente, con lo cual los partidos políticos deben ofrecer incentivos colectivos (identitarios, ideológicos y solidarios)[125] que contengan algún ideal de sociedad. Si los partidos no logran este cometido, transformándose en simples agencias electorales capaces de transformar sus programas y adoptar ideas contradictorias, el lazo representativo se torna irrelevante y ningún ciudadano podrá sentirse genuinamente representado por estas organizaciones.

Aquí radica el síntoma de la crisis de representación política contemporánea en un marco de sociedades difícilmente representadas y partidos políticos incapaces de lograrlo, provocando una notable apatía y desconfianza en la actividad política por parte de los ciudadanos.

Es en definitiva en este contexto de crisis de representación, cuando empiezan a observarse las tendencias desnacionalizadoras del sistema partidario en la Argentina y en la provincia, asumiendo las características que pudimos analizar a lo largo de estas páginas.

---

[125] Para un análisis de los incentivos selectivos y colectivos véase Abal Medina, Juan Manuel, "Los partidos políticos ¿Un mal necesario?", en *Claves para todos*, Colección dirigida por José Nun, Buenos Aires: Editorial Capital Intelectual, Bs. As., 2004.

Conclusión

La asociación entre los procesos de descentralización y desnacionalización partidaria ha sido estudiada, como observamos, por una gran cantidad de autores. En este sentido, existe un consenso en cuanto a interpretar que las tendencias desnacionalizadoras de los sistemas partidarios suelen activarse en circunstancias de descentralización política, administrativa y/o fiscal desde el plano nacional hacia el subnacional.

En el caso de la provincia de Buenos Aires, no se evidenció una clara tendencia hacia la desnacionalización partidaria durante la totalidad del período, e incluso se mantuvo cierta estabilidad en la competencia partidaria provincial en el marco del predominio del PJ en todas las elecciones ejecutivas. Sin embargo, esto no significa que el proceso de desnacionalización no se haya manifestado, sino que ocurrió en determinados momentos específicos, no como reflejo de un mecanismo de descentralización como condición de posibilidad, sino en el marco de una crisis de representación política e implosión del sistema partidario.

Además, hemos mostrado la existencia de matices en esa desnacionalización partidaria, marcados por la existencia de fuerzas provinciales con buena implantación territorial y óptimos resultados electorales pero sin permanencia en el tiempo, por el predominio provincial del Partido Justicialista, y por las dificultades que han tenido otras fuerzas nacionales para insertarse con éxito electoral en el distrito.

De tal forma, comprobamos que no existió un paralelismo temporal entre el proceso de descentralización y el de desnacionalización partidaria, y que esta desnacionalización es producto de una crisis de representación política que se manifiesta más fuertemente desde los primeros años del nuevo milenio.

Dentro de este marco, comprendimos también que el proceso de desnacionalización provincial no puede entenderse sin las particularidades que ofrece la provincia, básicamente en el aspecto coparticipativo, que ha influido decididamente en mayor medida que otras variables para comprender la desfavorable situación relativa de Buenos Aires (y fundamentalmente del conurbano), sus municipios y sus ciudadanos.

Así, esperamos que surjan nuevos análisis que aporten a la discusión de la discriminación presupuestaria de la provincia y sus municipios, y que tengan en cuenta este factor antes de ofrecer afirmaciones o juicios de valor apresurados sobre la vida política de un distrito tan determinante.

Abal Medina, J. M. (2007): "El sistema de partidos argentino: Un análisis de los procesos de desnacionalización - nacionalización partidaria"; trabajo presentado en el VIII Congreso Nacional de Ciencia Política de la Sociedad Argentina de Análisis Político, del 6 al 9 de noviembre, Buenos Aires.

Abal Medina, J. M. (2004): "Los partidos políticos ¿Un mal necesario?", en *Claves para todos*. Colección dirigida por José Nun, Buenos Aires: Editorial Capital Intelectual.

Abal Medina, J. M. y Calvo, E. (ed.) (2001): *El federalismo electoral argentino*. Buenos Aires: Inap – Eudeba.

Abal Medina, J. y Cavarozzi, M. (2001): "Partidos políticos", en Di Tella, T. (ed.) *Diccionario de Ciencias Sociales*. Buenos Aires: Emecé.

Abal Medina, J; Eberhardt, M. L; Alessandro, M. y Cheli, G. (2007): "El sistema de partidos argentino: Un análisis de los procesos de desnacionalización - nacionalización partidaria", VIII Congreso Nacional de Ciencia Política, SAAP, Buenos Aires.

Abal Medina, J. y Ratto, M.C (2004): "El sistema de representación después del 'diluvio'. Hacia una relectura del esquema partidario argentino", trabajo presentado en Latin American Studies Association (LASA) XXV International Congress, Las Vegas.

Abal Medina, J. y Ratto, M. C. (2006): "Tensiones y desafíos del sistema partidario argentino", trabajo presentado en Latin American Studies Association XXVI International Congress, San Juan - Puerto Rico.

Abal Medina, J. y Suárez Cao, J. (2002): "La competencia partidaria en la Argentina: sus implicancias para el régimen democrático", en *El asedio a la política. Los partidos latinoamericanos en la era neoliberal*, Cavarozzi, M. y Abal Medina, J. (comps.), Rosario: Homo Sapiens.

Abal Medina, J. y Suárez Cao, J. (2003): "Partisan Competition in Argentina. From Closed and Predictable to Open and Unpredictable", trabajo presentado en Latin American Studies Association, Dallas, Texas.

Acuña, C. (1993): "Argentina. Hacia un Nuevo Modelo", en *Nueva Sociedad*, 126, Caracas, Venezuela, pp. 11-24, julio-agosto.

ALESSANDRO, M. (2009): "¿Hay un vínculo entre la centralización del Estado y la nacionalización del sistema partidario? Un análisis del caso argentino", trabajo presentado en el IX Congreso Nacional de Ciencia Política, SAAP, Santa Fe.

ALESSANDRO, M. (2009): "Nacionalización del sistema de partidos y centralización del Estado: el caso argentino (1983-2007)", ponencia presentada en el Congreso Internacional LASA, Río de Janeiro, 2009.

AMORIM, Neto y Cox (2005): "Instituciones electorales, estructura de *cleavages* y número de partidos", en el número monográfico de *Zona Abierta* sobre los "Sistemas electorales" (coordinado por José Ramón Montero e Ignacio Lago), 110/111: 133-166.

ANDREWS, J. y R. Jackman (2004): "Strategic fools: electoral rule choice under extreme uncertainty", *Electoral Studies* 24: 65-84.

BADÍA, G. (2003): "La cuestión de la descentralización en la Región Metropolitana de Buenos Aires", trabajo presentado en V Seminario Nacional de la Red de Centros Académicos para el estudio de Gobiernos Locales, Buenos Aires.

BARDI, L. y P. Mair (2008): "The parameters of party systems", *Party Politics* 14 (2): 147-166.

BARTOLINI, S. (2002): "Electoral and party competition: analytical dimensions and empirical problems", en Gunther, Montero y Linz (eds.) *Political parties: old concepts and new challenges*. Oxford: Oxford University Press.

BENTON, A. L. (2003): "Presidentes fuertes, provincias poderosas: la economía política de la construcción de partidos en el sistema federal argentino", en *Política y Gobierno* Volumen X, Número 1: 103-137.

BENOIT, K. (2007): "Electoral laws as political consequences: explaining the origins and change of electoral institutions", *Annual Review of Political Science* 10: 363-390.

BERINKSY, A. (2005): "The Perverse Consequences of Electoral Reform in the United States", *American Politics Research,* 33, pp. 471-491.

BLAIS, A. y L. Massicotte (2002): "Electoral Systems", en *Comparing Democracies: New Challenges in the Study of Elections and Voting*, Lawrence LeDuc, Richard G. Niemi & Pippa Norris (eds.) London: Sage.

BOISIER, S. (1991): "La descentralización: un tema confuso y difuso", en Nolhen, D. (ed.), *Descentralización política y consolidación democrática*. Caracas: Síntesis/Editorial Nueva Sociedad.

BOLSI, Alfredo y Meichtry, Norma (2006): "Territorio y pobreza en el Norte Grande argentino", *Revista Electrónica de Geografía y Ciencias Sociales*, Universidad de Barcelona.

Bowler, S. and Donovan, T. (2006): "Direct Democracy and Political Parties in America", *Party Politics*, vol 12. N° 5, London: Sage Publications, pp. 649-669.

Cais, J. (1997): "Metodología del análisis comparativo", Madrid: Centro de Investigaciones Sociológicas, Cap. 1 al 4.

Calise, M. (2000): *Il Partito Personale*. Editori Laterza.

Calvo, E. y Escolar, M. (2004): "Crisis política, realineamientos partidarios y reforma electoral: La nueva política de partidos en la Argentina", mimeo.

Calvo, E. y Escolar, M. (2005): *La nueva política de partidos en la Argentina. Crisis política, realineamientos partidarios y reforma electoral*, Buenos Aires: Prometeo-PENT.

Calvo, E. y Escolar, M. (2003): "The Local Voter: A Geographically Weighted Approach to Ecological Inference", *American Journal of Political Science* Vol. 47, N° 1: 189-204.

Calvo, E. and Micozzi, J. P. (2005): "The Governor's Backyard: A Seat-Vote Model of Electoral Reform for Subnational Multi-Party Races", *The Journal of Politics* 67 (4): 1050-1074.

Calvo, E.; Szwarcberg, M., Micozzi, J. P. y Labanca, J. F. (2001): "Las fuentes institucionales del gobierno dividido en la Argentina: sesgo mayoritario, sesgo partidario, y competencia electoral en las legislaturas provinciales argentinas", en *El federalismo electoral argentino*, Abal Medina, J. M. (h) y Calvo, E (eds), 53-98. Buenos Aires: Inap – Eudeba.

Cao, H. (2008): "La administración pública argentina: nación, provincias y municipios", trabajo presentado en el XIII Congreso Internacional del CLAD sobre la Reforma del Estado y de la Administración Pública, Buenos Aires, Argentina, 4 - 7 nov.

Cao, H. y Esteso, R. (2001): "La Reforma de las Administraciones Públicas Provinciales, balance de la década de los '90 y nueva agenda", en *Administración pública y gestión estatal*, N° 1. Santa Fe: Maestría en Administración Pública / FCE / UNL.

Cao, H. y Vaca, J. (2007): "El fracaso de la descentralización argentina", en *Andamios: revista de investigación social*, ISSN 1870-0063, N° 7, pp. 249-267. En Internet: <http://www.uacm.edu.mx/sitios/andamios/num7/articulos4.pdf>.

Cao, H. y Vaca, J. (2003): "El poder de los gobernadores", en *Edición Cono Sur*. Número 46 - Abril, pp. 8-9.

Castiglioni, F. y Abal Medina, J. M. (1999): "Crisis y transformación: los nuevos partidos políticos. El FG/Frepaso y Forza Italia en perspectiva comparada", en *Revista Metapolítica,* número 10, volumen 3. Ciudad de México, México. ISSN: 1405-4558, pp. 313-322.

CAVAROZZI, M. y Abal Medina (h), J. M. (comps.) (2002): *El asedio a la política. Los partidos latinoamericanos en la era neoliberal,* Homo Sapiens, Rosario.

CEPAL (2000): "Equidad, desarrollo y ciudadanía", Buenos Aires: CEPAL.

CETRÁNGOLO, O. y Jiménez, J (1995): "El conflicto en torno a las relaciones financieras entre la Nación y las Provincias. Primera parte: antecedentes de la ley 23.548", en *Serie de Estudios,* N° 9, <www.cece.org.ar>. Buenos Aires.

CETRÁNGOLO, O. y Jiménez, J. P. (2004): "Las relaciones entre niveles de gobierno en Argentina", en *Revista de la CEPAL,* N° 84, Santiago de Chile.

CHEEMA, G. S. y Rondinelli, D. A. (1983): *Decentralization and development. Policy implementation in developing countries.* Beverly Hills: SAGE.

CHELI, G. N. (2009): "La reforma política, el caso de La Pampa: un proyecto electoral y algunas propuestas", en Abal Medina, J. *Participación y control ciudadanos. El funcionamiento de los mecanismos institucionales electorales y societales de accountability en la Argentina,* Buenos Aires: Prometeo.

CHERESKY, I. (comp.) (2007): *La política después de los partidos,* Buenos Aires: Prometeo.

CHERESKY, I. y Pousadela, I. (eds) (2004): *El voto liberado. Perspectiva histórica y estudios de caso,* Buenos Aires: Biblos.

CHHIBBER, P. y Kollman, K. (1998): "Party aggregation and the number of parties in India and the United States", en *American Political Science Review* 92 (2): 329-342.

CHHIBBER, P. y Kollman, K. (2004): *The Formation of National Party Systems: Federalism and Party Competition in Canada, Great Britain, India, and the United States,* Princeton: Princeton University Press.

CINGOLANI, L. (2007): "Las reformas electorales en las provincias argentinas: algunos determinantes y resultados (1983-2005)", en *Evaluando el desempeño democrático de las instituciones políticas argentinas,* Abal Medina, J. (ed.). Buenos Aires: Prometeo, pp. 39-58.

COLOMER, J. (2001): *Instituciones políticas,* Ariel Ciencia Política: España.

COLOMER, J. (2003): "Son los partidos los que eligen los sistemas electorales (o las leyes de Duverger cabeza abajo)", *Revista Española de Ciencia Política* 7: 39-63.

CORAGGIO, J. L. (1997): "Descentralización: el día después...", en *Cuadernos de Postgrado*, Serie Cursos y Conferencias, Buenos Aires: Universidad de Buenos Aires.

CORAGGIO, J. L. (1997): "La agenda de desarrollo local", en *Descentralización: el día después...*, Cuadernos de Postgrado, Serie Cursos y Conferencias, Buenos Aires: Universidad de Buenos Aires.

CRAVACUORE, D. (2007): "Los municipios argentinos (1999-2005)", en *Procesos políticos comparados en los municipios de Argentina y Chile (1990-2005)*, Daniel Cravacuore y Ricardo Israel (comp.), Buenos Aires: Editorial de la Universidad de Quilmes - Universidad Autónoma de Chile, pp. 25 a 49.

CREVARI, E. L. (2003): "Un análisis sobre el clientelismo político". Capítulo 5 del Ensayo: "Medios de Comunicación, Partidos Políticos y representación: un escenario complejo, La Deformación de la Representación", en: <http://www.cpolitica.com/modules.php?name=News&file=article&sid=132->.

CROZIER, M. y Friedberg, E. (1990): *El actor y el sistema. Las restricciones de la acción colectiva*, Alianza: México.

DAMILL, M.; Fanelli, J. M. y Frenkel, R. (1994): "Shock externo y desequilibrio fiscal. La macroeconomía de América Latina en los ochenta. Los casos de Argentina, Bolivia, Brasil, Colombia, Chile y México", Santiago de Chile: CEPAL.

DAMILL, M; Frenkel, R. y Rapetti, M. (2005): *La deuda argentina: historia, default y reestructuración*. Abril. Buenos Aires: CEDES.

DAMILL, M., Frenkel, R. y Juvenal, L. (2004): *Las cuentas públicas y la crisis de la convertibilidad en Argentina*. Buenos Aires: CEDES.

DAMILL, M. y Frenkel, R. (2005): *Globalización financiera y mercado de trabajo en la Argentina*. Versión preliminar, Buenos Aires: CEDES.

DE LUCA, M. (1999): "Listas sábana, preferencias y tachas. Algunas reflexiones a propósito de la reforma electoral en la Argentina", en *Postdata* N° 5, pp. 97-146.

DE LUCA, M. (2004): "Political Recruitment of Presidents and Governors in the Argentine Party-Centered System", *Pathways to Power: Political Recruitment and Democracy in Latin America*. Graylyn International Conference Center. Wake Forest University, Winston-Salem, NC.

DE LUCA, M; Jones, M. P. y Tula, M. I. (2002): "Back Rooms or Ballot Boxes? Candidate Nomination in Argentina", en *Comparative Political Studies*, Sage Publications, Vol. 35, Número 4.

De Riz, L. (1995): "Reforma constitucional y consolidación democrática", *Revista Sociedad*, N° 6, Buenos Aires, Abril.

De Rosas, L. y otros (1996): *Neuquén vota. El misterio del sapagismo*, Buenos Aires: Macchi.

Devlin, R. y Estevadeordal, A. (2001): "¿Qué hay de nuevo en el nuevo regionalismo de las Américas?", INTAL/ITD/STA, Doc. De Trabajo 7, agosto.

Di Paola, M. E. y Oliver, M. F. (2002): *Autonomía municipal y participación pública. Propuestas para la Provincia de Buenos Aires. Buenos. Aires*: FARN, disponible en: <http://www.sitiosenlared.com.ar/images/Escuela/Documentos%20para%20bajar/Cuaderno%202/DemoDeleg2.doc>.

Documento de Federalismo Fiscal N° 2 (2003): *Etapas de la Coparticipación Federal de Impuestos*. Mayo. La Plata: UNLP.

Donovan, T. and Karp, J. (2006): "Popular Support for Direct Democracy", *Party Politics,* vol 12. N° 5, London: Sage Publications, pp. 671-688.

Duverger, M. (1992): "Influencia de los sistemas electorales en la vida política", en: AA. VV., *Diez textos básicos de Ciencia Política*. Barcelona: Ariel.

Duverger, M. (1965) [1951]: "Introducción: el origen de los partidos políticos", en su libro *Los partidos políticos*. México: Fondo de Cultura Económica, 3ª ed.

Duverger, M. (1951): *Los partidos políticos*, México: FCE.

Eaton, K. (2006): *Decentralization's Nondemocratic Roots: Authoritarianism and Subnational Reform in Latin America*. Muse proyect.

Eaton, K. (2001): "Decentralisation, Democratisation and Liberalisation: The History of Revenue Sharing in Argentina, 1934-1999", en *Journal of Latin American Studies*, Vol. 33, N° 1, Argentine, Feb, pp. 1-28. Cambridge: Cambridge University Press.

Eaton, K. y Dickovick, J. T. (2004): "The politics of re-centralization in Argentina and Brazil", *Latin American Research Review*, Vol. 39, N° 1, February.

Elster, J. (1991): *El cemento de la sociedad. Las paradojas del orden social*, Barcelona: Gedisa.

Elster, J. (2001a): "Introducción", en Elster, J. (comp) *La democracia deliberativa*, Barcelona: Gedisa, pp. 13-33.

Elster, J. (2001b): "La deliberación y los procesos de creación constitucional", en Elster, J. (comp) *La democracia deliberativa*, Barcelona: Gedisa, pp. 129-159.

Escolar, M. (2008): *Investigaciones actuales sobre Estado, Instituciones Políticas, y Sociedad*. Buenos Aires: Dirección de Investigaciones del Instituto Nacional de la Administración Pública – Secretaría de Gabinete y Gestión Pública de la Jefatura de Gabinete de Ministros.

Escolar, M. y Calvo, E. (2003): *De lo obvio y lo oculto en las elecciones presidenciales 2003. Transversalidad, realineamiento partidario y volatilidad electoral en Argentina.* Buenos Aires: Fundación PENT.

Falleti, T. (2005): "A sequential theory of decentralization: Latin American cases in comparative perspective", *American Political Science Review*, 35, pp. 245-271.

Faletti, T. (2004): "Federalism and Decentralization in Argentina: Historical Background and New Intergovernmental Relations", en *Decentralization and Democratic Governance in Latin America*. Woodrow Wilson Center Report on the Americas N° 12, Joseph S. Tulchin y Andrew Selee (Eds.). Cap. 3. Washington D.C.

Faletti, T. G. (2004): "Federalismo y descentralización en Argentina. Antecedentes históricos y nuevo escenario institucional de las relaciones intergubernamentales", en Clemente, A. y Smulovitz, C. *Descentralización, políticas sociales y participación democrática en Argentina.* Buenos Aires: Instituto Internacional de Medio Ambiente y Desarrollo (IIED-AL).

Faletti, T. (2001): "Federalismo y descentralización educativa en la Argentina. Consecuencias (no queridas) de la descentralización del gasto en un país federal…", en Abal Medina, J. y Calvo, E. (Eds.), *El federalismo electoral argentino*, Buenos Aires: Editorial Eudeba.

Falleti, T. G. (2006): "Una teoría secuencial de la descentralización: Argentina y Colombia en perspectiva comparada", en *Desarrollo Económico*, N° 183, Vol. 46, octubre-diciembre.

Fanelli, J. M. (2002): "Crecimiento, inestabilidad y crisis de la convertibilidad en Argentina", *Revista de la CEPAL*, 77, pp. 25-45, agosto.

Favaro, O. (coord) (2005): *Sujetos sociales y política. Historia reciente de la Norpatagonia argentina*, Buenos Aires: La Colmena.

Favaro, O. e Iuorno, G. (2007): "Neuquinos y rionegrinos ¿cautivos o cautivados?", ponencia presentada al *VIII Congreso Nacional de Ciencia Política de la SAAP*, Buenos Aires.

Favaro, O. e Iuorno, G. (2005): "Poder político y estrategias de reproducción en los territorios de Neuquén y Río Negro, Argentina (1983-2003)", en Orienta y Favaro (coord), *Sujetos sociales y política. Historia reciente de la Norpatagonia argentina*, Buenos Aires: La Colmena.

FERRARA, F., y Herron (2005): "Going It Alone? Strategic Entry under Mixed Electoral Rules". *American Journal of Political Science* 49 (1): 16-31.

FUERTES, F. (2001): "Ni mayoritario ni proporcional: Nuevos sistemas electorales. Los casos de Santa Cruz, Río Negro y Santiago del Estero". Informe PNUD.

GAMBINA, J. C. (2003): "Sobre la deuda externa pública de la Argentina. ¿Qué hace el gobierno y qué debiera hacerse?", en *Cuadernos de la FISYP*, *Nº 9*, Segunda Serie. Abril.

GARGARELLA, R. (2007): "'Neopunitivismo' y (re) educación republicana. Respuesta a Diego Freedman", *Revista Jurídica de la Universidad de Palermo*, Año 8, N° 1, septiembre 2007, Buenos Aires: Universidad de Palermo, pp. 127-132, disponible en <http://www.palermo.edu/derecho/publicaciones/pdfs/revista_juridica/n8N1-Sept2007/081Jurica09.pdf>.

GARGARELLA, R. (2008): "Reformas Constitucionales en América: Injertos y Políticas Radicales", *Revista Políticas Públicas*, Vol. 2, N° 1, junio, Buenos Aires: Instituto de Políticas Públicas, pp. 59-69, disponible en http://www.ipoliticaspublicas.org/docs/Politicas_Publicas_Vol_2_N1.pdf.

GARGARELLA, R. (2001): "Representación plena, deliberación e imparcialidad", en Elster, J. (comp) *La democracia deliberativa*, Barcelona: Gedisa, pp. 323-346.

GEDDES, B. y Benton, A. (1997): *Federalism and Party System. Prepared for presentation at a conference on The Transformation of Argentina: Democratic Consolidation, Economic Reforms and Institutional Design*, Center for the Study of Institutional Development (CEDI), University of San Andrés, June 20.

GELLI, M. A. (1994): "Reforma constitucional, control judicial y proceso democrático", *LL*, pp. 291-301.

GIBSON, E. L. (2007): "Control de límites: autoritarismo subnacional en países democráticos", en *Desarrollo Económico,* N° 186, Vol. 47, julio-septiembre, Buenos Aires.

GIBSON, E. y Calvo, E. (2008): "Federalismo y sobrerrepresentación: la dimensión territorial de la reforma económica en la Argentina", en Calvo, E. y Abal Medina, J. M. (eds.) *El federalismo electoral argentino: sobrerrepresentación, reforma política y gobierno dividido en la Argentina*, Buenos Aires: Subsecretaría de la Gestión Pública - Proyecto de Modernización del Estado, (versión original: 2001).

GIBSON, E.; Calvo E. y Falleti, T. (1999): "Federalismo redistributivo: sobrerrepresentación territorial y transferencia de ingresos en el hemisferio occidental", en Revista *Política y Gobierno*, Vol. VI, N° 1, primer semestre, Buenos Aires.

GIBSON, E. y Suárez Cao, J. (2007): "Competition and Power in Federalized Party Systems", en *American Political Science*, Association, August 29-Septemeber, Chicago.

GIBSON, E. and Suárez Cao, J. (2010): "Federalized Party Systems and Subnational Party Competition: Theory and an Empirical Application to Argentina", *Comparative Politics*, forthcoming.

GIRAUDY, A. (2009): *Subnational undemocratic regime reproduction and weakening: La Rioja and San Luis in Comparative Perspective*, Buenos Aires: UTDT.

GOLDER, M. (2005): "Democratic electoral systems around the world, 1946-2000", *Electoral Studies* 24: 103-121.

GORDIN, J. P. (2006): *The politics of intergovernmental fiscal relations in Argentina*. Institut Barcelona D'Estudis Internacionals (IBEI), Working Paper, Barcelona, Junio.

GUNTHER, Montero and Linz (eds.) (2002): *Political parties: old concepts and new challenges*, Oxford:Oxford University Press.

GUY PETERS, B. (2003): *El nuevo institucionalismo*, Gedisa: Barcelona.

HOBOLT, S. (2006): "How Parties affect vote choice in European integration Referendums", *Party Politics*, vol 12. N° 5, London: Sage Publications, pp. 623-647.

IAZZETTA, O. (2007): *Democracias en busca de Estado. Ensayos sobre América Latina.* Homo Sapiens Ediciones, Rosario, primera edición, p. 188.

IAZZETTA, O. (2000): "La reconstrucción del estado mirada desde la cuestión democrática", en *Kairos,* N° 6 Año 4, Rosario, Santa Fe.

ITURBURU, M. (2000): *Nuevos acuerdos institucionales para afrontar el inframunicipalismo argentino.*

JONES, M. P. (2001): *Carreras políticas y disciplinas partidarias en la Cámara de Diputados argentina*, en *POSTData*, 7, Buenos Aires, pp. 189-230.

JONES, M. (1998): "Explaining the high level of discipline in the Argentine Congress", CEDI, Documento de Trabajo, N° 14.

JONES, M. (2001): "Federalismo y número de partidos políticos en las elecciones para la Cámara de Diputados de la Nación: 1983-1999", en Abal Medina, J. M. y Calvo, E. (eds.) pp. 99-112. Buenos Aires: Inap-Eudeba.

JONES, M. P. y Mainwaring, S. (2003): "The Nationalization of Parties and Party Systems: An Empirical Measure and an Application to the Americas", en *Party Politics*, 9, London: Sage Publications, pp.139-166.

JONES, M; Saiegh, Spiller and Tommasi (2002): "Amateur legislators-professional politicians: the consequences of party-centered electoral rules in a federal system", en *American Journal of Political Science*, Vol. 46, N° 3.

King, Tomz, and Wittenberg (2003): "Clarify: Software for Interpreting and Presenting Statistical Results".

Kitschelt, H. (2007): "Party systems", en Boix and Stokes (eds.) *The Oxford handbook of comparative politics.* Oxford: Oxford University Press, pp. 522-554.

Kriesi, H. (2006): "Role of the Political Elite in Swiss Direct-Democratic Votes", en *Party Politics,* vol 12. N° 5, London: Sage Publications, pp. 599-622.

Laakso, M. y Taagepera, R. (1979): "Effective Number of Parties: A Measure with Application to Western Europe", en *Comparative Political Studies,* 12, pp. 3-27.

Ladner, A. y Brändle, M. (1999): "Does Direct Democracy matter for Political Parties? An Empirical Test in the Swiss Cantons", en *Party Politics,* vol 5. N° 3, London: Sage Publications, pp. 283-302.

LaPalombara, J. y M. Weiner (1966): "The origin and development of political parties", en J. LaPalombara y M. Weiner (eds.) *Political parties and political development,* Princeton: Princeton University Press.

Lavagna, R. (2003): "Caso argentino: Lecciones macroeconómicas", en *Componentes macroeconómicos sectoriales y microeconómicos para una estrategia nacional de desarrollo. Lineamientos para fortalecer las fuentes del crecimiento económico,* Buenos Aires: Ministerio de Economía, mayo.

Leiras, M. (2009): *Los procesos de descentralización y la nacionalización de los sistemas de partidos en América Latina,* Buenos Aires: Universidad de San Andrés, Mimeo.

Leiras, M. (2004): "Organización partidaria y democracia: tres tesis de los estudios comparativos y su aplicación a los partidos en Argentina", en *Revista SAAP.* 1 (3).

Leiras, M. (2006): "Parties, provinces and electoral coordination: a Study on the Determinants of Party and Party System Aggregation in Argentina, 1983-2005", PhD Dissertation Submitted to the Graduate School of the University of Notre Dame, Notre Dame, Indiana.

Leiras, M. (2007): *Todos los caballos del rey. La integración de los partidos políticos y el gobierno democrático de la Argentina, 1995-2003,* Buenos Aires: Prometeo-PENT.

Lijphart, A. (2005): "Las consecuencias políticas de las leyes electorales, 1945-1985", en el número monográfico de *Zona Abierta* sobre "Sistemas electorales" (coordinado por José Ramón Montero e Ignacio Lago), 110/111: 105-132.

LIPSET, S. M. y S. Rokkan (1967): "Cleavage structures, party systems, and voter alignments:an introduction", en S. M. Lipset y S. Rokkand, eds., *Party systems and voter alignments:cross-national perspectives*, Nueva York: Free Press.

LISSIDINI, A. (2008): "Democracia Directa en Latinoamérica: entre la Delegación y la Participación", en Pachano, S. (comp.) *Temas actuales y tendencias en la ciencia política*, Quito: FLACSO Ecuador.

LUTHER, K. (1989): "Dimensions of Party System Change: The Case of Austria", *West European Politics* 12(4): 3–27.

MAINWARING, S. y Shugart, M. (1998): "Presidencialismo y sistema de partidos en América Latina", en *Revista Post Data*, Vol. 3/4.

MALAMUD, A. y De Luca, M. (2007): "Multi-Level Party Systems. The Subnational Component of the Argentine Party System, 1983-2005" (con Miguel De Luca), Annual Meeting, American Political Science Association (APSA), Chicago (Illinois).

MALAMUD, A. y De Luca, M. (2005): "The Anchors of Continuity. Party System Stability in Argentina, 1983-2003", *2005 Joint Sessions of Workshops of the European Consortium for Political Research (ECPR)*, Granada, abril 14-19.

MANIN, B. (1993): "Metamorfosis de la representación", en *¿Qué queda de la representación?*, Dos Santos, M. (Coord.), Nueva Sociedad, Caracas.

MANSILLA, C. (1983); *Los partidos provinciales*, Buenos Aires: CEAL.

MARTÍ, J. L. (2006): *La República deliberativa. Una teoría de la democracia*, Madrid: Marcial Pons.

McGUIRE, J. (1995): "Political parties and democracy in Argentina", en Mainwaring S. y Scully (eds.) *Building Democratic Institutions*, Stanford: Stanford Univ. Press.

Ministerio de Economía: *Diez años en la relación fiscal Nación, Provincias y Municipios*. Secretaría de Programación Económica y Regional. Tomo II.

MOCCA, E. (2004): "Los partidos políticos: entre el derrumbe y la oportunidad", en Cheresky, I. y Blanquer, J. M. (comp.) *¿Qué cambió en la política argentina? Elecciones, instituciones y ciudadanía en perspectiva comparada*, Buenos Aires: Homo Sapiens Ediciones.

MONTERO, I. y J. R. Lago (2007): "Coordination Between Electoral Arenas in Multi-Level Countries", *Estudio/Working Paper* 2007/231, June, Center for Advanced Study in the Social Sciences, Juan March Institute, Spain.

MORGENSTERN, S. (2004): "Patterns of Legislative Politics. Roll-Call Voting in Latin America and the United States", Cambridge: Cambridge University Press, Cap. 4.

MUCHNIK, D. (2003): "El ilusorio federalismo argentino", en *Le Monde Diplomatique*, abril, p. 6.

MUSTAPIC, A. M. (2002): "Argentina: la crisis de representación y los partidos políticos", en *América Latina hoy*, Salamanca: Ediciones Universidad de Salamanca, Vol. 32, diciembre.

NICOLINI, J. P; Posadas, J; Sanguinetti, J; Sanguinetti, P; y Tomassi, M. (2002): "Decentralization, Fiscal Discipline in Sub-National Governments, and the bailout problem: the case of Argentina", Buenos Aires: Red de Centros de Investigación – BID. Trabajo #R-467.

NINO, C. (1997): *La constitución de la democracia deliberativa*, Barcelona: Gedisa.

NOHLEN, D. (2004): *Sistemas electorales y partidos políticos*, México: Fondo de Cultura Económica.

NOVARO, M. (comp.) (1999): *Entre el abismo y la ilusión. Peronismo, democracia y mercado*. Buenos Aires: Norma.

O'DONNELL, G. (1977): "Estado y alianzas en la Argentina, 1955-1976", en *Desarrollo Económico* N° 64, Vol. 16, Buenos Aires.

O'NEILL, K. (2005): *Decentralizing the State. Elections, Parties, and Local Power in the Andes*.

O'DONNELL, G. (1992): "¿Democracia delegativa?", paper de trabajo N° 172, Kellog Institute, marzo. Disponible en: <http://www.sitiosenlared.com.ar/images/Escuela/Documentos%20para%20bajar/Cuaderno%202/DemoDeleg2.doc>.

PALLARES, U. (2009): "La reforma política a nivel nacional en tiempos de crisis política. Un estudio sobre formación de la agenda", Tesis de Maestría en Administración y Políticas Públicas, Buenos Aires: Universidad de San Andrés, mimeo.

PANEBIANCO, A. (1995): *Modelos de partido. Organización y poder en los partidos políticos*, Madrid: Alianza.

PATRUCCHI, L. (2007): "El que reparte, se queda con la mejor parte. Tendencias crecientes de centralidad fiscal y sus consecuencias para el federalismo Argentino (1988-2007)", en CD-ROM de las 4 Jornadas de Jóvenes Investigadores del Instituto de Investigaciones Gino Germani-FSOC-UBA, Buenos Aires.

PAYNE, M; Zovatto, D. y Mateo Díaz, M. (eds) (2006): *La política importa. Democracia y desarrollo en América Latina*, publicado por el Banco Interamericano de Desarrollo y el Instituto Internacional para la Democracia y la Asistencia Electoral.

PEÑALBA, S; Pírez, P. y Rofman, A. (1989): "Centralización / descentralización del Estado en la Argentina", en: AA.VV. *¿Hacia un nuevo orden estatal en América Latina? Centralización / descentralización del Estado y actores territoriales*. Buenos Aires: CLACSO.

PORTO, A. (2003): Documento de Federalismo Fiscal N° 2. *Etapas de la Coparticipación Federal de Impuestos*, La Plata: Facultad de Ciencias Económicas-UNLP. Mayo.

POUSADELA, I. M. (2004): "¿Crisis o metamorfosis? Aventuras y desventuras de la representación en la Argentina (1983-2003)"; en *Documento de trabajo de FLACSO Área política N° 2: Veinte años de democracia. Ensayos premiados*; Buenos Aires.

POUSADELA, I. (2004): "Los partidos políticos han muerto. ¡Larga vida a los partidos!", en Cheresky, I. y Blanquer, J. M. (comps), *¿Qué cambió en la política argentina?*, Rosario: Homo Sapiens.

Programa de Naciones Unidas para el Desarrollo (1997): *Informe Argentino sobre Desarrollo Humano*. Tomo I. Buenos Aires.

RAFART, G; Camino Vela, F. y Quintar, J. (2004): "Estudio preliminar. Dos décadas de democracia en las provincias argentinas", en Rafart, G; Quintar, J. y Camino Vela, F. (comps), *Veinte años de democracia en las provincias de Neuquén y Río Negro*, Neuquén: Educo.

RATTO, M. C. (2008): "Eligiendo las reglas del juego. El nivel de competencia efectiva de las reformas electorales subnacionales argentinas, 1983-2005", en Juan Abal Medina (comp), *Evaluando el desempeño democrático de las instituciones políticas argentinas*, Prometeo: Buenos Aires.

REDRADO, M; Carrera, J; Bastourre, D. y Ibarlucía, J. (2006): "La política económica de la acumulación de reservas: nueva evidencia internacional", en *Documentos de Trabajo 2006*, N° 14, Buenos Aires: Banco Central, septiembre.

REMMER, K. (2008): "The politics of institutional change: electoral reform in Latin America, 1978-2002", *Party Politics* 14 (1): 5-30.

ROUSSEAU, J. J. (1998): "Del contrato social" en Rousseau, J. J. *Del contrato social*; Madrid: Alianza Editorial.

ROUSSEAU, J. J. (2004): "De los diputados o representantes", en Rousseau, J. J. *El contrato social o principios de derecho político*, Cap. XV, Libro III, La Editorial Virtual, edición original 1762, disponible en <http://www.laeditorialvirtual.com.ar/Pages/Rousseau/RousseauContrato01.htm#L3>.

RUSSO, J. (2003): "La alternancia imperfecta", *Estudios Sociales*, N° 25, Santa Fe: UNL.

SABSAY, D. (1999): "El federalismo argentino. Reflexiones luego de la reforma constitucional", en Agulla, J. C., Comp. *Ciencias Sociales: Presencia y continuidades*. Buenos Aires: Academia Nacional de Ciencias. Instituto de Derecho Público, Ciencia Política y Sociología, pp. 425-438.

SABSAY, D. A. (2007): "La participación ciudadana en la toma de decisiones en el Derecho Público Argentino"; *Conferencia Internacional Democracia Directa en América Latina*; Organizada por Research Centre on Direct Democracy – UNSAM – IDEA; Buenos Aires; 14 y 15 de marzo, pp. 18; disponible en <http://www.dd-la.ch/download/Sabsay_Daniel.pdf>.

SABSAY, D. A. y Di Paola, M. E. (2003): "La participación pública y la Nueva Ley General del Ambiente", *Anales de Legislación Ambiental. Boletín Informativo*, N° 14, Buenos Aires: La Ley, pp. 29-36.

SAIEGH, S. and Tommasi, M. (1999): "Why is Argentina's Fiscal Federalism so Inefficient?: Entering the Labyrinth", *Journal of Applied Economics*, vol. 2, N° I.

SARTORI, G. (1976-1987): *Partidos y sistemas de partidos*. Volumen I. Madrid: Alianza Universidad Editorial.

SARTORI, G. (1990): *Partidos y sistemas de partidos*, Madrid, Alianza.

SARTORI, G. (1976): *Parties and Party Systems. A Framework of Analysis*. Cambridge: Cambridge University Press.

SCARROW, S. (1999): "Parties and the Expansion of Direct Democracy: Who Benefits?", *Party Politics*, vol 5. N° 3, London: Sage Publications, pp. 341-362.

SIDICARO, R. (1995): "Política y sociedad en los años del menemismo", Buenos Aires: Oficina de Publicaciones del CBC, Universidad de Buenos Aires.

SMULOVITZ, C. y Clemente, A. (2004): "Decentralization and Social Expenditure at the Municipal Level In Argentina", en *Decentralization and Democratic Governance in Latin America*. Woodrow Wilson Center Report on the Americas N° 12, Joseph S. Tulchin y Andrew Selee (Eds.). Cap. 4. Washington D.C.

SNYDER, R. y Samuels, D. (2001): "El valor de un voto: una perspectiva comparada sobre la desproporcionalidad territorial", en Abal Medina, J. M. y Calvo, E. (eds.) *El federalismo electoral argentino*. Buenos Aires: Inap- Eudeba.

STEINMO, S. (1996): *Taxation and Democracy. Swedish, British and American* Approaches to Financing the Modern State. Yale University Press.

STEPAN, A. (2004): "Electorally generated veto players in Unitary and Federal systems", en Gibson, E., *Federalism and Democracy in Latin America*. Baltimore: The John Hopkins University Press: 323-362.

SUÁREZ CAO, J. (2001): "Innovaciones Constitucionales Provinciales: los casos de San Luis y Tucumán", V Congreso Nacional de Ciencia Política, SAAP, Río Cuarto, Córdoba.

TAAGEPERA. R. (2007): "Electoral systems", in Boix and Stokes (eds.) *The Oxford handbook of comparative politics*. Oxford: Oxford University Press, pp. 678-702.

TANGELSON, O; Bordón, J. O. (2003): "Recomendaciones para una estrategia nacional de desarrollo", en *Componentes macroeconómicos sectoriales y microeconómicos para una estrategia nacional de desarrollo. Lineamientos para fortalecer las fuentes del crecimiento económico*, Ministerio de Economía, mayo.

TCHINTIAN, C. (2009): "Los gobernadores en política nacional. Una línea de investigación a partir del estudio de los pactos fiscales", IX Congreso Nacional de Ciencia Política, SAAP, Santa Fe.

THWAITES REY, M. (2003): *La (des) ilusión privatista. El experimento neoliberal en la Argentina,* Colección Extramuros, Centro Cultural Rojas-UBA-EUDEBA.

THWAITES REY, M. y López, A. M. (2003): *Fuera de control. La regulación residual de los servicios privatizados,* Buenos Aires: Editorial Temas.

THWAITES REY, M. y López, A. M. (2000): "Los fines de la regulación. 'Oportunistas' y Clientes", publicado en *Enoikos*, N° 17, Año VIII, noviembre, Buenos Aires: Facultad de Ciencias Económicas. UBA.

TOMMASI, M.; Iaryczower, M. y Sanguinetti, J. (2000): "Una propuesta de reforma al federalismo fiscal argentino", *Cuaderno 8*, Buenos Aires, agosto.

TONELLI, L. y Aznar, L. (1993): "La ciencia política en el fin de siglo", *Revista Sociedad*, N° 3. Nov; Buenos Aires: Facultad de Cs. Sociales - Universidad de Buenos Aires.

TORRE, J. C. (1991): "América Latina. El gobierno de la democracia en tiempos difíciles", en *Revista de Estudios Políticos* (Nueva Época) 74.

TORRE, J. C. (2004): "La operación política de la transversalidad. El presidente Kirchner y el Partido Justicialista", Conferencia "Argentina en perspectiva", Buenos Aires: Universidad Torcuato Di Tella.

TORRE, J. C. (2003): "Los huérfanos de la política de partidos. Sobre los alcances y la naturaleza de la crisis de representación partidaria", en *Desarrollo Económico*, vol. 42, N° 168, Buenos Aires, IDES.

TSEBELIS, G. (1998): "La toma de decisiones en los Sistemas Políticos", en Saiegh y Tomassi (eds.), *La nueva economía política: racionalidad e instituciones*, Buenos Aires: Eudeba.

TSEBELIS, G. (2002): "Veto players: how political institutions work", Princeton: Princeton University Press.

TULA, M. I. (2005): *Aportes para la discusión de la reforma política bonaerense*. Buenos Aires: Prometeo.

TULA, M. I. (2002): "La reforma política en las provincias. Un aporte para su debate". *Informes y documentos del Proyecto ARG 007 Apoyo al Programa de Reforma Política*. Buenos Aires: PNUD.

Tula, M. I. (1997): "*Ley de Lemas, elecciones y estrategias partidarias. Una mirada al caso argentino.*", en Tula, M. I. *Ley de Lemas, elecciones y estrategias partidarias en los sistemas políticos provinciales: los casos de La Rioja, Santa Fe y Santa Cruz*, Boletín SAAP, Número 5, Buenos Aires.

VACA, J. y Cao, H. (2003): "El poder de los gobernadores", en *Le Monde Diplomatique*, abril, p. 9.

VILAS, C. M. (2003): *Descentralización de políticas públicas argentinas en la década de 1990*. Dirección de Estudios e Información. Instituto Nacional de la Administración Pública.

VREESE, C. (2006a): "Parties, Media and Voters: Challenges of Direct Democracy. An Introduction", *Party Politics,* vol 12. N° 5, London: Sage Publications, pp. 579-580.

VREESE, C. (2006b): "Political Parties in Dire Straits? Consequences of National Referendums for Political Parties", *Party Politics,* vol 12. N° 5, London: Sage Publications, pp. 581-598.

WIESNER, E. (1999): "La economía neoinstitucional, la descentralización y la gobernabilidad local", en *Descentralización fiscal en América Latina: Nuevos desafíos y agenda de trabajo*, del proyecto CEPAL/GTZ de descentralización fiscal en América Latina.

WILLIAMSON, J. (1993): "Democracy and the Washington Consensus", *World Development*, vol. 21, Institute for International Economics, Washington.

WILLIAMSON, J. (1998): "Revisión del consenso de Washington", en L. Emergí (ed.), *El desarrollo económico y social en los umbrales del siglo XXI,* Banco Interamericano de Desarrollo, Washington.

Fuentes consultadas

Compendio Fiscal 1993-2006 y Dirección Nacional de Investigaciones y Análisis Fiscal - Ministerio de Economía y Producción.

Constitución de la Nación Argentina.

Ministerio de Economía y Finanzas Públicas.

Ministerio del Interior.

Ministerio de Educación.

Instituto Nacional de Estadísticas y Censos (INDEC).

Diario *Clarín*.

Diario *La Nación*.

Diario *La Gaceta de Tucumán*.

Diario *Página 12*.

En Internet

Fondo Fiduciario para el Desarrollo Provincial <http://www.mecon.gov.ar/haciend a/ffdp/>.

<http://towsa.com/wordpress>.

"Hacia el Plan Fénix. Diagnóstico y Propuestas. Una estrategia de reconstrucción de la economía argentina para el desarrollo con equidad". Septiembre 2001

Infoleg *<www.infoleg.gov.ar>*.

Ministerio de economía de la provincia de Buenos Aires <http://www.ec.gba.gov.ar/SubHacienda/deuda/deuda_gob_nac.html>.

Oficina nacional de presupuesto <http://www.mecon.gov.ar/onp/html/presutexto/proy2010/mensadosdiez.html>.

<www.conurbanos.blogspot.com>.